IMPLANTACIÓN DE APLICACIONES WEB EN ENTORNOS INTERNET, INTRANET Y EXTRANET

IMPLANTACIÓN DE APLICACIONES WEB EN ENTORNOS INTERNET, INTRANET Y EXTRANET

JUAN FERRER MARTÍNEZ

Ra-Ma®

IMPLANTACIÓN DE APLICACIONES WEB EN ENTORNOS INTERNET, INTRANET Y EXTRANET

Editado por:
RA-MA Editorial
Calle Jarama, 3A, Polígono Industrial Igarsa
28860 PARACUELLOS DE JARAMA, Madrid
Teléfono: 91 658 42 80
Fax: 91 662 81 39
Correo electrónico: editorial@ra-ma.com
Internet: **www.ra-ma.es** y **www.ra-ma.com**
ISBN: 978-84-9964-514-8
Depósito Legal: M-31985-2014
Maquetación: Antonio García Tomé
Diseño de Portada: Antonio García Tomé
Filmación e Impresión: Copias Centro
Impreso en España en noviembre de 2014

A mis hermanas
Lorena y Engra.

Índice

Introducción

Los certificados de profesionalidad son el instrumento de acreditación oficial de las cualificaciones profesionales del Catálogo Nacional de Cualificaciones Profesionales en el ámbito de la administración laboral. Acreditan el conjunto de competencias profesionales que capacitan para el desarrollo de una actividad laboral identificable en el sistema productivo sin que ello constituya regulación del ejercicio profesional.

El Certificado de Profesionalidad IFCD0210, **Desarrollo de Aplicaciones con Tecnologías web** (RD 1531/2011, de 31 de octubre modificado por el RD 628/2013, de 2 de agosto),

El IFCD0210 es un certificado de nivel 3 de cualificación, con 590 horas de duración. Se engloba en la familia profesional de "**Informática y Comunicaciones**", en el área de "**Desarrollo**".

El Servicio Público de Empleo Estatal (SEPE) estipula que el certificado servirá para "*Desarrollar documentos y componentes software que constituyan aplicaciones informáticas en entornos distribuidos utilizando tecnologías web, partiendo de un diseño técnico ya elaborado, realizando, además, la verificación, documentación e implantación de los mismos*".

El curso está dividido en tres módulos:

- MF0491_3: Programación web en el entorno cliente.
- MF0492_3: Programación web en el entorno servidor.
- **MF0493_3**: **Implantación de aplicaciones web en entorno internet**, **intranet y extranet**

Desarrolla su actividad profesional en empresas o entidades públicas o privadas de cualquier tamaño que disponen de infraestructura de redes intranet, internet o extranet, en el área de desarrollo del departamento de informática desempeñando su trabajo tanto por cuenta propia como por cuenta ajena.

Su sector de actuación es el sobre todo en el sector servicios, no obstante se encuentra en todos los sectores productivos dado que la actividad cuenta como objetivo el distribuir información tanto de forma interna como externa a la organización en la que se está desempeñando la actividad, además se encuentra en los siguientes tipos de empresas:

- Empresas de desarrollo de software con tecnologías web.
- Empresas que tienen como objetivo de negocio la comercialización de servicios de análisis, diseño y construcción de aplicaciones informáticas para infraestructuras de redes intranet, internet y extranet.
- Empresas o entidades que utilizan sistemas informáticos para su gestión.

Ocupaciones y puestos de trabajo relevantes:

- Programadores de aplicaciones informáticas.
- Técnicos de la web.
- Programador web.
- Programador multimedia.

1 Internet

Internet es una red de redes que permite la interconexión descentralizada de computadoras a través de un conjunto de protocolos denominado TCP/IP. Tuvo sus orígenes en 1969, cuando una agencia del Departamento de Defensa de los Estados Unidos comenzó a buscar alternativas ante una eventual guerra atómica que pudiera incomunicar a las personas. Tres años más tarde se realizó la primera demostración pública del sistema ideado, gracias a que tres universidades de California y una de Utah lograron establecer una conexión conocida como ARPANET (*Advanced Research Projects Agency Network*).

A diferencia de lo que suele pensarse, Internet y la World Wide Web no son sinónimos. La WWW es un sistema de información desarrollado en 1989 por Tim Berners Lee y Robert Cailliau. Este servicio permite el acceso a información que se encuentra enlazada mediante el protocolo HTTP (*HyperText Transfer Protocol*).

Otros servicios y protocolos disponibles en la red de redes son el acceso remoto a computadoras conocido como Telnet, el sistema de transferencia de archivos FTP, el correo electrónico (POP y SMTP), el intercambio de archivos P2P y las conversaciones online o chats.

El desarrollo de Internet ha superado ampliamente cualquier previsión y constituyó una verdadera revolución en la sociedad moderna. El sistema se transformó en un pilar de las comunicaciones, el entretenimiento y el comercio en todos los rincones del planeta.

1.1 BREVE HISTORIA Y ORIGEN DE INTERNET

A mediados de los sesenta, los investigadores comenzaron a experimentar con la posibilidad de crear redes de computadoras que fueran veloces y confiables, enlazadas a través de un medio de conexión ordinario, como la línea telefónica. De esta inspiración nació la idea de las redes de conmutación de paquetes. La información que viaja a través de la red se divide en cierto número de fragmentos, llamados paquetes. Estos paquetes no sólo incluyen la información en sí, también contienen datos del domicilio del destino final y de la computadora que tienen en la transmisión (paquete 1, paquete 2 y así sucesivamente). Los paquetes se transmiten a través de la red y con el tiempo llegan al destino deseado; entonces se reensamblan y una computadora que se encuentra al otro extremo de la red recibe el mensaje. La información se envía de esta manera porque en caso de haber un paquete demasiado grande impediría que otros más pequeños llegaran a su destino sin tener que esperar largos lapsos para que pase el gigante.

Durante años, la conmutación de paquetes se ha utilizado en redes de todos tamaños. Cuando las redes locales se incrementaron en corporaciones particulares de investigación y universidades, fue necesario que estuvieran interconectadas de algún modo. Tales interconexiones eran una simple extensión de las redes locales originales.

En 1969, el Departamento de Defensa estadounidense, a través de la Agencia para Proyectos de Investigación Avanzada (ARPA, *Advanced Research Projects Agency*), creó una red experimental de conmutación de paquetes utilizando las líneas telefónicas. Este medio era ideal para transmitir información utilizando el sistema de conmutación de paquetes. De este conjunto inicial de redes nació ARPANet, uno de los primeros antecedentes de Internet. ARPANet permitió a científicos, investigadores y personal militar ubicados en diversos puntos, comunicarse entre sí utilizando correo electrónico (e-mail), o a través de conversaciones interactivas de computadora a computadora.

Pronto, otros centros de cómputo no conectados a ARPANet se percataron de las ventajas de la comunicación electrónica. Muchos encontraron métodos para conectar sus redes privadas a ARPANet, lo cual creó la necesidad de enlazar computadoras con diferencias fundamentales.

En los setenta, ARPA desarrolló conjuntos de reglas, llamados protocolos, que ayudaron a hacer posible esta comunicación. Antes de finalizar la década, este novedoso método se extendió de tal manera que por todo el mundo había ya instalaciones conectadas a la red.

Durante el decenio de los ochenta, las redes conectadas a ARPANet continuaron incrementándose. En 1982, ARPANet se unió a MILNet (la red militar de computadoras) y a otras redes. Internet nació de esta consolidación de redes. Mientras más y más universidades e instituciones de investigación se unieron a Internet, el papel de ARPANet fue disminuyendo.

La palabra Internet es una contracción de Internetwork system (sistema de intercomunicación de redes). Este sistema transporta información entre redes individuales a través de todo el mundo.

Hoy, en el siglo XXI, Internet crece a una velocidad que jamás hubieran soñado quienes la desarrollaron. Aunque es imposible determinar la tasa de crecimiento de Internet (por la manera descentralizada en que se administra), hay quien estima que cada mes se une un millón de usuarios nuevos. Ahora vemos, en los debates sobre el control del espacio de nombres de dominio y la forma de la próxima generación de direcciones de IP, una lucha para encontrar la próxima estructura social que guiará Internet en el futuro. La industria, a su vez, lucha por encontrar la razón económica para la gran inversión necesaria para el crecimiento futuro, por ejemplo para mejorar el acceso residencial a una tecnología más adecuada. Si Internet tropieza no será porque nos falta tecnología, visión o motivación. Será porque no podemos determinar una dirección y caminar juntos hacia el futuro.

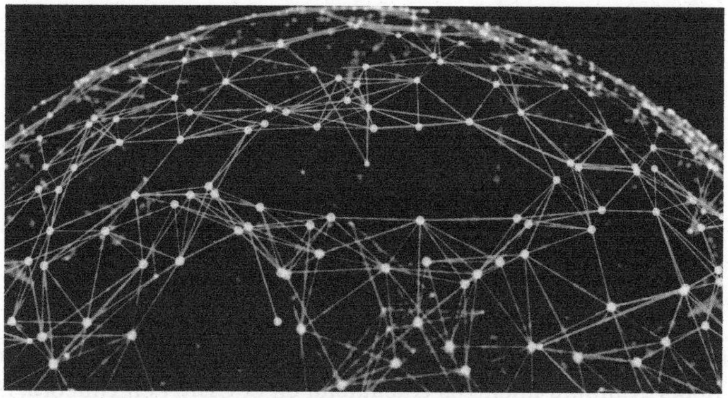

Figura 1.1. *Internet*

1.2 PRINCIPALES SERVICIOS OFRECIDOS POR INTERNET

Internet es mucho más que la WWW y la red posee una serie de servicios que, en mayor o menor medida, tienen que ver con las funciones de información, red de ordenadores y servicios de comunicación e interacción. Algunos de los servicios disponibles en Internet aparte de la web, son el acceso remoto a otros ordenadores (a través de telnet o siguiendo el modelo cliente/servidor), la transferencia de ficheros (FTP), el correo electrónico (e-mail), los boletines electrónicos y grupos de noticias (USENET y *news groups*), las listas de distribución, los foros de debate y las conversaciones en línea (chats).

El correo electrónico y los boletines de noticias Usenet fueron las primeras formas de comunicación que se usaron sobre Internet, pero la red ofrece hoy una amplia gama de instrumentos y contextos para el acceso y la recuperación de documentos, la comunicación y la interacción. Además, el acceso y la distribución de información ya no se limitan al texto sin formato, como en los primeros tiempos de Internet, sino que abarcan todas las morfologías de la información: texto, imagen, audio, vídeo, recursos audiovisuales, etc. En Internet también se puede escuchar la radio, ver la televisión, asistir a un concierto, visitar un museo o jugar. El empleo de Internet ha crecido exponencialmente gracias a muchos de estos usos y, especialmente, por la facilidad de manejo que permite hoy la propia World Wide Web.

En la actualidad, la oferta de esta gran red es impresionante; es que los servicios que ofrece son innumerables, satisfaciendo plenamente las necesidades de la comunidad. Veamos cuáles son los principales, los más usados y los más famosos que existen hoy.

1.2.1 WORLD WIDE WEB

La World Wide Web (WWW) o Red informática mundial comúnmente conocida como la web, es un sistema de distribución de documentos de hipertexto o hipermedios interconectados y accesibles vía Internet. Con un navegador web, un usuario puede visualizar sitios web compuestos de páginas que pueden contener texto, imágenes, vídeos u otros contenidos multimedia, y navegar a través de esas páginas usando hiperenlaces.

Figura 1.2. *World Wide Web*

La web se desarrolló entre marzo de 1989 y diciembre de 1990 por el ingeniero británico Tim Berners-Lee, con la ayuda del científico belga Robert Cailliau mientras trabajaban en el CERN en Ginebra, Suiza, y publicado en 1992. Desde entonces, Berners-Lee, actual director de la W3C, ha jugado un papel activo guiando el desarrollo de estándares web (como los lenguajes de marcado con los que se crean las páginas web), y en los últimos años ha abogado por su visión de una web semántica.

La propuesta de 1989 era destinada a un sistema de comunicación dentro del propio CERN. Pero Berners-Lee finalmente se dio cuenta que el concepto podría aplicarse en todo el mundo. Berners-Lee y el Robert Cailliau propusieron en 1990 utilizar de hipertexto *"para vincular y acceder a información de diversos tipos como una red de nodos en los que el usuario puede navegar a voluntad"*, y Berners-Lee terminó el primer sitio web en diciembre de ese año. Berners-Lee publicó el proyecto en el grupo de noticias alt.hypertext el 7 de agosto de 1991.

1.2.2 CORREO ELECTRÓNICO

El correo electrónico (también conocido como *e-mail*, un término inglés derivado de *electronic mail*) es un servicio que permite el intercambio de mensajes a través de sistemas de comunicación electrónicos. El concepto se utiliza principalmente para denominar al sistema que brinda este servicio vía Internet mediante el protocolo SMTP (*Simple Mail Transfer Protocol*), pero también permite nombrar a otros sistemas similares que utilicen distintas tecnologías.

Los mensajes de correo electrónico posibilitan el envío, además de texto, de cualquier tipo de documento digital (imágenes, videos, audios, etc.).

Figura 1.3. *Correo electrónico*

El funcionamiento del correo electrónico es similar al del correo postal. Ambos permiten enviar y recibir mensajes, que llegan a destino gracias a la existencia de una dirección. El correo electrónico también tiene sus propios buzones: son los servidores que guardan temporalmente los mensajes hasta que el destinatario los revisa.

El estadounidense Ray Tomlinson fue quien incorporó el arroba (@) a las direcciones de correo electrónico, con la intención de separar el nombre del usuario y el servidor en el que se aloja la casilla de correo. La explicación es sencilla: @, en inglés, se pronuncia at y significa "en". Por ejemplo: *carlos@servidor.com* se lee Carlos *at servidor.com* (o sea, Carlos en servidor.com).

Nos encontramos con los siguientes elementos básicos:

- **El destinatario**. En esta casilla llamada "Para", se pueden incluir tanto una como varias direcciones de personas a las que se les va a enviar dicho correo. Además se otorga la oportunidad de que esas direcciones que se van a incluir no sean visibles por el resto de personas que las reciben.
- **El asunto**. Es el apartado donde de manera breve y escueta debe aparecer el tema sobre el que versa el correo electrónico.
- **El mensaje**. En dicho apartado, de gran amplitud, es donde se escribe el mensaje que desea enviar. Para que dicho texto quede, estéticamente hablando, tal y como deseamos se ofrecen herramientas con las que elegir el tipo de letra, la alineación, el color, hipervínculos e incluso emoticonos.

No obstante, tampoco podemos pasar por alto que a la hora de enviar un correo electrónico también y además del citado texto, y tal como hemos subrayado anteriormente, podemos incorporar diversos materiales o archivos. Eso supone que podamos adjuntar tanto documentos de diversa tipología (textos, hojas de cálculo, base de datos, pdf,...) como fotografías e incluso vídeos.

Quien reciba dicho email tiene distintas posibilidades. Así, no sólo podrá leerlo y responderle al emisor del mismo sino que también podrá reenviarlo a otros destinatarios, archivarlo, borrarlo de manera permanente, marcarlo, añadirle etiquetas y también catalogarlo como *spam*(correo basura).

El servicio de correo electrónico se ofrece bajo dos modalidades: el conocido como correo web o webmail, donde los mensajes se envían y reciben a través de una página web diseñada especialmente para ello; y el servicio mediante un cliente de correo electrónico, que es un programa que permite gestionar los mensajes recibidos y redactar nuevos.

1.2.3 TRANSFERENCIA DE FICHEROS (FTP)

FTP (siglas en inglés de *File Transfer Protocol*, 'Protocolo de Transferencia de Archivos'), es un protocolo de red para la transferencia de archivos entre sistemas conectados a una red TCP (*Transmission Control Protocol*), basado en la arquitectura cliente-servidor. Desde un equipo cliente se puede conectar a un servidor para descargar archivos desde él o para enviarle archivos, independientemente del sistema operativo utilizado en cada equipo.

El servicio FTP es ofrecido por la capa de aplicación del modelo de capas de red TCP/IP al usuario, utilizando normalmente el puerto de red 20 y el 21. Un problema básico de FTP es que está pensado para ofrecer la máxima velocidad en la conexión, pero no la máxima seguridad, ya que todo el intercambio de información, desde la identificación del usuario en el servidor hasta la transferencia de cualquier archivo, se realiza en texto plano sin ningún tipo de cifrado, con lo que un posible atacante puede capturar este tráfico, acceder al servidor y/o apropiarse de los archivos transferidos.

Figura 1.4. *FTP*

La implementación del FTP se remonta a 1971 cuando se desarrolló un sistema de transferencia de archivos (descrito en RFC141) entre equipos del Instituto Tecnológico de Massachusetts (MIT, *Massachusetts Institute of Technology*). Desde entonces, diversos documentos de RFC han mejorado el protocolo básico, aunque las innovaciones más importantes se llevaron a cabo en julio de 1973.

Actualmente, las especificaciones del protocolo FTP están definidas por el RFC 959.

1.2.4 OTROS SERVICIOS

1.2.4.1 Foros

Los foros están organizados en niveles, con subniveles que son cada vez más especializados. Los nombres de los foros (que hacen referencia a esta clasificación en niveles) están formados por varias palabras separadas por puntos. Estos nombres se leen de izquierda a derecha. Y cada una de estas palabras acota un poco más el contenido del foro. Por ejemplo, un foro de charla sobre educación en español: *https://groups.google.com/forum/#!forum/es.charla.educacion*; un foro en español sobre matemáticas podría ser el foro *https://groups.google.com/forum/#!forum/es.ciencia.matematicas*.

Una vez dentro de un foro podremos ver los mensajes que cada uno de los integrantes expone en él. Cada usuario puede, si así lo desea, enviar mensajes al foro o bien responder de forma pública (en el foro, es lo deseable) o privada (a la dirección de correo particular) a cualquier usuario del foro.

El principal problema de los foros es la existencia de abundante material inútil o molesto (generalmente mensajes publicitarios). Aunque esto depende del foro en cuestión, en la mayoría de ellos es posible encontrar información directa y muy valiosa.

Figura 1.5. *Foros*

1.2.4.2 Charlas en la Red. El Chat

El chat de Internet es una manera de que las personas se puedan comunicar en directo, escribiendo mensajes de texto que ven, de forma inmediata, todos los usuarios presentes en la "sala" del chat. Los mensajes no tienen por qué ser siempre públicos, pues existe la posibilidad de enviar mensajes privados a otros usuarios del chat.

Los lugares más habituales (sobre todo para los usuarios poco expertos) para chatear son los sitios web, ya que son fáciles de buscar y no necesitan software adicional. Uno de los sitios más populares es *http://chat.orange.es/inforchat/*

Para acceder a una sala de chat debemos escoger un alias que nos identifique en la sala: se conoce con el nombre de *nick*.

Figura 1.6. *Chat*

1.2.4.3 Mensajeria Instántanea

La Mensajería Instantánea es un punto intermedio entre los sistemas de chat y los mensajes de correo electrónico, las herramientas de mensajería instantánea, son programas regularmente gratuitos y versátiles, residen en el escritorio y, mientras hay una conexión a Internet, siempre están activos.

El servicio de mensajería instantánea ofrece una ventana donde se escribe el mensaje, en texto plano o acompañado de iconos o "emoticonos" (figura que representan estados de ánimo), y se envían a uno o varios destinatarios quienes reciben los mensajes en tiempo real, el receptor lo lee y puede contestar en el acto.

Figura 1.7. *Mensajería instantánea*

1.3 LA TECNOLOGÍA DE INTERNET

1.3.1 ARQUITECTURA TCP/IP

TCP/IP es una denominación que permite identificar al grupo de protocolos de red que respaldan a Internet y que hacen posible la transferencia de datos entre redes de ordenadores. En concreto, puede decirse que TCP/IP hace referencia a los dos protocolos más trascendentes de este grupo: el conocido como Protocolo de Control de Transmisión (TCP) y el llamado Protocolo de Internet (IP).

En este sentido, es necesario subrayar que el protocolo TCP/IP lo que hace es proporcionar un transporte muy fiable de los datos. Y mientras, el segundo, el protocolo IP lo que hace es ofrecernos la posibilidad de dirigir los datos a otras máquinas.

Asimismo, hay que subrayar que dentro de TCP/IP existen 4 niveles:

- **Nivel de aplicación**. Es el más alto dentro del protocolo que nos ocupa y en él se encuentran una serie de aplicaciones que tienen la capacidad de acceder a diversos servicios a los que se puede acceder vía Internet.
- **Nivel de transporte**. Es el encargado de ofrecer una comunicación entre extremos de programas de aplicación.
- **Nivel de red**. Se dedica a realizar una serie de acciones sobre la información que recibe del nivel anterior para luego acometer el envío al nivel que está por debajo de él.
- **Nivel de enlace**. Su misión más clara es transmitir la información que recibe al hardware.

De todas formas, no hay que olvidar que este conjunto alberga a más de 100 protocolos distintos, entre los que se encuentran el HTTP (*HyperText Transfer Protocol*), necesario para lograr el acceso a cada sitio web; ARP (*Address Resolution Protocol*), que permite resolver las direcciones; FTP (*File Transfer Protocol*), imprescindible cuando se necesita transferir archivos; SMTP (*Simple Mail Transfer Protocol*) y POP (*Post Office Protocol*), entre otros.

El protocolo TCP/IP es un elemento primordial para Internet. Su desarrollo estuvo a cargo del Departamento de Defensa de los Estados Unidos, que en 1972 logró ponerlo en práctica al ejecutarlo en ARPANET.

El grupo de protocolos TCP/IP fue diseñado para enrutar y ofrece un nivel alto de fiabilidad, lo que permite que sea adecuado para grandes redes y que posibilite el funcionamiento de Internet a nivel global. Además resulta compatible con las herramientas estándar que analizan el funcionamiento de la red.

En cuanto a los puntos en contra del TCP/IP, suele mencionarse que es algo más complejo de configurar y de mantener bajo control que otros sistemas, y que puede funcionar con una lentitud notoria en las redes con un volumen de tráfico bajo.

PRÁCTICA 1.1

- A partir de este momento vamos a comparar y utilizar el modelo de referencia OSI con el modelo TCP/IP. Investigue las características más importantes de este modelo, sus capas y protocolos.

1.3.2 COMPARACIÓN DE TCP/IP CON OSI

Se puede afirman que ambos modelos tienen mucho en común. Las funcionalidades de los niveles y el concepto de protocolos independientes son muy similares. En el modelo OSI se definen tres conceptos: servicios, interfaces y protocolos. En OSI se hace explícita la distinción entre estos tres términos. Originalmente en el modelo TCP no se hacía forma clara esta distinción, aunque luego se trató a fin de hacer parecido este modelo al de OSI.

El modelo OSI se desarrolló antes de que se inventaran los protocolos. Aparecieron entonces dificultades para asignar funcionalidades a cada capa, debido a la falta de conocimiento y experiencia de algunos diseñadores. En muchos casos, los protocolos diseñados no cuadraban exactamente en el nivel determinado y se requerían subcapas para tratar esas diferencias. Se pretendía que los gobiernos usaran los protocolos OSI, pero las cosas no salieron como esperaba, y hasta ahora no se ha llegado a implantar de forma general.

En cambio con TCP/IP, primero llegaron los protocolos y luego se definió el modelo de acuerdo a dichos protocolos. El modelo no se ajusta exactamente a ninguna otra pila de protocolos, esto hizo que no fuera de mucha utilidad para otras redes distintas a las de TCP/IP.

En TCP/IP hay cuatro capas frente a las siete de OSI, las capas que tienen en común son la de red, la de transporte y la de aplicación, el resto son diferentes. Las funciones propias de las capas de presentación, sesión y aplicación del modelo OSI son implementadas por la capa de aplicación del modelo de referencia TCP/IP.

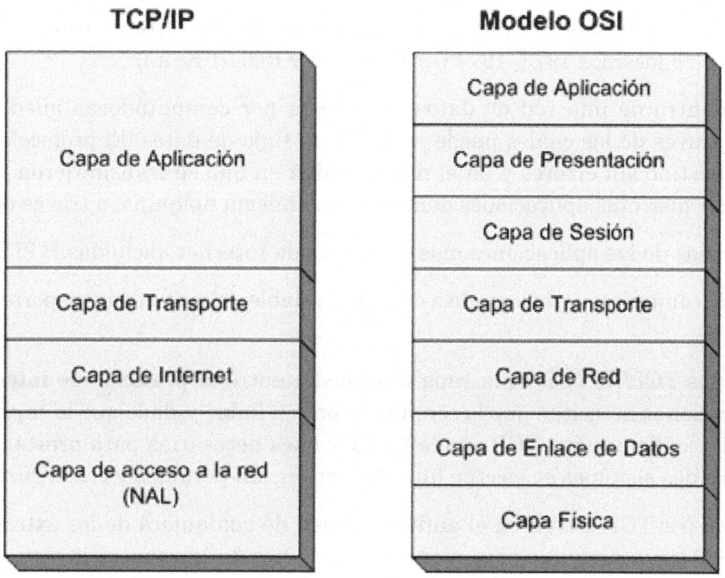

Figura 1.8. *TCP/IP vs Modelo OSI*

1.3.3 PROTOCOLOS DE INTERNET: TCP, UDP, SMNP, SMTP, ETC

Un protocolo no es más que un conjunto de reglas formales que permiten a dos dispositivos intercambiar datos de forma no ambigua. El ordenador conectado a una red usa protocolos para permitir que los ordenadores conectados a la red puedan enviar y recibir mensajes, y el protocolo TCP/IP define las reglas para el intercambio de datos sobre Internet.

Los protocolos son, pues, una serie de reglas que utilizan los ordenadores para comunicarse entre sí. El protocolo utilizado determinará las acciones posibles entre dos ordenadores. Para hacer referencia a ellos en el acceso se escribe el protocolo en minúsculas seguido por "://".Por ejemplo, *http: / / www.ra-ma.es*.

Las redes conectadas por donde pasa el paquete de protocolos TCP/IP son sumamente robustas. Si una sección de la red (o un servidor de ordenador en la red) se convierte en inoperativo, los datos pueden ser desviados sin causar daño a la red. La homogeneidad del protocolo es la esencia de la comunicación de Internet en el nivel de los datos. Mediante la cooperación de las conexiones de redes y el protocolo TCP/IP pueden conectarse sistemas de comunicación más y más grandes. Las organizaciones individuales pueden controlar su propia red TCP/IP y conectarla con otras redes de Internet locales, regionales, nacionales y globales. Internet comparte el paquete de protocolos TCP/IP, sin embargo, Internet no es una red, sino una red de redes, un sistema organizado y distribuido cooperativamente a escala mundial para intercambiar información.

1.3.3.1 Protocolo TCP

TCP (*Transmission-Control-Protocol* o Protocolo de Control de Transmisión) es uno de los protocolos fundamentales en Internet. Fue creado entre los años 1973–1974 por Vint Cerf y Robert Kahn.

Muchos programas dentro de una red de datos compuesta por computadoras pueden usar TCP para crear conexiones entre ellos a través de las cuales puede enviarse un flujo de datos. El protocolo garantiza que los datos serán entregados en su destino sin errores y en el mismo orden en que se transmitieron. También proporciona un mecanismo para distinguir distintas aplicaciones dentro de una misma máquina, a través del concepto de puerto.

TCP da soporte a muchas de las aplicaciones más populares de Internet, incluidas HTTP, SMTP, SSH y FTP.

TCP es un protocolo de comunicación orientado a conexión y fiable del nivel de transporte. Es un protocolo de nivel 4 según el modelo OSI.

En la pila de protocolos TCP/IP, TCP es la capa intermedia entre el protocolo de internet (IP) y la aplicación. Habitualmente, las aplicaciones necesitan que la comunicación sea fiable y, dado que la capa IP aporta un servicio de datagramas no fiable (sin confirmación), TCP añade las funciones necesarias para prestar un servicio que permita que la comunicación entre dos sistemas se efectúe libre de errores, sin pérdidas y con seguridad.

Los servicios provistos por TCP corren en el anfitrión (host) de cualquiera de los extremos de una conexión, no en la red. Por lo tanto, TCP es un protocolo para manejar conexiones de extremo a extremo. Tales conexiones pueden existir a través de una serie de conexiones punto a punto, por lo que estas conexiones extremo-extremo son llamadas circuitos virtuales. Las características del TCP son:

- **Orientado a la conexión**: dos computadoras establecen una conexión para intercambiar datos. Los sistemas de los extremos se sincronizan con el otro para manejar el flujo de paquetes y adaptarse a la congestión de la red.
- **Operación Full-Duplex**: una conexión TCP es un par de circuitos virtuales, cada uno en una dirección. Sólo los dos sistemas finales sincronizados pueden usar la conexión.

- **Error Checking**: una técnica de checksum es usada para verificar que los paquetes no estén corruptos.
- **Acknowledgements**: sobre recibo de uno o más paquetes, el receptor regresa un *acknowledgement* (reconocimiento) al transmisor indicando que recibió los paquetes. Si los paquetes no son notificados, el transmisor puede reenviar los paquetes o terminar la conexión si el transmisor cree que el receptor no está más en la conexión.
- **Flow Control**: si el transmisor está desbordando el buffer del receptor por transmitir demasiado rápido, el receptor descarta paquetes. Los *acknowledgement* fallidos que llegan al transmisor le alertan para bajar la tasa de transferencia o dejar de transmitir.
- **Servicio de recuperación de Paquetes**: el receptor puede pedir la retransmisión de un paquete. Si el paquete no es notificado como recibido (ACK), el transmisor envía de nuevo el paquete.

1.3.3.2 IP: Internet Protocol

El protocolo IP es el protocolo más básico de Internet, y provee todos los servicios necesarios para el transporte de datos. Cualquier otro protocolo de Internet se basa en IP o le sirve de base.

Fundamentalmente IP provee:

- **Direccionamiento**: Las cabeceras IP contienen las direcciones de las máquinas de origen y destino (direcciones IP), direcciones que serán usadas por los enrutadores (*routers*) para decidir el tramo de red por el que circularán.
- **Fragmentación**: Si la información a transmitir ("datagramas") supera el tamaño máximo "negociado" (MTU) en el tramo de red por el que va a circular podrá ser dividida en paquetes más pequeños, y reensamblada luego cuando sea necesario.
- **Tiempo de Vida de Paquetes**: Cada paquete IP contiene un valor de Tiempo de Vida (TTL) que va disminuyendo cada vez que un enrutador recibe y reenvía el paquete. Cuando este valor llega a ser de cero, el paquete deja de ser reenviado (se pierde).
- **Tipo de Servicio**: Este es un valor sin definición previa pero que puede indicar, por ejemplo, la prioridad del paquete.
- **Otras opciones**: Valores sin contenido definido previamente que se pueden utilizar, por ejemplo, para que la máquina de origen especifique la ruta que debe seguir el paquete, o para que cada enrutador agregue su propia dirección (para realizar seguimiento de ruta), o para indicar opciones de seguridad de la información contenida, etc.

El IPv6 será la próxima generación de protocolos de Internet y ya está en marcha. Este protocolo se ha desarrollado para ampliar la capacidad de conexión debido al crecimiento de dispositivos y al aumento de equipos portátiles. Y así, ofrecerá la infraestructura necesaria para teléfonos móviles, agendas PDA, electrodomésticos, etc.

La mayor diferencia entre la versión de IP utilizada actualmente (IP versión 4) e IPv6 radica en el espacio de direcciones más grande que admite IPv6. IPv6 admite direcciones de Internet de 128 bits, mientras que IP (versión 4) lo hace a 32 bits, además de ofrecer una configuración más simple y una mayor seguridad.

1.3.3.3 HTTP: HyperText Transfer Protocol o Protocolo de Transferencia de Hipertexto

Es el protocolo utilizado por los servidores de la World Wide Web desde el nacimiento de la web. El protocolo HTTP es el que permite el intercambio de información hipertextual de las páginas web. Se trata de un protocolo genérico orientado a objetos, que puede usarse para muchas tareas como servidor de nombres y sistemas distribuidos orientados a objetos, por extensión de los comandos o los métodos usados. Una de sus características principales es la independencia en la visualización y presentación de los datos, lo que permite que los sistemas sean construidos independientemente del desarrollo de nuevos avances en la representación de los datos. Para visualizar los datos de la web se precisa de un navegador instalado en la máquina del ordenador cliente. En este protocolo existen una serie de conceptos tales como:

- **Conexión**: es el circuito virtual establecido entre 2 programas en una red de comunicación.
- **Mensaje**: es la unidad básica de un protocolo HTTP y consiste en una secuencia estructurada que se tramite entre los programas.
- **Cliente**: es el programa que hace la llamada al servidor y es el que atiende en la transmisión la trama de los mensajes.
- **Servidor**: es el programa que presta el servicio en la red.
- **Proxy**: se trata de un programa intermedio que actúa sobre el servidor y el cliente.

Así, pues, el protocolo HTTP se basa en la conexión entre cliente y servidor. Una transacción HTTP consiste básicamente en:

- **Conexión**: establecimiento de una conexión del cliente con el servidor. El puerto TCP/IP 80 es el puerto más conocido, pero se pueden especificar otros puertos no reservados.
- **Solicitud**: envío por parte del cliente de un mensaje de solicitud al servidor.
- **Respuesta**: envío por parte del servidor de una respuesta al cliente.
- **Cierre**: fin de la conexión por parte del cliente y el servidor.

Figura 1.9. *HTTP*

1.3.3.4 SMTP: Simple Mail Transfer Procol o Protocolo de Transmisión de Correo Simple

Es el protocolo que, junto con el protocolo POP (*Post Office Protocol* o Protocolo de Oficina de Correos), nos permite enviar y recibir correos electrónicos.

A veces también puede utilizarse el protocolo IMAP (*Internet Messagins Access Protocol* o Protocolo de mensajería instantánea en Internet), más sofisticado que el protocolo POP.

Figura 1.10. *SMTP*

1.3.3.5 NEWS (NNTP): Network News Tranfer Protocol

Protocolo de transferencia de sistemas de redes de *news* o noticias. Se trata de un foro de discusión por temas en forma de tablón de anuncios que cuenta con sus propios servidores y sus propios programas. Generalmente, el mismo programa que gestiona correos electrónicos, sirve para gestionar las *news* o noticias.

1.3.3.6 IRC: Internet Relay Chat

Es un protocolo de comunicación que permite conversaciones (chats) y debates en grupo o en privado, en tiempo real siguiendo la arquitectura del modelo cliente-servidor, pero formándose redes entre los servidores para acoger a más usuarios. Las conversaciones se desarrollan en los denominados canales de chat. Se entra en ellos adoptando un *nickname* o apodo y existen personas encargadas de crear y mantener los canales (los llamados CS o *Chan Service*), personas encargadas de mantener la red (IRCop), usuarios con privilegios de administrador del canal (Op) e incluso robots (Bot) que automatizan los servicios del canal. Existen muchos servidores de IRC.

Para acceder a uno de estos servicios como usuario se requiere de un programa o cliente de IRC. Actualmente este servicio también se presta a través de la interfaz de la World Wide Web y existen también otros programas de mensajería integral que permiten conjuntamente prestaciones de mensajería rápida, correo electrónico, audioconferencia, videoconferencia, asistencia remota y otras prestaciones.

Figura 1.11. *IRC*

1.3.3.7 TELNET

Protocolo que permite la conexión remota a otro ordenador y que permite manejarlo como si se estuviese físicamente ante él. Así, es posible arreglar fallos a distancia o consultar datos en la otra máquina.

Ha sido un sistema muy utilizado por las grandes bibliotecas y centros de documentación como modo de acceso a sus catálogos en línea. Sin embargo, dejó de usarse hace unos años, cuando apareció y se popularizó el SSH (*Secure Shell*), que puede describirse como una versión cifrada de telnet. Uno de los mayores problemas de TELNET era la seguridad, ya que los nombres de usuario y contraseñas viajaban por la red sin cifrar. Para que la conexión funcionara, la máquina a la que se accede debía tener un programa especial que recibía y gestionaba las conexiones. El programa, al igual que el protocolo, también se denomina TELNET.

Figura 1.12. *TELNET*

1.3.3.8 GOPHER

Es un sistema de entrega de información distribuido que hoy se ha dejado de utilizar. Utilizando gopher era posible acceder a información local o bien a servidores de información gopher de todo el mundo. Permitía establecer una jerarquía de documentos, y búsquedas en ellos por palabras o frases clave. Su nombre se debe a la mascota -un topo- de la Universidad de Minessotta, donde fue creado, aunque otros autores sugieren que es una deformación de la frase *goes-fer* (busca). Fue el precursor de la web al resolver el resolver el problema de cómo ubicar los recursos en Internet reduciendo todas las búsquedas a menús y submenús.

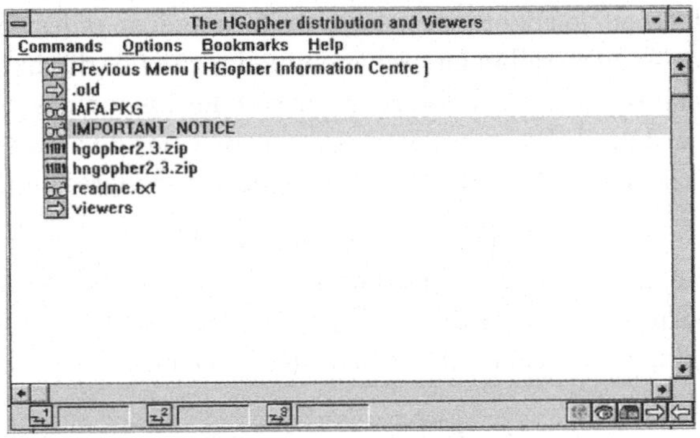

Figura 1.13. *GOPHER*

1.3.3.9 Protocolo de Interred

Se trata de un protocolo no orientado a conexión, encargado de las cuestiones relativas a direccionamiento de los paquetes que le suministra la capa de transporte.

Como cada servicio tiene sus propias necesidades, existen diferentes protocolos de niveles superiores que usan IP. Aunque el protocolo IP establece las normas para que los paquetes alcancen su destino, lo que no se garantiza es cuándo lo van a alcanzar, cuántos o en qué orden, es decir, ofrece un servicio no orientado a conexión.

1.3.3.10 ICMP: Internet Control Message Protocol

Es un protocolo que podíamos denominar "auxiliar" de la transmisión, ya que está más orientado a la calidad de la transmisión que a la transmisión en sí misma. Es responsable de generar mensajes cuando ocurren errores en la transmisión. También puede generar mensajes de prueba e informativos sobre la transmisión, incluyendo un modo especial de eco que puede manejarse mediante PING (*"Packet Internetwork Goper"*).

1.3.3.11 IGMP: Internet Group Management Protocol

El protocolo IGMP funciona como una extensión del protocolo IP. Se emplea para realizar IP *multicast*, es decir, cuando el envío de datos a una dirección IP puede alcanzar múltiples servidores de una red y/o a todas las máquinas de una subred. Además de utilizarse para pasar información se utiliza para establecer los miembros de la red, pasar información de los miembros y establecer rutas. Otros muchos protocolos hacen uso de las funciones IGMP dentro de sus especificaciones.

1.3.3.12 UDP: User Datagram Protocol

Protocolo para transmisiones que pueden permitirse ciertos errores (pérdida de paquetes) a cambio de un incremento en la velocidad. Es aplicado en transmisiones de Video en tiempo real (por ejemplo *RealPlayer*) que ignora los marcos erróneos y en otras comunicaciones Internet como DNS. Ofrece mucho menos control que TCP, por lo que también ha sido descrito como "*Unreliable Datagram Protocol*". No puede garantizar el orden de llegada de los paquetes ni tampoco la llegada en sí, sin embargo garantiza menor tiempo de respuesta que TCP. Está descrito en RFC 768.

1.3.3.13 DHCP: Dynamic Host Configuration Protocol

Este protocolo permite simplificar la administración de grandes redes IP (o pequeñas), permitiendo que los equipos individuales de una red puedan obtener sus datos de configuración desde un servidor especial (servidor DHCP), en especial en aquellas redes en las que no se tiene información exacta sobre los equipos individuales hasta que estos no recaban la información.

1.3.3.14 POP: Post Office Protocol

DHCP (siglas en inglés de *Dynamic Host Configuration Protocol*, en español «protocolo de configuración dinámica de host») es un protocolo de red que permite a los clientes de una red IP obtener sus parámetros de configuración automáticamente.

Se trata de un protocolo de tipo cliente/servidor en el que generalmente un servidor posee una lista de direcciones IP dinámicas y las va asignando a los clientes conforme éstas van quedando libres, sabiendo en todo momento quién ha estado en posesión de esa IP, cuánto tiempo la ha tenido y a quién se la ha asignado después.

Este protocolo se publicó en octubre de 1993, y su implementación actual está en la RFC 2131. Para DHCPv6 se publica el RFC 3315.

Existen tres versiones: POP, POP2, y POP3. Cuando recibimos un e-mail queda almacenado en el servidor hasta que conectamos con él mediante el cliente de correo (un programa) y nos autentificamos (proporcionamos un nombre de usuario y contraseña correctos). Después de esto POP es utilizado para transferir los datos desde el servidor al buzón de correo entrante de nuestra propia máquina. Eventualmente una vez recibida la copia es posible ordenar al servidor que borre los ficheros originales.

Existe otro protocolo que permite manejar el correo en el servidor. Es IMAP, cuya diferencia fundamental con POP es que este último se limita a pasar los mensajes al cliente autenticado, mientras que IMAP pone el control del correo electrónico en manos del servidor.

POP3S es el protocolo de cifrado POP3 mediante SSL ("*Secure Sockets Layer*").

Figura 1.14. *POP3*

1.3.3.15 PPP: Point to Point Protocol

Un protocolo utilizado para enviar paquetes punto-a-punto sobre líneas serie. Es uno de los más utilizados, ya que soporta las comunicaciones sobre líneas telefónicas a través de módem (el módem utiliza una conexión serie). Permite utilizar sobre él otros protocolos de más alto nivel (más cercanos a la capa de Aplicación), como IPX/SPX y TCP/IP. Cuando la comunicación es a través de línea telefónica, pero en vez de ser convencional (RTB) es ADSL, se utiliza una variedad denominada PPPoE (PPP *over Ethernet*).

PPP también puede ser utilizado sobre conexiones de red distintas de las telefónicas. Windows lo instala cuando se instala un módem o servicio de Acceso Remoto (RAS). Una versión antigua de este protocolo que se utilizaba exclusivamente para conectar a servidores Unix de acceso remoto se denomina SLIP ("Seriar Line IP").

1.3.3.16 Protocolos de encaminamiento

Son utilizados por herramientas auxiliares cuyo fin último es construir las tablas de ruta de los encaminadores ("*Routers*"). Esta función puede ser realizada manualmente en caso de redes pequeñas, pero es una tarea muy ardua en caso de redes medianas, e imposible en caso de redes extensas (Internet), ya que la tabla de ruta depende de la topología de la red, y esta puede cambiar con relativa frecuencia. Por esta razón, los *routers* utilizan algoritmos que realizan el análisis de forma automática intercambiando información con otros *routers*.

Existen varios de estos protocolos según se trate de construir las tablas de redes privadas o externas (Internet). Los primeros son denominados protocolos de enrutamiento interno, el más importante de los cuales es RIP ("*Routing Information Protocol*") definido en la RFC 1058. Sin embargo es bastante ineficiente porque exige a los *routers* intercambiar periódicamente tablas completas. Actualmente está siendo reemplazado por OSPF ("*Open Shortest Path First*") definido en RFC 1583 que es más eficiente.

Para las tablas entre redes independientes se utilizan los protocolos de enrutamiento externo, como EGP ("*External Gateway Protocol*") y BGP ("*Border Gateway Protocol*") definido en RFC 1771.

1.4 REDES TCP/IP

En el modelo TCP/IP se pueden distinguir cuatro capas:

1.4.1 LA CAPA HOST-RED

Esta capa engloba realmente las funciones de la capa física y la capa de enlace del modelo OSI. El modelo TCP/IP no dice gran cosa respecto a ella, salvo que debe ser capaz de conectar el host a la red por medio de algún protocolo que permita enviar paquetes IP. Se podría afirmar que para el modelo TCP/IP esta capa se comporta como una 'caja negra'. Cuando surge una nueva tecnología de red una de las primeras cosas que aparece es un estándar que especifica de qué forma se pueden enviar sobre ella paquetes IP; a partir de ahí la capa internet ya puede utilizar esa tecnología de manera transparente.

1.4.2 LA CAPA INTERNET IP

Esta capa es el 'corazón' de la red. Su papel equivale al desempeñado por la capa de red en el modelo OSI. Se ocupa de encaminar los paquetes de la forma más conveniente para que lleguen a su destino, y de evitar que se produzcan situaciones de congestión en los nodos intermedios. Debido a los requisitos de robustez impuestos en el diseño, la capa Internet da únicamente un servicio de conmutación de paquetes no orientado a conexión. Los paquetes pueden llegar desordenados a su destino, en cuyo caso es responsabilidad de las capas superiores en el nodo receptor la reordenación para que sean presentados al usuario de forma adecuada.

A diferencia de lo que ocurre en el modelo OSI, donde los protocolos para nada intervienen en la descripción del modelo, la capa Internet define aquí un formato de paquete y un protocolo, llamado IP (*Internet Protocol*), que se considera el protocolo 'oficial' de la arquitectura, siendo el más popular de todos.

1.4.3 LA CAPA DE TRANSPORTE

Esta capa recibe el mismo nombre y desarrolla la misma función que la cuarta capa del modelo OSI, consistente en permitir la comunicación extremo a extremo (host a host) en la red. Aquí se definen dos protocolos:

- **TCP** (*Transmission Control Protocol*) ofrece un servicio fiable, con lo que los paquetes (aquí llamados segmentos) llegan ordenados y sin errores. TCP se ocupa también del control de flujo extremo a extremo, para evitar que por ejemplo un host rápido sature a un receptor más lento. Ejemplos de protocolos de aplicación que utilizan TCP son el SMTP (*Simple Mail Transfer Program*, correo electrónico) y el FTP (File Transfer Protocol).
- **UDP** (*User Datagram Protocol*) que da un servicio no orientado a conexión y no fiable. UDP no realiza control de errores ni de flujo. Una aplicación típica donde se utiliza UDP es la transmisión de voz y vídeo en tiempo real; aquí el retardo que introduciría el control de errores produciría más daño que beneficio: es preferible perder algún paquete que retransmitirlo fuera de tiempo. Otro ejemplo de aplicación que utiliza UDP es el NFS (*Network File System*); aquí el control de errores y de flujo se realiza en la capa de aplicación.

1.4.4 LA CAPA DE APLICACIÓN

Esta capa desarrolla las funciones de las capas de sesión, presentación y aplicación del modelo OSI. La experiencia ha demostrado que las capas de sesión y presentación son de poca utilidad, debido a su escaso contenido, por lo que la aproximación adoptada por el modelo TCP/IP parece más acertada.

La capa de aplicación contiene todos los protocolos de alto nivel que se utilizan para ofrecer servicios a los usuarios. Entre éstos podemos mencionar tanto los 'tradicionales', que existen desde que se creó el TCP/IP:

- Terminal virtual (TelNet)
- Transferencia de ficheros (FTP)
- Correo electrónico (SMTP)
- Servidor de nombres (DNS)
- Servicio de *news* (NNTP)
- Web (HTTP), Gopher, etc.

1.5 DIRECCIONAMIENTO IP. EVOLUCIÓN

Quizás uno de los aspectos más complejos de IP son el direccionamiento y el enrutamiento. El direccionamiento se refiere a la forma como se asigna una dirección IP y como se dividen y se agrupan subredes de equipos.

El enrutamiento consiste en encontrar un camino que conecte una red con otra y, aunque es llevado a cabo por todos los equipos, es realizado principalmente por enrutadores, que no son más que computadores especializados en recibir y enviar paquetes por diferentes interfaces de red, así como proporcionar opciones de seguridad, redundancia de caminos y eficiencia en la utilización de los recursos.

1.5.1 DIRECCIÓN IP

Una dirección IP es un número que identifica de manera lógica y jerárquica a una interfaz de un dispositivo (habitualmente una computadora) dentro de una red que utilice el protocolo de Internet (*Internet Protocol*), que corresponde al nivel de red o nivel 3 del modelo de referencia OSI. Dicho número no se ha de confundir con la dirección MAC que es un número físico que es asignado a la tarjeta o dispositivo de red (viene impuesta por el fabricante), mientras que la dirección IP se puede cambiar.

Las direcciones IP se pueden expresar como números de notación decimal: se dividen los 32 bits de la dirección en cuatro octetos. El valor decimal de cada octeto puede ser entre 0 y 255 [el número binario de 8 bits más alto es 11111111 y esos bits, de derecha a izquierda, tienen valores decimales de 1, 2, 4, 8, 16, 32, 64 y 128, lo que suma 256 en total, 255 más la 0 (0000 0000)].

En la expresión de direcciones IPv4 en decimal se separa cada octeto por un carácter único ".". Cada uno de estos octetos puede estar comprendido entre 0 y 255, salvo algunas excepciones. Los ceros iniciales, si los hubiera, se pueden obviar (010.128.001.255 sería 10.128.1.255).

Es habitual que un usuario que se conecta desde su hogar a Internet utilice una dirección IP. Esta dirección puede cambiar al reconectar, y a esta forma de asignación de dirección IP se denomina una dirección IP dinámica (normalmente se abrevia como IP dinámica).

Los sitios de Internet que por su naturaleza necesitan estar permanentemente conectados, generalmente tienen una dirección IP fija (o IP estática), es decir, no cambia con el tiempo. Los servidores de correo, dns, ftp públicos, servidores web, necesariamente deben contar con una dirección IP fija o estática, ya que de esta forma se facilita su ubicación. Las máquinas tienen una gran facilidad para manipular y jerarquizar la información numérica, y son altamente eficientes para hacerlo y ubicar direcciones IP. Sin embargo, los seres humanos debemos utilizar otra notación más fácil de recordar y utilizar; tal es el caso URLs y resolución de nombres de dominio DNS.

1.5.2 ENRUTAMIENTO

En comunicaciones, el encaminamiento (a veces conocido por el anglicismo ruteo o enrutamiento) es el mecanismo por el que en una red los paquetes de información se hacen llegar desde su origen a su destino final, siguiendo un camino o ruta a través de la red. En una red grande o en un conjunto de redes interconectadas el camino a seguir hasta llegar al destino final puede suponer transitar por muchos nodos intermedios.

Asociado al encaminamiento existe el concepto de métrica, que es una medida de lo "bueno" que es usar un camino determinado. La métrica puede estar asociada a distintas magnitudes: distancia, coste, retardo de transmisión, número de saltos, etc., o incluso a una combinación de varias magnitudes. Si la métrica es el retardo, es mejor un camino cuyo retardo total sea menor que el de otro. Lo ideal en una red es conseguir el encaminamiento óptimo: tener caminos de distancia (o coste, o retardo, o la magnitud que sea, según la métrica) mínimos. Típicamente el encaminamiento es una función implantada en la capa 3 (capa de red) del modelo de referencia OSI.

1.5.3 DOMINIOS. JERARQUÍA DE DOMINIOS

Todo ordenador conectado a la red Internet tiene que estar identificado de forma inequívoca con respecto al resto de ordenadores. Si no fuera así, no podrían comunicarse unos con otros. Es lo mismo que sucede con las direcciones postales o con los números de teléfono: han de ser únicos y exclusivos para cada usuario.

Los ordenadores conectados a Internet se identifican mediante lo que se denomina Dirección IP.

Además de por la dirección IP, los ordenadores conectados a Internet pueden también identificarse por lo que se llama nombres de dominio. Los nombres de dominio se construyen de acuerdo a una estructura jerárquica y están formados por palabras separadas por puntos. Esto permite que sean más fáciles de recordar que las direcciones IP y que además puede deducirse la situación geográfica del ordenador, a quién pertenece o el propósito del mismo. El nombre de dominio del servidor web citado anteriormente es el siguiente: *averroes.cec.junta-andalucia.es*

La primera palabra del nombre de dominio corresponde siempre al nombre del ordenador servidor, en nuestro ejemplo averroes. El resto de las palabras de ese nombre representan un subdominio que a su vez está comprendido en otro subdominio de alcance mayor, y así hasta la última palabra que corresponde al dominio principal o de primer nivel. En el ejemplo, cec corresponde a Consejería de Educación y Ciencia, junta-andalucia a Junta de Andalucía y es corresponde al dominio principal España.

Los nombres de los subdominios son generalmente arbitrarios y dependen de los administradores de las redes locales. Los dominios principales y también algunos subdominios amplios, responden sin embargo a unas reglas establecidas. Los dominios principales constan de dos letras que indican el país al que pertenece el ordenador. Algunos ejemplos de dominios: España: **es**, Alemania: **de**, Argentina: **ar** y México: **mx**.

Estados Unidos es una excepción a esta regla. El motivo es que Internet tuvo su origen histórico en las redes nacionales de ese país. En Estados Unidos los dominios de primer nivel hacen referencia al tipo de organización al que pertenece el ordenador. Los más utilizados son los siguientes: **edu**: Educación, **com**: Empresa comercial, **gov**: Entidad del gobierno, **net**: Recursos de la red, mil: Militar y **org**: Otras organizaciones.

Algunos países utilizan estos dominios como subdominios con el mismo significado. También hay ordenadores no situados en Estados Unidos cuyos dominios principales no corresponden con el del país sino con estos últimos.

Para conectarse con un ordenador remoto y utilizar un determinado servicio de Internet es necesario conocer la dirección IP o el nombre de dominio del ordenador que presta ese servicio. La dirección IP y el nombre de dominio pueden utilizarse indistintamente para conectar con un ordenador remoto porque, en el fondo, se conozca o no el número, detrás de cada nombre de dominio hay siempre una dirección IP.

Como hemos visto, todo ordenador que pertenece a una red conectada a Internet tiene necesariamente que estar identificado con una Dirección IP única que le adjudica el administrador de la red. En el caso de los ordenadores que acceden a Internet vía módem o *router* a través de un servidor de acceso, como desde el momento en que se conectan han de estar también identificados, lo que sucede es que el servidor de acceso le proporciona a ese ordenador de forma provisional (para esa sesión) una dirección IP de un rango que se reserva para ese fin. Cuando ese ordenador se desconecta, la dirección IP que se le adjudicó queda libre y puede volver a asignarse a otro usuario. Esta "asignación" de la dirección IP se lleva a cabo mediante uno de los numerosos protocolos que componen la familia de protocolos TCP/IP, denominado PPP (protocolo punto a punto).

El espacio de nombres de dominio tiene una estructura arborescente. Las hojas y los nodos del árbol se utilizan como etiquetas de los medios. Un nombre de dominio completo de un objeto consiste en la concatenación de todas las etiquetas de un camino. Las etiquetas son cadenas alfanuméricas (con '-' como único símbolo permitido), deben contar con al menos un carácter y un máximo de 63 caracteres de longitud, y deberá comenzar con una letra (y no con '-') . Las etiquetas individuales están separadas por puntos. Un nombre de dominio termina con un punto (aunque este último punto generalmente se omite, ya que es puramente formal). Un FQDN correcto (también llamado *Fully Qualified Domain Name*), es por ejemplo este: *www.example.com*. (Incluyendo el punto al final).

Un nombre de dominio debe incluir todos los puntos y tiene una longitud máxima de 255 caracteres.

Un nombre de dominio se escribe siempre de derecha a izquierda. El punto en el extremo derecho de un nombre de dominio separa la etiqueta de la raíz de la jerarquía (en inglés, *root*). Este primer nivel es también conocido como dominio de nivel superior (TLD – *Top Level Domain*).

Los objetos de un dominio DNS (por ejemplo, el nombre del equipo) se registran en un archivo de zona, ubicado en uno o más servidores de nombres.

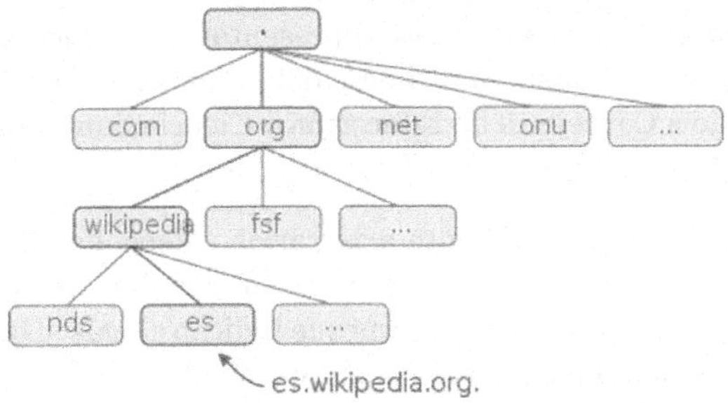

Figura 1.15. *Jerarquía de dominios*

1.5.4 SERVICIOS DE IDENTIFICACIÓN DE DOMINIOS: DNS

El Servicio de Nombres de Dominio (DNS) es una forma sencilla de localizar un ordenador en Internet. Todo ordenador conectado a Internet se identifica por su dirección IP. Sin embargo, como a las personas les resulta más fácil acordarse de nombres que de números, se inventó un sistema (DNS - *Domain Name Server*) capaz de convertir esos largos y complicados números, difíciles de recordar, en un sencillo nombre.

Los nombres de dominio no sólo nos localizan, además garantizan nuestra propia identidad en la red. Al igual que en el mundo real existen diferentes formas de identificación como puede ser el DNI, el carnet de conducir, la huella digital, etc. en Internet el dominio constituye el principal medio de identificación.

En realidad el servicio de nombres de dominio tiene más usos y mucho más importantes que el anterior. Por ejemplo, este servicio es fundamental para que el servicio de correo electrónico funcione.

Un Servidor de Nombres de Domino es una máquina cuyo cometido es buscar a partir del nombre de un ordenador la dirección IP de ese ordenador; y viceversa, encontrar su nombre a partir de la dirección IP.

¿Qué es lo que pasa entre un ordenador y el servidor DNS cuando el primero intenta conectarse con una máquina utilizando el nombre en lugar de la dirección IP? Sea "*http://www.ra-ma.es*" el nombre la máquina con la cual se desea conectar:

- El ordenador local contacta con su servidor DNS (servidor-uno) (que se tiene configurado en el ordenador), y le solicita la dirección IP de *http://www.ra-ma.es*.
- El servidor DNS mira en sus tablas de asignación, y si no lo encuentra entre los datos que guarda con las ultimas peticiones que ha servido, manda una petición a uno de los "servidores raíz" de Internet el cual averiguará qué servidor de nombres resuelve el dominio "*ra-ma.es*".
- El servidor raíz responderá a servidor-uno (servidor DNS del ordenador local) con la dirección del servidor que resuelve direcciones " *ra-ma.es* ". En este caso 217.18.161.17.

- servidor-uno hará una petición a 217.18.161.17, preguntando qué dirección IP tiene "*http://www.ra-ma.es*".
- 217.18.161.17 mira en sus tablas y devuelve la dirección IP de " *http://www.ra-ma.es*" a servidor-uno.
- servidor-uno manda la dirección IP encontrada al ordenador local que la usará para conectarse con " *http://www.ra-ma.es*".

Todo esto pasa en tan solo unos pocos milisegundos (más o menos), por lo que generalmente no se nota el retraso entre que se escribe la dirección nemotécnica y se resuelve cuál es su dirección IP.

1.5.5 ÁMBITOS: INTRANET, INTERNET Y EXTRANET. CONSIDERACIONES DE SEGURIDAD. CORTAFUEGOS.

Las diferencias de la extranet con internet y la intranet se dan principalmente en el tipo de información y en el acceso a ella.

1.5.5.1 Internet

Internet puede dirigirse a cualquier usuario, global, abierto a cualquiera que tenga una conexión y tiene distintos usos como recabar información de los productos, contactar con cualquier persona de la empresa, etc.

1.5.5.2 Intranet

Intranet es una red de ordenadores conectados por medio del protocolo de comunicación TCP/IP, es decir aplica la tecnología de Internet a la tecnología de redes Lan, lo cual permite dentro de una empresa u organización, que se enlacen a todos los miembros de una organización proporcionándoles un acceso fácil a la información y convirtiendo el uso de los recursos y aplicaciones en un proceso más amigable, funcional y productivo.

Una Intranet es una infraestructura de comunicación. La Intranet está basada en los estándares de comunicación de Internet y él en los del World Wide Web. Por lo tanto, las herramientas usadas para crear una Intranet son idénticas a las mismas de Internet y las aplicaciones web. La diferencia principal de la Intranet es que al acceso a la información publicada está restringido y solo será visible a clientes dentro del grupo de la Intranet.

Pero la intranet no se limita únicamente a compartir documentos electrónicos, promueve nuevas formas de colaboración y acceso a los sistemas. Ya no es necesario reunir a todos en una sala para discutir un proyecto. Maquetas preliminares, diseños e información pueden ser compartidos en línea, a través de una junta virtual, donde cada participante puede estar en su propio escritorio, viendo un documento y discutiéndolo por teléfono, con telefonía en línea, o a través de un foro de discusión. Equipos de personas alrededor del mundo pueden trabajar juntos sin tener que invertir en gastos de viaje. La capacitación en línea disminuye los costos de traslados, infraestructura y coordinación de horarios. El resultado de esto es un aumento increíble en la eficiencia.

1.5.5.3 Extranet

Es la extensión de una Intranet de una Corporación más allá de esta. Es decir deja de ser exclusivamente para el uso de la organización y amplía este concepto a los clientes y los proveedores con los que cuenta la organización.

A pesar de la diferencia entre la Intranet y la Extranet, en las arquitecturas de ambas no existe tal diferencia y son implementadas con las mismas herramientas, aunque sus usuarios finales serán gente externa a la Corporación.

La Extranet se dirige a usuarios tanto de la empresa como externos, pero la información que se encuentra en la extranet es restringida, solo tienen acceso a esta red aquellos que tengan permiso.

Las extranets, en general, se componen de los siguientes elementos:

- Una base de autentificación, que permite crear usuarios y dar diferentes niveles de acceso a los recursos.
- Una base de datos (o un subconjunto de una) a compartir. Muchas veces se necesita cubrir diferencias entre los mecanismos internos de almacenamiento de datos y los externos. (por ejemplo: conversión entre dos sistemas de base de datos; conversión de tipos de archivos; etc.)
- Una plataforma que brinde acceso a esos datos (por ejemplo: un sitio web, aplicaciones de escritorio o móviles, etc.).

Una extranet es una buena forma de dar acceso restringido y de calidad a información consultada frecuentemente y, al mismo tiempo, de aliviar la carga de sus recursos humanos. Acceso de calidad en el sentido de que el usuario no sólo tiene acceso a la misma información a la que tal vez accedía por otro medio (ej. consultas por email) sino que puede hacerlo de forma rápida, cuando la requiera y a través de una plataforma diseñada para sus necesidades. Ya que las solicitudes más frecuentes de sus clientes o colaboradores (stocks, precios, balances, horarios, etc.) pasan a resolverse a través de esta plataforma, la carga sobre sus recursos humanos se ve aliviada, liberando a los mismos de consultas telefónicas o por email diarias, envío de boletines con información, etc.

1.5.5.4 Intranet vs Internet vs Extranet

Todas funcionan esencialmente de la misma manera, con la misma tecnología TCP/IP para regular el tráfico de datos. Del mismo modo, desde el punto de vista de las aplicaciones (e-mail, *newsgroups* y transferencia de archivos ftp, web, etc.), no existe ninguna diferencia entre ellas.

Tabla 1.1. Internet vs Intranet vs Extranet

	Internet	Intranet	Extranet
Acceso	público	privado	semi-público
Usuarios	cualquiera	miembros de una compañía	grupo de empresas estrechamente relacionadas
Información	fragmentada	propietaria	compartida dentro de un círculo de empresas
Seguridad y acceso	Nivel bajo, contenido no seguro	Alta seguridad y acceso restringido, con claves y usuarios otorgados por el administrador del sistema	Zonas de seguridad y zonas públicas.
Creación, diseño y mantenimiento	Cualquier empresa de creación y diseño.	Empresas especializadas.	Empresas especializadas.
Apariencia	Es la imagen de la empresa. El diseño es el pilar básico.	Formal, sin diseños que puedan llevar a confusión. Es una herramienta de trabajo.	Formal pero reflejando la imagen de la empresa.

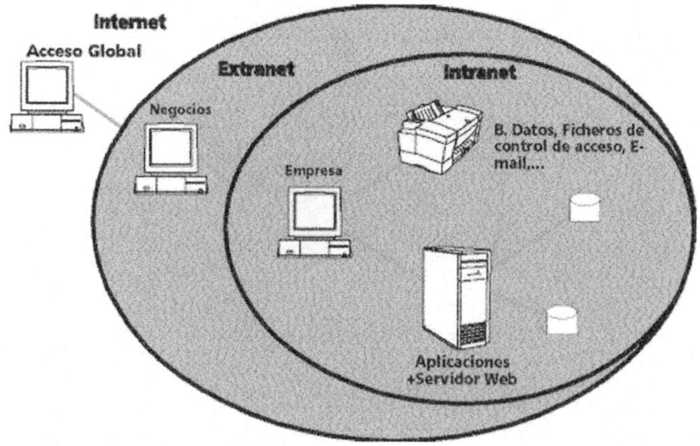

Figura 1.16. *Intranet vs Extranet vs Internet*

1.5.5.5 Cortafuegos o Firewalls

Los firewalls protegen a las Intranets de los ataques iniciados contra ellas desde Internet. Están diseñados para proteger a una Intranet del acceso no autorizado a la información de la empresa, y del daño o rechazo de los recursos y servicios informáticos. También están diseñados para impedir que los usuarios internos accedan a los servicios de Internet que puedan ser peligrosos, como FTP.

Las computadoras de las Intranets sólo tienen permiso para acceder a Internet después de atravesar un firewall.

Las peticiones tienen que atravesar un enrutador interno de selección, llamado también enrutador interno para filtrar o enrutador de obstrucción. Este enrutador evita que el tráfico de paquetes sea "husmeado" remotamente. Un enrutador de obstrucción examina la información de todos los paquetes como cuál es su origen y cuál su destino. El enrutador compara la información que encuentra con las reglas en una tabla de filtros, y admite, o no, los paquetes basándose en esas reglas. Por ejemplo, algunos servicios, como roglin, no pueden tener permiso para ejecutarse. El enrutador no permite tampoco que cualquier paquete se envíe a localizaciones específicas del Internet sospechosas.

Un enrutador también puede bloquear cada paquete que viaje entre Internet y la Intranet, excepto el e-mail. Los administradores de sistemas deciden qué paquetes admitir y cuáles denegar. Cuando una Intranet está protegida por un firewall, están disponibles los servicios internos usuales de la red, como el e-mail, el acceso a las bases de datos corporativas y a los servicios de la web, y el uso de programas para el trabajo en grupo.

Los firewall seleccionados de la subred tienen una manera más para proteger la Intranet: un enrutador exterior de selección, también denominado enrutador de acceso. Este enrutador selecciona paquetes entre Internet y la red de perímetro utilizando el mismo tipo de tecnología que el enrutador interior de selección. Puede seleccionar paquetes basándose en las mismas reglas que plica el enrutador interior de selección y puede proteger a la red incluso si el enrutador interno falla. Sin embargo, también puede tener reglas adicionales para la selección de paquetes diseñadas eficazmente para proteger al anfitrión bastión. Como un modo adicional para proteger a una Intranet del ataque. De este modo, los servidores de Intranets están protegidos del ataque. Los anfitriones bastión también pueden configurarse como servidores sustitutos.

Figura 1.17. Cortafuegos o Firewall

1.6 EJERCICIOS DEL CAPÍTULO 1

1 Internet aparece:

a) Después de la aparecer la web, como medio para poder implementar la misma.
b) Mucho antes de la aparición de la web.
c) Como proyecto militar.
d) A y C son ciertas.
e) B y C son ciertas.

2 La web aparece:

a) Antes de aparecer Internet, por eso hubo que desarrollar un medio para poder implementar la web.
b) Mucho después de Internet.
c) Como medio de documentación.
d) A y C son ciertas.
e) B y C son ciertas.

3 Uno de los primeros protocolos que se implementaron en Internet fue:

a) WWW.
b) SMTP.
c) FTP.
d) IM.
e) Todas son ciertas.

4 La arquitectura TCP/IP cuenta con:

a) 4 niveles o capas.
b) 7 niveles o capas.
c) 5 niveles o capas.
d) TCP/IP no tiene niveles o capas implementados.

5 El protocolo que permite conversar con otros usuarios en tiempo real es:

a) WWW.
b) SMTP.
c) IRC.
d) FTP.
e) Todas son falsas.

6 El protocolo UPD puede ser interesante para:

a) *Streaming* y radios *online*.
b) Descarga de aplicaciones.
c) Descarga de documentos.
d) No existe el protocolo UPD.

2 La World Wide Web

Web o la web, la red o www de World Wide Web, es básicamente un medio de comunicación de texto, gráficos y otros objetos multimedia a través de Internet, es decir, la web es un sistema de hipertexto que utiliza Internet como su mecanismo de transporte o desde otro punto de vista, una forma gráfica de explorar Internet.

Figura 2.1. *World Wide Web*

2.1 BREVE HISTORIA DE LA WORLD WIDE WEB

La web se desarrolló entre marzo de 1989 y diciembre de 1990 por el ingeniero británico Tim Berners-Lee, con la ayuda de un científico de la computación belga, Robert Cailliau mientras trabajaban en el CERN en Ginebra, Suiza, y publicado en 1992. Desde entonces, Berners-Lee, actual director de la W3C, ha jugado un papel activo guiando el desarrollo de estándares web (como los lenguajes de marcado con los que se crean las páginas web), y en los últimos años ha abogado por su visión de una web semántica.

La propuesta de 1989 era destinada a un sistema de comunicación dentro del propio CERN. Pero Berners-Lee finalmente se dio cuenta que el concepto podría aplicarse en todo el mundo. Berners-Lee y el Robert Cailliau propusieron en 1990 utilizar de hipertexto "*para vincular y acceder a información de diversos tipos como una red de nodos en los que el usuario puede navegar a voluntad*", y Berners-Lee terminó el primer sitio web en diciembre de ese año. Berners-Lee publicó el proyecto en el grupo de noticias alt.hypertext el 7 de agosto de 1991.

2.2 ARQUITECTURA GENERAL DE LA WEB

La Arquitectura, en su más amplia definición, podemos describirla como el arte de planear, diseñar y construir espacios habitables, y engloba, por tanto, no sólo la capacidad de diseñar los espacios, sino también la ciencia de construir los volúmenes necesarios.

No es difícil seguir la línea marcada por esta definición general y extrapolar estas nociones a nuestra área de interés, la Arquitectura web. Quedémonos con tres conceptos fundamentales extraídos de la explicación anterior:

- Planear
- Diseñar
- Construir

Es ciertamente intuitiva la elección de estos conceptos. Realmente son los tres pasos básicos para llevar a cabo un proyecto dentro de cualquier ámbito. El correcto tratamiento de cada una de estas fases logrará la creación de productos más profesionales y efectivos.

2.2.1 PRINCIPIOS PARA EL DISEÑO DE SISTEMAS WEB

Para todo proyecto web debe haber ciertas reglas de "estética" por así decirlo, como son los siguientes principios. Además si se empieza analizar cómo se debe diseñar un Sitio web, se debería examinar antes revistas, libros, ya que no inventamos de la nada una nueva forma de comunicación, sino que lo que debemos hacer es adaptar estas nuevas tecnologías a nuestra información.

2.2.1.1 Espacios en blanco

Los espacios en blanco son muy importantes en el diseño de una composición gráfica cualquiera, especialmente en una interfaz web, entendiendo por espacios en blanco todas aquellas zonas de la interfaz en la que no exista ningún otro elemento gráfico.

Los espacios en blanco cumplen diferentes misiones en una interfaz: compensan el peso visual del resto de elementos, crean márgenes o separaciones entre ellos, encuadrándolos de forma adecuada, y marcan los límites que estructuran la composición, haciendo la interfaz más equilibrada, limpia y bella.

Los espacios en blanco constituyen por sí mismos un elemento más en la composición, siendo por tanto equivocado el concepto de diseñar dejando como espacios en blanco las zonas de la en las que no hemos puesto ningún otro elemento gráfico. La forma correcta es diseñar considerando desde el principio a los espacios en blanco como un elemento gráfico más, concibiendo su presencia y su ubicación desde el principio.

Centrándonos en una interfaz web y en sus elementos, los espacios en blanco van a establecer en primer lugar la rejilla base de la composición, que delimita las zonas en las que vamos a situar el resto de elementos y los márgenes y separaciones que van a existir entre ellas.

Si existe un menú lateral de navegación es conveniente dejar siempre un espacio blanco o libre entre éste y el cuerpo de la página. Igual espacio, al menos, habrá que dejar entre el dintel y el cuerpo de página. Caso de no existir dintel, la separación será entre el cuerpo y el borde superior de la ventana útil del navegador.

Si hemos diseñado una página con dos menús laterales, uno a cada lado, la separación entre estos y el cuerpo de la página será la misma en ambos casos, así como la separación entre los dos menús y los bordes de la ventana.

Igualmente, deberá existir un espacio en blanco de margen entre el dintel o el menú superior y el cuerpo de la página, así como entre éste y el pie de página, que deben tender a ser del mismo alto, buscando la simetría en la composición.

Sea cual sea el contenido del cuerpo de página (textual, formulario, ficha, etc.), si se encuentra distribuido en bloques, el espacio en blanco (margen) entre cada uno de los bloques debe ser el mismo, consiguiendo así una distribución equilibrada, en la que el peso de los bloques se compensa e iguala.

Dentro de un mismo bloque, los márgenes (al fin y al cabo, espacios en blanco internos, que pueden tener el color del fondo del bloque) entre cada uno de los elementos o agrupaciones del mismo tipo que lo forman deben ser iguales y simétricos, pues crean la limpieza compositiva necesaria para visualizar correctamente el bloque y sus elementos constitutivos.

Figura 2.2. Página mal espaciada

Figura 2.3. Página espaciada

2.2.1.2 Tipografía

¿Cuál es la mejor tipografía? ¿Debo usar Times o Arial? Esto no es lo que vamos a hablar, de cual tipografía, sino de los tamaños de la tipografía, ya que si empezamos hablar sobre que tipografía usar esto se puede llegar a convertir en un gran debate y la idea es ayudarnos y mejorar. Así que volviendo al punto, dentro de un Sitio web, la tipografía es una de las claves más importantes para poder llamar la atención al usuario, para crear armonía en el sitio, etc.

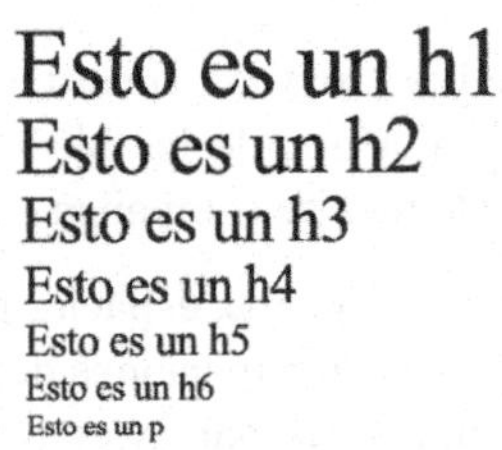

Figura 2.4. Tipografía

2.2.1.3 Contrastes

Es muy difícil leer un texto cuando su fondo es prácticamente del mismo color que el texto.

Figura 2.5. *Contrastes*

2.2.2 COMPONENTES BÁSICOS DE UN SISTEMA WEB

2.2.2.1 Hosting o alojamiento

Es el lugar físico donde se alojan los datos y los sistemas necesarios para que todo funcione. Básicamente es una empresa que tiene cientos o miles de servidores con dispositivos de almacenamiento para guardar toda la información y buena conexión a Internet.

Estas empresas se encargan de:

- Guardar los datos.
- Protegerlos contra ataques.
- Hacer una copia de respaldo de dichos datos.
- Mantener y reparar sistemas y equipos.
- Asegurar el funcionamiento constante de los servidores.
- Procurar la accesibilidad a los datos en todo momento.
- Proporcionar asistencia técnica a sus clientes.
- Administrar cuentas de correo electrónico.

2.2.2.2 Dominio

Un dominio de Internet es una red de identificación asociada a un grupo de dispositivos o equipos conectados a la red Internet.

El propósito principal de los nombres de dominio en Internet y del sistema de nombres de dominio (DNS), es traducir las direcciones IP de cada nodo activo en la red, a términos memorizables y fáciles de encontrar. Esta abstracción hace posible que cualquier servicio (de red) pueda moverse de un lugar geográfico a otro en la red Internet, aun cuando el cambio implique que tendrá una dirección IP diferente.

Sin la ayuda del sistema de nombres de dominio, los usuarios de Internet tendrían que acceder a cada servicio web utilizando la dirección IP del nodo (por ejemplo, sería necesario utilizar *http://192.0.32.10* en vez de *http://ejemplo.com*).

Figura 2.6. *Dominio*

Hay algunos entes internacionales que administran los dominios en Internet de primer nivel (terminados en com, edu, gov, mil, org, net, int, etc.).

Hay dominios de segundo nivel que han sido delegados a cada país para su administración (ar para Argentina, cn para China, mx para México, co para Colombia, etc.)

2.2.2.3 La información

Es lo que se aloja en el servidor, lo que ve la gente que escribe tu dirección web. Como ocurre en cualquier sistema informático la información debe estar organizada en un formato que el sistema pueda interpretar.

Deben estar realizados en lenguajes de programación que sean compatibles con los navegadores web. Hay 2 maneras de hacer un sitio web:

- Con programas o aplicaciones que están destinados a la construcción y edición de sitios y aplicaciones web basados en estándares, creando archivos de texto en lenguajes HTML, PHP, Asp, Aspx, JavaScript, JSP, Python, Ruby, etc.
- Con sistemas de gestión de contenido que se instalan en el servidor y permiten modificar el sitio de manera sencilla vía Internet (WordPress, Joomla, etc.).

La gran ventaja de utilizar un gestor de contenido es la posibilidad de agregar, quitar y modificar los contenidos fácilmente. Esto le da mucho dinamismo al sitio y permite la actualización del sitio sin necesidad de recurrir a un programador.

Estos programas han sido optimizados para que los buscadores los posicionen en los primeros resultados de las búsquedas.

Con el tiempo se han creado grandes comunidades de colaboradores que han desarrollado muchas aplicaciones que dan potencia y versatilidad a estos sistemas.

2.2.2.4 El contenido es la nueva moneda

Cuando la gente hace una búsqueda en un buscador en realidad está haciendo una pregunta. Si usted logra averiguar las preguntas que hacen sus visitantes potenciales y las responde ayudando a solucionar sus problemas, las visitas vendrán por añadidura.

2.2.3 DIVISIÓN EN CAPAS

La estrategia tradicional de utilizar aplicaciones web compactas causa gran cantidad de problemas de integración en sistemas software complejos como pueden ser los sistemas de gestión de una empresa o los sistemas de información integrados consistentes en más de una aplicación. Estas aplicaciones suelen encontrarse con importantes problemas de escalabilidad, disponibilidad, seguridad, integración, etc.

Para solventar estos problemas se ha generalizado la división de las aplicaciones en capas que normalmente serán tres: una capa que servirá para guardar los datos (base de datos), una capa para centralizar la lógica de negocio (servidor de aplicaciones web) y por último una interfaz gráfica a través de su navegador web que facilite al usuario el uso del sistema.

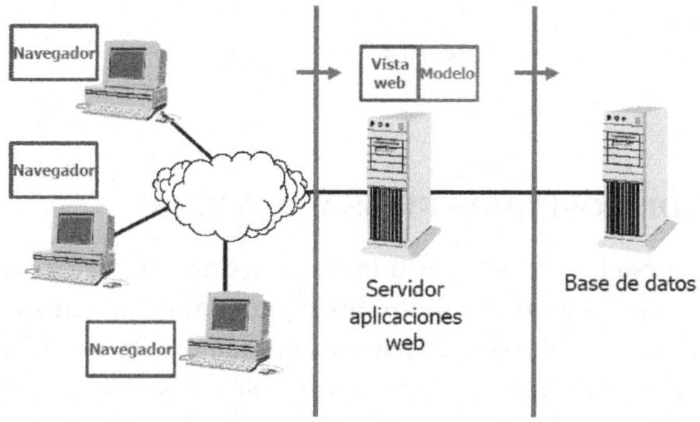

Figura 2.7. *División en Capas*

2.3 EL CLIENTE WEB

El cliente es una aplicación informática o un computador que consume un servicio remoto en otro computador, conocido como servidor, normalmente a través de una red de telecomunicaciones.

El término cliente se usó inicialmente para los llamados terminales tontos, dispositivos que no eran capaces de ejecutar programas por sí mismos, pero podían conectarse e interactuar con computadores remotos por medio de una red y dejar que éste realizase todas las operaciones requeridas, mostrando luego los resultados al usuario. Se utilizaban sobre todo porque su costo en esos momentos era mucho menor que el de un computador. Estos terminales tontos eran clientes de un computador mainframe por medio del tiempo compartido.

Actualmente se suele utilizar para referirse a programas que requieren específicamente una conexión a otro programa, al que se denomina servidor y que suele estar en otra máquina. Ya no se utilizan por criterios de costo, sino para obtener datos externos (por ejemplo páginas web, información bursátil o bases de datos), interactuar con otros usuarios a través de un gestor central (como por ejemplo los protocolos BitTorrent o IRC), compartir información con otros usuarios (servidores de archivos y otras aplicaciones Groupware) o utilizar recursos de los que no se dispone en la máquina local (por ejemplo impresión)

Uno de los clientes más utilizados, sobre todo por su versatilidad, es el navegador web. Muchos servidores son capaces de ofrecer sus servicios a través de un navegador web en lugar de requerir la instalación de un programa específico.

Figura 2.8. *Cliente web*

2.3.1 HARDWARE BÁSICO. DISPOSITIVOS FIJOS Y MÓVILES

Para unirse a la corriente de personas conectadas a la red, necesita algún hardware y software. Lo que necesita exactamente, depende de lo que quiera lograr y cuánto dinero puede pagar para hacerlo. Para usar los juegos que existen en Internet, se requiere un sistema de computación y también una conexión mucho más rápida que para otras tareas. Pero para un acceso básico, una computadora bastante común (según las normas de hoy) y una conexión de velocidad moderada, le hará posible conocer y saludar a gente de todo el mundo.

2.3.1.1 Módem telefónico

Un módem de teléfono es un dispositivo que convierte las señales de su computadora en una serie de sonidos y los transmite a través de la línea telefónica. Un módem telefónico en el otro lado de la conexión convierte estos sonidos de nuevo a una señal de computadora que puede entender, permitiendo que las computadoras se comuniquen. Conocidas como conexiones de banda estrecha, estas conexiones son más lentas y no suelen estar conectadas en todo momento.

2.3.1.2 Tarjeta de red

Las conexiones de banda ancha proporcionan un acceso mucho más rápido a Internet que las conexiones de banda estrecha. Hay varios tipos de conexiones de banda ancha, incluyendo ADSL, satélite y por cable. Cada uno de estos tipos de acceso, se conectan a un punto de acceso utilizando una conexión Ethernet por cable o una conexión inalámbrica. Una tarjeta de interfaz de red (NIC, por sus siglas en inglés) te permite conectar un cable Ethernet a tu computadora desde un punto de acceso. La comunicación hacia el punto de acceso viaja a través de este cable. Las conexiones a través de una tarjeta de red por cable requieren que el cable Ethernet se conecte desde la computadora al punto de acceso en todo momento mientras se utiliza el Internet. Las tarjetas de interfaz de red pueden estar integradas en la computadora o pueden comprarse como un dispositivo externo que se conecta a la computadora.

2.3.1.3 Puntos de acceso con cable

Las computadoras que utilizan una tarjeta de red y el cable Ethernet se conectan a través de un punto de acceso. Los puntos de acceso son por lo general enrutadores, módems de cable o módems ADSL que proporcionan un vínculo entre el proveedor de servicios de Internet y nuestro equipo. Las conexiones basadas en NIC (*Network Interface*

Card, tarjeta interfaz de red) son las utilizadas en las redes de área local. También son utilizadas en los hogares, conjuntamente con conexiones inalámbricas para añadir movilidad.

2.3.1.4 Puntos de acceso inalámbrico

Un punto de acceso inalámbrico te permite conectarte a un punto de acceso sin necesidad de utilizar una conexión física. La conexión inalámbrica se puede configurar en tu casa usando un enrutador inalámbrico y una computadora con una interfaz inalámbrica. Las interfaces inalámbricas se pueden instalar en la computadora o adquirir por separado como un dispositivo USB o PCI que puede ser enchufado cuando sea necesario. Muchas empresas, como hoteles y cafeterías, ofrecen acceso inalámbrico gratuito en sus edificios para uso de sus clientes.

2.3.2 SISTEMAS OPERATIVOS DE USO COMÚN E INTERNET

El concepto de sistema operativo es un término que estos últimos años ha ido ganando popularidad y se ha ido familiarizando entre usuarios que antes no tenían idea que era un sistema operativo.

A modo de resumen, podemos afirmar que *"Un sistema operativo es el software básico o principal, es decir, el más importante; que permite que el resto de los programas funcionen"*.

2.3.2.1 Sistemas Operativos para móviles

2.3.2.1.1 Android

Android está totalmente basado en Linux, es un sistema operativo móvil desarrollado inicialmente por Android Inc., una firma que fue comprada por Google en 2005.

Android se utiliza en *smartphones*, ordenadores portátiles, *netbooks*, tablets, Google TV, relojes de pulsera, auriculares y otros dispositivos. Un sistema operativo muy popular el cual se estima que 1.000.000 teléfonos móviles con Android se activan diariamente.

2.3.2.1.2 iOS

iOS (llamado anteriormente iPhone OS) es el sistema operativo móvil de Apple. Originalmente desarrollado para el iPhone, siendo después adaptado en dispositivos como el iPod Touch, iPad y el Apple TV.

2.3.2.1.3 BlackBerry OS

BlackBerry OS es un sistema operativo móvil desarrollado por RIM (*Research In Motion*) para sus dispositivos BlackBerry. Orientando al uso profesional como gestor de correo electrónico y agenda. Una alternativa muy elegida entre usuarios de *Smartphones*.

2.3.2.1.4 Symbian OS

Symbian es un sistema operativo que surge de la unión de varias empresas de telefonía móvil, entre las que se encuentran Nokia, Sony Ericsson, Samsung, LG y otros. Actualmente Nokia lleva la producción de la mayor cantidad de dispositivos móviles con Symbian.

2.3.2.1.5 Windows Phone

Windows Phone es el sistema operativo móvil de Microsoft orientado para el mercado generalista en lugar del mercado empresarial. Windows Phone mantiene una nueva interfaz de usuario, llamada Metro, que es similar a la de Windows 8.

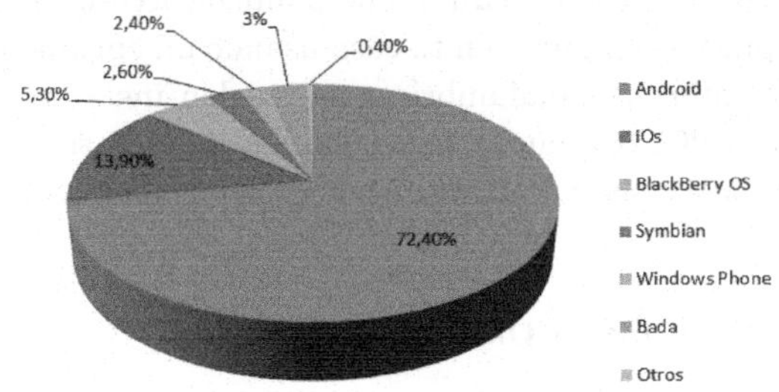

Figura 2.9. *Implantación de sistemas operativos en móviles*

2.3.2.2 Sistemas Operativos para PC

2.3.2.2.1 Windows

El sistema operativo de Microsoft, uno de los más utilizados y conocidos del mundo. Entre sus diversas versiones están Windows XP, Windows Vista, Windows 7 y los últimos lanzados son Windows 8 y 8.1.

2.3.2.2.2 GNU/Linux

Un Sistema operativo libre que se puede instalar en casi cualquier plataforma, incluso algunas que se consideran cerradas, es el favorito de muchos por la confiabilidad y seguridad que ofrece a los usuarios.

2.3.2.2.3 MacOS

MacOS está basado en BSD y es el sistema operativo de Apple. Es un sistema liviano y fácil de usar. La elegancia de este SO destaca en su interfaz gráfica, intuitividad y la facilidad con que se realizan las operaciones.

2.3.2.2.4 Unix

Unix es sólido, seguro y confiable, una característica que hace que servidores de internet y centros de datos lo utilicen como SO. No es muy conocido por el público pero en este sistema se basa Linux, MacOS, BSD y otros.

2.3.2.2.5 BSD

Berkeley Software Distribution o BSD es un sistema operativo derivado de Unix. BSD ha hecho grandes contribuciones en el campo de los sistemas operativos en general, como por ejemplo: manejo de memoria virtual paginado por demanda, control de trabajos, *Fast FileSystem* y el protocolo TCP/IP.

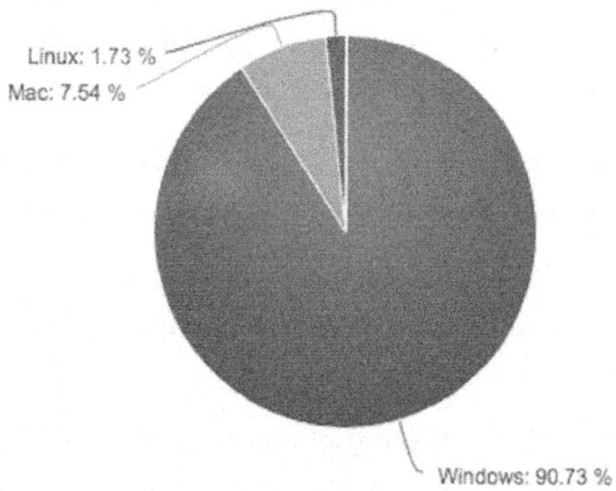

Figura 2.10. *Implantación de sistemas operativos en PC*

2.3.3 NAVEGADORES. CARACTERÍSTICAS Y COMPARATIVA

Un navegador web, web browser o simplemente browser es una aplicación utilizada en internet y que se utiliza para la interpretación de sitios web o archivos que están desarrollados en un lenguaje de programación orientado a la web. Los navegadores son los que permiten visualizar textos, gráficos, animaciones, acceder a sonidos y ejecutar programas.

Figura 2.11. *Navegadores web*

Algunos de los navegadores más populares son:

2.3.3.1 Google Chrome

Google Chrome es un navegador web desarrollado por Google y compilado con base en varios componentes e infraestructuras de desarrollo de aplicaciones (*frameworks*) de código abierto, como el motor de renderizado Blink (bifurcación o fork de WebKit). Está disponible gratuitamente bajo condiciones de servicio específicas. El nombre del navegador deriva del término en inglés usado para el marco de la interfaz gráfica de usuario "Chrome".

Cuenta con más de 750 millones de usuarios, y dependiendo de la fuente de medición global, puede ser considerado el navegador más usado de Internet variando hasta el segundo puesto, algunas veces logrando la popularidad mundial en la primera posición. Su cuota de mercado se situaba aproximadamente entre el 17 % y 32 % a finales de junio de 2012, con particular éxito en la mayoría de países de América Latina donde es el más popular. Actualmente el número de usuarios aumentó considerablemente situándose en una cuota de mercado cercana al 43 % convirtiéndolo en el navegador más utilizado de todo el planeta.

La interfaz de usuario incluye opciones para ir atrás, adelante, recargar página, ir y cancelar. Las opciones son similares a las del navegador Safari. El diseño de la ventana está basado en el tema nativo de Windows Vista.

Chrome incluye Google Gears, que añade características para desarrolladores que podrían o no convertirse en estándar web, y por lo general relacionadas con la construcción de aplicaciones web (incluyendo soporte para uso sin conexión).

La página de inicio del navegador se sustituye de manera predeterminada por la misma que aparece cada vez que se abre una nueva pestaña. Ésta muestra miniaturas de los nueve sitios web más visitados con las últimas búsquedas realizadas, los últimos marcadores accedidos y pestañas cerradas.

Una novedad introducida en Chrome es Omnibox, siendo ésta la barra de direcciones que aparece en la parte superior de cada pestaña, similar a la de Opera. Incluye funcionalidades de autocompletar texto (únicamente autocompletará URLs que se hayan introducido manualmente en lugar de todos los enlaces), sugerencias de búsqueda, páginas visitadas previamente, páginas populares (sin visitar) y búsqueda en el historial de navegación. Los motores de búsqueda también pueden ser capturados por el navegador cuando se utilicen su respectiva interfaz de usuario presionando la tecla **TAB** ⇆. Otra funcionalidad de la Omnibox es la modalidad de «Pegar y buscar», accesible con el menú contextual.

Figura 2.12. *Google Chrome*

Chrome permite crear accesos directos en el escritorio que permitan lanzar aplicaciones web directamente en el navegador. Cuando el navegador se abre de esta manera, la ventana no muestra ningún control sino únicamente la barra de título. Esto limita la interfaz del navegador a «no interrumpir cualquier cosa que el usuario está tratando de hacer», lo que permite a las aplicaciones web ejecutarse junto a software local (similar a Mozilla Prism, Adobe AIR y Fluid).

Las pestañas son el principal componente de la interfaz de usuario de Chrome y, como tal, se han movido a la parte superior de la ventana en lugar de por debajo de los controles (similar al navegador Opera). Este es un sutil cambio, en contraste con el actual número de navegadores que se basan en ventanas que contienen pestañas. En Chrome, las pestañas son «flexibles» (incluyendo su estado) y pueden ser transferidas sin problemas entre varias ventanas mediante arrastre. Cada pestaña tiene su propio conjunto de controles, entre ellos la barra de direcciones Omnibox. Las ventanas emergentes (en inglés pop-ups) «están confinadas a las pestañas de las que provienen» y no aparecen por encima de la pestaña actual sino como una pequeña barra de título en la parte inferior; podrán usarse cuando el usuario explícitamente las arrastre hacia afuera.

De forma predeterminada, no hay barra de estado, a diferencia de otros navegadores que muestran una en la zona inferior de la ventana de navegación. Sin embargo, si el cursor del ratón se mueve sobre un enlace, la dirección de este se mostrará en la parte inferior izquierda de la pantalla. Al igual que otros navegadores web como Internet Explorer o Firefox, Chrome tiene un modo de pantalla completa, accesible mediante la tecla **F11**, que al contrario que en Explorer o Firefox, carece de una miniatura de la barra de herramientas de navegación.

El 18 de marzo de 2012, Google Chrome se convirtió en el navegador web más utilizado del planeta durante todo ese día con 32,7 % de acogida de usuarios, superando a Internet Explorer por primera vez en su historia, con 32,5 % de preferencia de usuarios. Brasil, India y Rusia fueron los países que más utilizaron este navegador ese día.

2.3.3.2 Chromium

Por su parte, Chromium es el proyecto de software libre con el que se ha desarrollado Google Chrome y es de participación comunitaria (bajo el ámbito de Google Code) para fundamentar las bases del diseño y desarrollo del navegador Chrome (junto con la extensión Chrome Frame), además del sistema operativo Google Chrome OS. La porción realizada por Google está amparada por la licencia de uso BSD, con otras partes sujetas a una variedad de licencias de código abierto permisivas que incluyen MIT License, Ms-PL y la triple licencia MPL/GPL/LGPL.

En esencia, los aportes hechos por el proyecto libre Chromium fundamentan el código fuente del navegador base sobre el que está construido Chrome y por tanto tendrá sus mismas características, pero con un logotipo ligeramente diferente y sin el apoyo comercial o técnico de la compañía Google.

Figura 2.13. *Chromium*

Las diferencias principales entre ellos es la omisión de determinados complementos de Google, como la marca de Google, el mecanismo de actualización automática, términos de licencias, seguimiento de uso, la incorporación de Adobe Flash Player, una opción de *opt-in* para los usuarios a enviar a Google sus estadísticas de uso e informes de fallos. De forma predeterminada, Chromium sólo admite Vorbis, Theora y codecs WebM para las etiquetas de audio y video de HTML5, mientras que Google Chrome admite además AAC y MP3. Algunas distribuciones de Linux pueden añadir soporte para los códecs de otros a sus versiones personalizadas de Chromium.

2.3.3.3 Internet Explorer

Internet Explorer (anteriormente conocido como Windows Internet Explorer y Microsoft Internet Explorer), y conocido comúnmente como IE, es un navegador web desarrollado por Microsoft para el sistema operativo Microsoft Windows desde 1995. Es el navegador web más utilizado de Internet desde 1999, con un pico máximo de cuota de utilización del 95% entre el 2002 y 2003. Sin embargo, dicha cuota de mercado ha disminuido paulatinamente con los años debido a una renovada competencia por parte de otros navegadores, logrando aproximadamente entre el 30% y 54% en 2012, y aún menos, cuando logra ser superado por Google Chrome, dependiendo de la fuente de medición global. La situación empeora cada vez más en el 2012 cuando tuvo un bajón del 53% al 33% con respecto al 2011 y en 2013 hasta el momento su cuota sigue en descenso con un 27% de la cuota hasta el momento.

Su versión más reciente es Internet Explorer 11, que está disponible para Windows 7 SP1, Windows 8 y Windows 8.1. Los sistemas operativos Windows Vista, Windows XP, Windows Server 2003 y anteriores no están soportados. Esta nueva versión de Internet Explorer incorpora considerables avances en la interpretación de estándares web respecto a sus precursores, como el soporte para CSS3, SVG, HTML5 (incluyendo las etiquetas <audio>, <video> y <canvas>), el formato de archivo tipográfico web "WOFF", además de incluir mejoras de rendimiento como la aceleración por hardware para el proceso de renderizado de páginas web y un nuevo motor de JavaScript denominado Chakra.

También se han producido compilaciones de Internet Explorer (algunas actualmente discontinuadas) para otros sistemas operativos, incluyendo Internet Explorer Mobile (Windows CE y Windows Mobile), Internet Explorer para Mac (Mac OS 7.01 a 10) e Internet Explorer para UNIX (Solaris, HP-UX) y Xbox 360.

Internet Explorer, utilizando el motor de diseño Trident, soporta HTML 4.01, CSS 1.0, CSS 2.1 y XML 1, con pequeñas lagunas de contenido. Soporta CSS3 y HTML5.

Es totalmente compatible con XSLT 1.0, así como un dialecto de XSLT obsoleto creado por Microsoft al que se refiere a menudo como WD-XSL. Está proyectado soporte para XSLT 2.0 para versiones futuras de Internet Explorer, bloggers de Microsoft han indicado que el desarrollo está en marcha, pero las fechas no se han anunciado.

Figura 2.14. *Internet Explorer*

Internet Explorer ha sido objeto de críticas por su limitado soporte a estándares web abiertos.

Internet Explorer ha introducido una serie de extensiones propietarias de muchas de las normas, incluyendo HTML, CSS y DOM. Esto ha dado lugar a una serie de páginas web que sólo se pueden ver correctamente con Internet Explorer.

Internet Explorer ha introducido una serie de prórrogas a JavaScript que han sido adoptadas por otros navegadores. Estas incluyen innerHTML, que devuelve la cadena de HTML dentro de un elemento, el XML HTTP Request, que permite el envío de la petición HTTP y la recepción de la respuesta HTTP. Algunas de estas funcionalidades no son posibles hasta la introducción de los métodos de DOM inducidos por W3C.

Otras normas que prevé Microsoft son: soporte vertical de texto, pero en una sintaxis diferente a la recomendación de la W3C; soporte para una variedad de efectos de imagen y apoyo al código de secuencia de comandos, en particular JScript Encode. También se prevé soporte a la incrustación de tipos de letra EOT en páginas web.

2.3.3.4 Mozilla Firefox

Mozilla Firefox es un navegador web libre y de código abierto desarrollado para Microsoft Windows, Mac OS X y GNU/Linux coordinado por la Corporación Mozilla y la Fundación Mozilla. Usa el motor Gecko para renderizar páginas webs, el cual implementa actuales y futuros estándares web.

En agosto de 2012 Firefox tenía aproximadamente un 23% de la cuota de mercado, convirtiéndose en el tercer navegador web más usado, con particular éxito en Indonesia, Alemania y Polonia, donde era el más popular con un 65%, 47% y 47% de uso, respectivamente.

Entre sus características incluyen la tradicional navegación por pestañas, corrector ortográfico (que puede ser incluido vía Mozilla Addons), búsqueda progresiva, marcadores dinámicos, un administrador de descargas, lector RSS, navegación privada, navegación con georreferenciación, aceleración mediante GPU, e integración del motor de búsqueda que desee el usuario. Además, se puede instalar tanto sin conexión como también online desde la página web, este último es utilizado para descargar los componentes de segundo plano, ideal para equipos con conexiones mínimas.

Como elemento representativo, se pueden añadir funciones a través de complementos, llamados también extensiones, desarrollados por la propia Mozilla o por terceros aficionados y comerciales. Su uso significativo de usuario se debe a sus amplia variedad de usos a través de la comunidad Mozilla Addons, lo que según algunos estudios lo convierte en el navegador más personalizable y seguro del momento. En el repertorio, los usuarios pueden personalizar el navegador con las extensiones (archivos que se ejecutan con la extensión XPI) y temas (extensiones con capacidad para cambiar la interfaz).

Figura 2.15. *Mozilla Firefox*

Para los desarrolladores web posee un repertorio de herramientas incorporadas, como la Consola de errores, Scratchpad (para probar código JavaScript), editor HTML, el Inspector DOM, o incluyendo extensiones como Firebug.

Es compatible con varios lenguajes web, incluyendo HTML, XML, XHTML, SVG 1.1 (parcial), CSS 1, 2 y 3, ECMAScript (JavaScript), DOM, MathML, DTD, XSLT, XPath, e imágenes PNG con transparencia alfa. También incorpora las normas propuestas por el WHATWG, y es compatible con el elemento HTML Canvas.

Implementa el sistema SSL/TLS para proteger la comunicación con los servidores web, utilizando fuerte criptografía cuando se utiliza el protocolo HTTPS. También soporta tarjetas inteligentes para fines de autenticación. Cuenta con una protección antiphishing, antimalware e integración con el antivirus. También y como medida prudencial que ha causado controversia, no incluye compatibilidad con los sistemas ActiveX, debido a la decisión de la Fundación Mozilla de no incluirlo por tener vulnerabilidades de seguridad.

2.3.3.5 Opera

Opera es un navegador web creado por la empresa noruega Opera Software. Tiene versiones para escritorio, teléfonos móviles y otros dispositivos. Opera ha sido pionero en originar muchas características que hoy en día se pueden ver en el resto de los navegadores web, como por ejemplo el Marcado rápido (*Speed Dial*).

Opera usa el motor de renderizado Blink. Anteriormente, Opera empleaba el motor Presto. La versión de escritorio 12.16 (motor Presto) es también una suite de Internet.

Las versiones de escritorio con el motor Blink funcionan en los sistemas operativos Microsoft Windows y Mac OS X. Las versiones de escritorio con el motor Presto operan, además de Windows y Mac, con GNU/Linux y FreeBSD. Existen versiones de Opera para dispositivos con sistemas operativos como Maemo, BlackBerry, Symbian, Windows Mobile, Android e iOS, así como para aquellos que soportan Java ME.

Figura 2.16. *Opera*

La versión con motor Presto recibió algunas críticas por los problemas de compatibilidad con ciertos sitios web. Opera intentó solucionarlo mediante un archivo JavaScript que arreglaba el renderizado de esas webs. Por otra parte, Opera Presto era elogiada por incorporar nuevas funciones (como el apilamiento de pestañas, *Unite* o el *Speed Dial*), tener buen rendimiento, mejor cumplimiento de los estándares web y soporte para las últimas tecnologías web.

La versión con motor Blink ha generado opiniones mixtas entre los usuarios. Algunos alaban la sencillez y elegancia de la interfaz, la velocidad y mayor compatibilidad con sitios web. Otros reprueban la pérdida de muchas características presentes en la versión Presto como por ejemplo el correo integrado o las notas; así como el gran consumo de memoria

2.3.3.6 Safari

Safari es un navegador web de código cerrado desarrollado por Apple Inc. Está disponible para OS X, iOS (el sistema usado por el iPhone, el iPod Touch e iPad) y Windows (sin soporte desde el 2012).

Incluye navegación por pestañas, corrector ortográfico, búsqueda progresiva, vista del historial en *CoverFlow*, administrador de descargas y un sistema de búsqueda integrado.

Figura 2.17. *Safari*

Está escrito sobre el *framework* WebKit, que incluye a WebCore, el motor de renderizado, y JavaScriptCore, el intérprete de JavaScript. Por su parte, WebKit (el motor de renderizado del navegador) está basado en el motor KHTML, creado por el proyecto KDE para su navegador Konqueror. Como resultado de esto, el motor interno de Safari es software libre y es liberado bajo los términos de la licencia LGPL. Las mejoras al código de KHTML por parte de Apple son incorporadas al código de KDE rápidamente.

2.3.4 FUNCIONALIDADES AVANZADAS: EXTENSIONES, APLICACIONES ESPECÍFICAS, ETC

Una extensión, complemento, plugin o plug-in, es un programa que está diseñado para funcionar como un componente que le agrega una funcionalidad específica a un programa más grande, como un navegador de Internet, el cual puede obtener mayor funcionalidad gracias a estos complementos.

El termino plug-in (enchufar en inglés) hace referencia a la idea de que los complementos se agreguen tan fácilmente a un software existente como si se enchufara un aparato eléctrico a un enchufe, es decir, que sea enchufar y listo.

Generalmente requieren el permiso del usuario para instalarse, pero pueden hacerlo sin nuestro conocimiento cuando forma parte de otro programa que hayamos instalado en nuestro equipo.

Algunos navegadores modernos al detectar que el contenido de la página necesita de ciertos plugins para mostrar algún contenido, ofrecen al usuario la posibilidad de instalarlos. Algunos son verdaderamente imprescindibles y necesarios para el aprovechamiento de la navegación web.

El proceso para instalarlas depende de cada navegador, pero es bastante intuitivo. En la mayoría de los casos comienza en “Herramientas” y termina en una lista de opciones que, en definitiva, ayudan a darle un toque personal a la forma en que navegamos por internet todos los días.

2.4 SERVIDORES WEB

Se llama Servidor Web a un programa informático que procesa una aplicación del lado del servidor, también puede llamarse servidor web a la maquina en la que está instalado dicho programa.

El Servidor Web realiza conexiones con el cliente, generando respuestas en un lenguaje o aplicación entendible por el cliente.

El código recibido por el cliente suele ser compilado y ejecutado por un navegador web. Para la transmisión de todos estos datos suele utilizarse algún protocolo. Generalmente se usa el protocolo HTTP para estas comunicaciones.

Un Servidor Web consta de un intérprete HTTP el cual se mantiene a la espera de peticiones de clientes y le responde con el contenido según sea solicitado. El cliente, una vez recibido el código, lo interpreta y lo exhibe en pantalla.

Además los servidores pueden disponer de un intérprete de otros lenguajes de programación que ejecutan código embebido dentro del código HTML de las páginas que contiene el sitio antes de enviar el resultado al cliente. Esto se conoce como programación de lado del servidor y utiliza lenguajes como ASP, PHP, Perl y Ajax. Las ventajas de utilizar estos lenguajes radica en la potencia de los mismos ejecutando tareas más complejas como acceder a bases de datos abstrayendo al cliente de toda la operación.

2.4.1 SERVIDORES WEB DE USO COMÚN

En la siguiente figura se muestran los datos de software instalado en servidores web. Cabe destacar que casi el 44% de los servidores en el mundo son Apache, después de sigue el servidor IIS de Microsoft con más del 18%, seguido muy de cerca por nginx, el resto se compone de otros servidores web como Google, Varnish, y lighttpd entre otros.

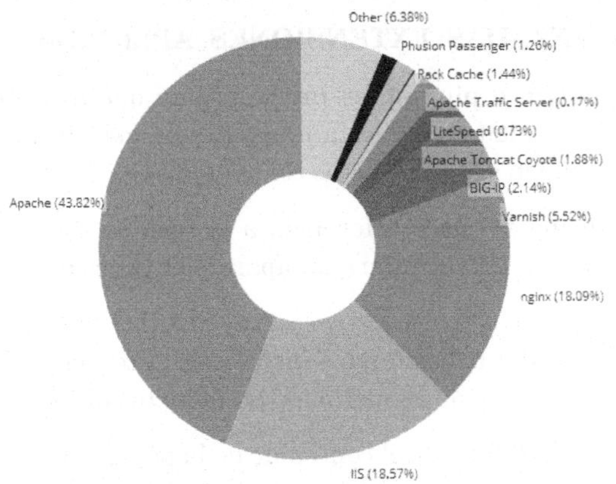

Figura 2.18. *Implantación de servidores web*

2.4.1.1 Apache

El servidor Apache es un servidor web HTTP de código abierto, para plataformas Unix (BSD, GNU/Linux, etc.), Microsoft Windows, Macintosh y otras, que implementa el protocolo HTTP/1.12 y la noción de sitio virtual. Cuando comenzó su desarrollo en 1995 se basó inicialmente en código del popular NCSA HTTPd 1.3, pero más tarde fue reescrito por completo. Su nombre se debe a que Behelendorf quería que tuviese la connotación de algo que es firme y enérgico pero no agresivo, y la tribu Apache fue la última en rendirse al que pronto se convertiría en gobierno de EEUU, y en esos momentos la preocupación de su grupo era que llegasen las empresas y "civilizasen" el paisaje que habían creado los primeros ingenieros de internet. Además Apache consistía solamente en un conjunto de parches a aplicar al servidor de NCSA. En inglés, a *patchy server* (un servidor "parcheado") suena igual que Apache Server.

El servidor Apache se desarrolla dentro del proyecto HTTP Server (httpd) de la Apache Software Foundation.

Apache presenta entre otras características altamente configurables, bases de datos de autenticación y negociado de contenido, pero fue criticado por la falta de una interfaz gráfica que ayude en su configuración.

Apache tiene amplia aceptación en la red: desde 1996, Apache, es el servidor HTTP más usado. Alcanzó su máxima cuota de mercado en 2005 siendo el servidor empleado en el 70% de los sitios web en el mundo, sin embargo ha sufrido un descenso en su cuota de mercado en los últimos años.

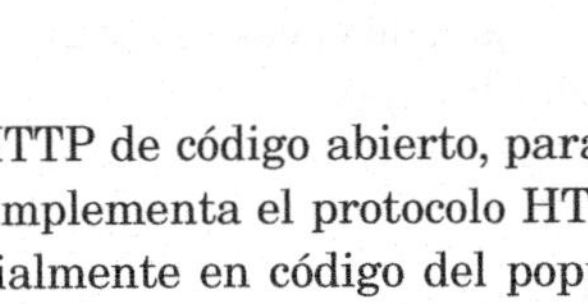

Figura 2.19. *Apache*

2.4.1.2 Internet Information Services

Internet Information Services o "IIS" es un servidor web y un conjunto de servicios para el sistema operativo Microsoft Windows. Originalmente era parte del *Option Pack* para Windows NT. Luego fue integrado en otros sistemas operativos de la familia Server de Microsoft, como Windows 2000 Server, Windows Server 2003, Windows Server 2008 y Windows Server 2012. Los servicios que ofrece son: FTP, SMTP, NNTP y HTTP/HTTPS.

Windows XP Profesional, Windows 7 y Windows 8 incluyen una versión limitada de IIS.

Este servicio convierte a un PC en un servidor web para Internet o una Intranet, es decir que en los computadores que tienen este servicio instalado se pueden publicar páginas web tanto local como remotamente.

Se basa en varios módulos que le dan capacidad para procesar distintos tipos de páginas. Por ejemplo, Microsoft incluye los de *Active Server Pages* (ASP) y ASP.NET. También pueden ser incluidos los de otros fabricantes, como PHP o Perl.

Figura 2.20. *IIS*

2.4.1.3 Nginx

nginx (pronunciado en inglés "*engine* X") es un servidor web/proxy inverso ligero de alto rendimiento y un proxy para protocolos de correo electrónico (IMAP/POP3).

Es software libre y de código abierto, licenciado bajo la Licencia BSD simplificada. Es multiplataforma, por lo que corre en sistemas tipo Unix (GNU/Linux, BSD, Solaris, Mac OS X, etc.) y Windows.

El sistema es usado por una larga lista de sitios web conocidos, como: WordPress, Hulu, GitHub, Ohloh, SourceForge, TorrentReactor y partes de Facebook (como el servidor de descarga de archivos zip pesados).

Originalmente, nginx fue desarrollado para satisfacer las necesidades de varios sitios web de Rambler que recibían unas 500 millones de peticiones al día en septiembre de 2008.

De acuerdo con el estudio de Netcraft en 2013, nginx fue el tercer servidor web más usado en todos los dominios (15.52%) y el segundo servidor web más usado en dominios activos (13.27%) superando a Microsoft Information Server. Además, pasó la marca de ser usado en más de 100 millones de sitios.

NGINX
http server

Figura 2.21. *Nginx*

2.4.2 CARACTERÍSTICAS BÁSICAS DE UN SERVIDOR WEB

Cuando contratamos un servidor dedicado (o cualquier otro plan de *hosting*, pero especialmente un servidor dedicado), es muy importante elegir uno cuyas características de hardware cumplan con todos los requisitos que necesiten nuestros proyectos web.

Básicamente, las principales características en las que debemos fijarnos a la hora de contratar un servidor web son las siguientes:

- **Procesador**: Seguramente nos darán a elegir entre Intel o AMD, entre 1 núcleo, doble núcleo, 4 núcleos, etc. Si su servidor web no va a ser utilizado para vender *hosting*, ni va a instalar VPS en él, puede bastar un modelo normalito, sin excesos.
- **Memoria RAM**: Importante no quedarse corto. Cuando la RAM se agota, se tira de memoria virtual (disco duro) y se ralentiza todo, pudiendo incluso colapsar el servidor y provocar caída de servicios en el mismo. 1GB quizás sea lo mínimo, pero mejor 2GB para ir más fluido.
- **Modelo de disco duro**: nos indicará su velocidad y su rendimiento.

Compare planes de *hosting* en varios proveedores, el precio de los servidores dedicados y compruebe aquel que ofrece mejor relación calidad-precio. Como sugerencia, puede contratar un servidor dedicado que pueda pagar mes a mes. Así, al menos durante los primeros meses, si no le convence, siempre podrá migrar a otro proveedor de *hosting*.

- **Actualización**: Aprovechando la oferta en servidores virtuales y servidores cloud, por menos de 30€ al mes puede disfrutar de un servidor propio con todas las garantías, totalmente administrado, con tráfico ilimitado y panel de control integrados.

2.4.3 INSTALACIÓN Y CONFIGURACIÓN DE UN SERVIDOR WEB APACHE

Ya hemos visto que Apache es el gran dominador en el mundo de los servidores web, cabe destacar que la inmensa mayoría de este software Apache funciona bajo sistemas operativos Gnu/Linux.

Vamos a instalar y configurar Apache bajo una distribución GNU/Linux basada en Debian, que puede ser la propia Debian, Ubuntu (y todos sus derivados) o Linux Mint.

2.4.3.1 Instalación de Apache en GNU/Linux

- Abrimos la terminal.

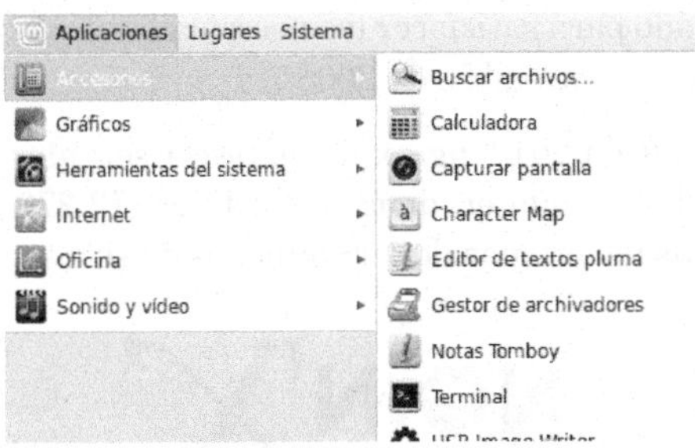

Figura 2.22. Abrimos la terminal

- Escribimos el siguiente comando en la Terminal (y después **INTRO**):

```
sudo apt-get install apache2
```

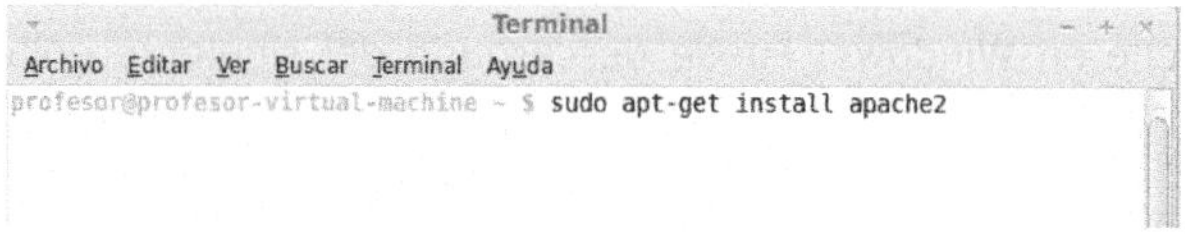

Figura 2.23. *sudo apt-get install apache2*

- Nos pedirá la contraseña, la escribimos y pulsamos **INTRO**.

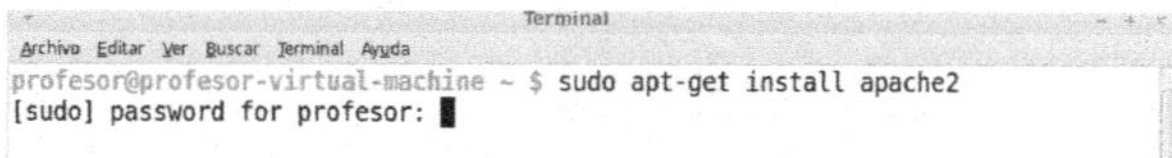

Figura 2.24. *Introducimos contraseña*

- Nos informa del tamaño de los ficheros a descargar y del espacio ocupado en disco por los mismos una vez instalados, antes de concluir la descarga e instalación debemos escribir S/n si deseamos continuar o no con el proceso.

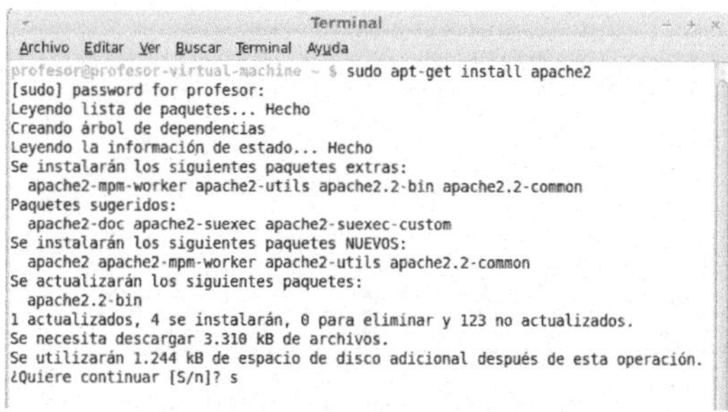

Figura 2.25. *Espacio en disco. ¿Quiere continuar?*

- Ahora se procede a la descarga es instalación de Apache. Una vez concluida la instalación, para asegurarnos que todo está correctamente instalado, desde el ordenador en el que hemos instalado Apache abrimos cualquier navegador y escribimos la dirección siguiente: *http://localhost/*. Debería aparecer por pantalla el mensaje "*It works*!"

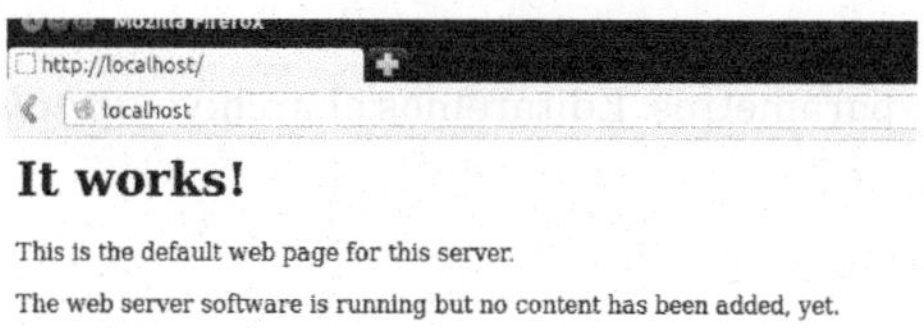

Figura 2.26. *It Works!*

- Enhorabuena ha instalado Apache.

PRÁCTICA 2.1

- Descargue e instale apache en Windows. Puede descargarlo del siguiente enlace *apache.rediris.es//httpd/binaries/win32*.

2.4.3.2 Configuración de Apache

Los archivos de configuración de Apache2 se encuentran en la carpeta */etc/apache2*.

Figura 2.27. */etc/apache2*

El archivo principal de configuración es */etc/apache2/apache2.conf*. Antes de realizar cualquier cambio en este archivo, es conveniente realizar una copia de seguridad del mismo ya que si apache encuentra algún error en el archivo de configuración, no arrancará.

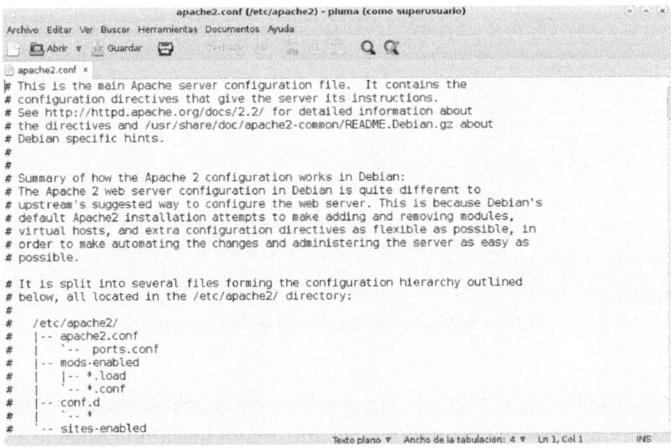

Figura 2.28. */etc/apache2/apache2.conf*

Se pueden configurar infinidad de parámetros. Editaremos el archivo ***apache2.conf*** y añadiremos únicamente el siguiente parámetro:

```
ServerName www.nombredeprueba.com
```

```
*apache2.conf
# ServerRoot: The top of the directory tree under which the server's
# configuration, error, and log files are kept.
#
# NOTE!  If you intend to place this on an NFS (or otherwise network)
# mounted filesystem then please read the LockFile documentation (available
# at <URL:http://httpd.apache.org/docs/2.2/mod/mpm_common.html#lockfile>);
# you will save yourself a lot of trouble.
#
# Do NOT add a slash at the end of the directory path.
#
#ServerRoot "/etc/apache2"

ServerName www.nombredeprueba.com

#
# The accept serialization lock file MUST BE STORED ON A LOCAL DISK.
#
LockFile ${APACHE_LOCK_DIR}/accept.lock

#
```

Figura 2.29. *Añadimos ServerName en apache2.conf*

Para que los PCs de la red local conozcan que *www.nombredeprueba.com* es nuestro servidor web, debemos crear una entrada 'www' hacia su dirección IP en el servidor DNS, o bien editar el archivo */etc/hosts* agregando la línea: "*192.168.1.239 www. nombredeprueba.com*" (si la IP del servidor fuera 192.168.1.239). Si no, no quedará más remedio que acceder utilizando la dirección IP del servidor.

2.4.3.3 Arranque y parada del servidor web apache

El servidor web apache2, al igual que todos los servicios en Debian/Ubuntu, podemos arrancarlo o pararlo utilizando el comando *service*.

```
# sudo service apache2 restart
```

```
profesor-virtual-machine profesor # sudo service apache2 restart
 * Restarting web server apache2
 ... waiting                                                    [ OK ]
profesor-virtual-machine profesor #
```

Figura 2.30. *Paramos e iniciamos el servicio apache2*

```
sudo service apache2 stop
```

```
profesor-virtual-machine profesor # sudo service apache2 stop
 * Stopping web server apache2
 ... waiting                                                    [ OK ]
profesor-virtual-machine profesor #
```

Figura 2.31. *Paramos el servicio apache2*

2.4.3.4 Arranque automático del servidor Web Apache al iniciar el sistema

Si estamos situados en la carpeta */etc/init.d*

```
update-rc.d apache2 defaults
```

```
profesor@profesor-virtual-machine /etc/init.d $ update-rc.d apache2 defaults
 System start/stop links for /etc/init.d/apache2 already exist.
unable to write to /var/lib/update-rc.d/apache2.new at /usr/sbin/update-rc.d line 59.
profesor@profesor-virtual-machine /etc/init.d $
```

Figura 2.32. *Servidor Web Apache funcionando perfectamente*

Si no disponemos de servidor DNS, podemos editar el archivo */etc/hosts* en cada una de las máquinas cliente de nuestra red y añadir la dirección IP del servidor e indicar el nombre, tal que así:

```
192.168.1.239 www.nombredelsitio.com
```

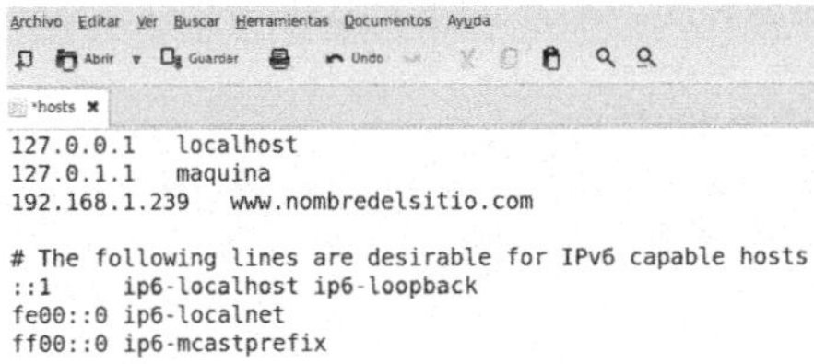

Figura 2.33. *Añadimos línea al fichero /etc/hosts con la IP del servidor*

2.4.4 SEGURIDAD EN SERVIDORES WEB

Lo primero y fundamental es tener instalado los últimos parches de seguridad. No tiene sentido poner una cerradura más resistente a su puerta si deja la ventana abierta. Del mismo modo si no tenemos los últimos parches de seguridad instalados no tendría sentido continuar con la optimización de seguridad.

2.4.4.1 Restringir acceso por IP

Si tiene un recurso al que deba solamente tener acceso alguna subred, o solo una IP en concreto puede configurarlo en el archivo */etc/apache2/sites-available/default*. Por ejemplo, si desea restringir el acceso a su Intranet para permitir solamente la red 176.16:

```
Order Deny,Allow
Deny from all
Allow from 176.16.0.0/16
```

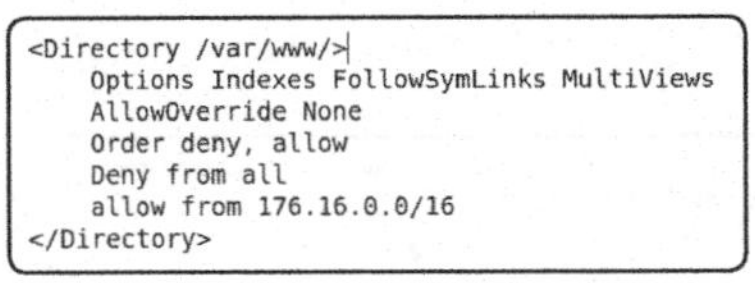

Figura 2.34. *Filtramos por red en el servidor*

o por IP:

```
Order Deny,Allow
Deny from all
Allow from 127.0.0.1
```

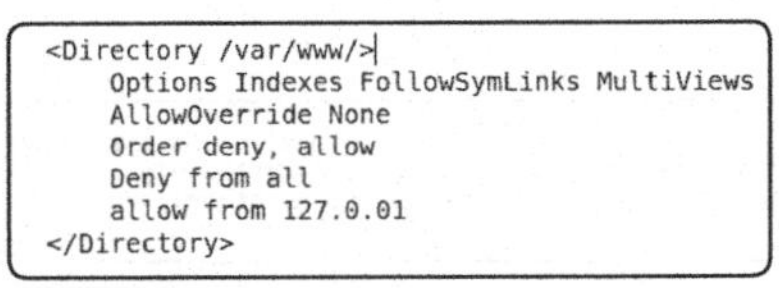

Figura 2.35. *Filtramos por IP en el servidor*

2.4.4.2 Oculte la versión y otra información delicada

Por defecto muchas instalaciones de Apache muestran el número de versión que está funcionando, el sistema operativo y un informe de módulos de Apache están instalados en el servidor. Los usuarios maliciosos pueden utilizar esta información para atacar su servidor.

Hay dos directivas que necesita agregar, o corregir en el archivo */etc/apache2/sites-available/default*:

```
ServerSignature Off
ServerTokens Prod
```

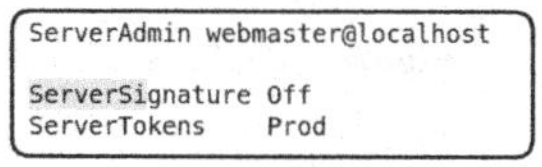

Figura 2.36. *Ocultamos versión de apache e información delicada*

ServerSignature aparece en la parte inferior de las páginas generadas por Apache tales como los errores 404.

La directiva *ServerTokens* se utiliza para determinarse lo que pondrá Apache en la cabecera de la respuesta HTTP del servidor.

2.4.4.3 Utilice mod_security

Mod_security es un módulo estupendo de Apache escrito por Ivan Ristic, el autor de Apache Security de O'Reilly.

Este módulo incluye, entre otras, las siguientes características: filtración simple, filtración basada en expresiones regulares, validación de codificación de la URL, validación de codificación Unicode, auditoria, limitación la memoria de subida y muchos más.

Además, al ser un módulo de Apache apenas debemos modificar nuestra infraestructura y ModSecurity se integra con ella prácticamente de forma automática.

Si tiene un servidor web con Apache, no debe dejar de probarlo porque se sentirá más seguro.

Figura 2.37. *Mod-security*

2.4.4.4 Deshabilitar cualquier módulo innecesario

Apache viene por defecto instalado con una serie de módulos. Debe echarle un vistazo a la documentación de Apache y ver para qué sirve cada uno de ellos, y de esta manera se dará cuenta de que hay algunos que no son útiles en su servidor.

Algunos módulos que se instalan por defecto pero a menudo no son necesarios: *mod_imap, mod_include, mod_info, mod_userdir, mod_status, mod_cgi* y *mod_autoindex*.

2.4.4.5 Disminuya el valor máximo de tiempo de espera

Por el defecto el tiempo de espera es de 300 segundos. Puede disminuirlo en */etc/apache2/apache2.conf* por seguridad para prevenir ataques.

```
Timeout 45
```

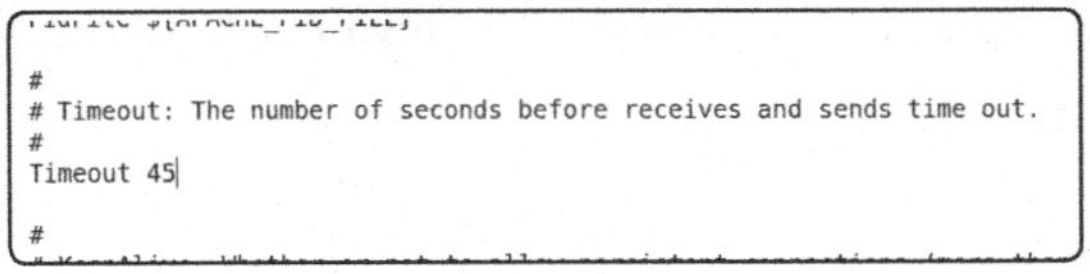

Figura 2.38. *Timeout*

2.4.5 FUNCIONALIDADES AVANZADAS: EXTENSIONES, SERVIDORES VIRTUALES, ETC

PHP es, junto con MySQL, el complemento ideal del servidor web apache ya que dota al servidor de un lenguaje script de ejecución en el servidor lo que facilita la creación de aplicaciones web y sitios web dinámicos.

2.4.5.1 Instalación y configuración de PHP

Para instalar PHP en nuestro servidor podemos utilizar el comando *apt-get*. El paquete a instalar depende de la versión que deseemos instalar y la versión de apache. Lo normal es que utilicemos la versión 2 de apache y que instalemos la versión 5 de PHP. En tal caso deberíamos instalar *libapache2-mod-php5*:

```
sudo apt-get install libapache2-mod-php5
```

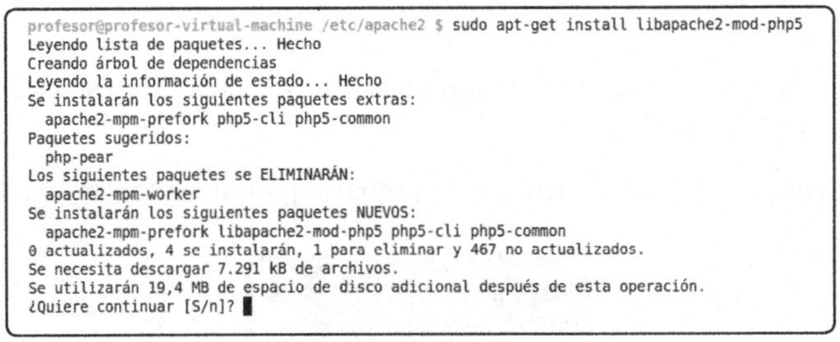

Figura 2.39. *sudo apt-get install libapache2-mod-php5*

Al instalar *libapache2-mod-php5* mediante *apt-get*, automáticamente se configura para integrarse perfectamente en apache, creando los archivos necesarios en la carpeta de módulos disponibles de apache *(/etc/apache2/mods-available)* y creando los enlaces necesarios para habilitarlos en la carpeta de módulos habilitados de apache *(/etc/apache2/mods-enabled)*.

El archivo de configuración de php5 es */etc/php5/apache2/php.ini*. Los parámetros más destacables a configurar son:

- **Safe Mode = Off** (Modo Seguro). Si el Modo seguro está desactivado, se habilitan todas las funciones del PHP. Para un uso educativo es mejor ser funcional y no activar el modo seguro. Si el Modo seguro está activado, se deshabilitan todas las funciones del PHP consideradas peligrosas. Para servicios de *hosting* se recomienda activar el modo seguro.

- **Display errors = On** (Mostrar Errores). Muestra los errores en las mismas páginas, cuando se produzcan. Cuando hay errores en los scritps, es más fácil encontrarlos si se muestran en las páginas.
- **max_execution_time=30** (Tiempo máximo en segundos, de ejecución de un script). Si dejamos que un script se ejecute indefinidamente, podría colapsar el sistema.
- **post_max_size=8M** (Tamaño máximo de datos que se pueden enviar al servidor mediante POST).
- **upload_max_filesize = 8M** (Tamaño máximo de archivo que se puede subir al servidor). Si vamos a trabajar con archivos grandes, debemos subir este parámetro.
- **extension=mysql.so** (Activa el acceso a bases de datos MySQL desde PHP).

Una vez instalado y configurado, para hacer efectivos los cambios, debemos reiniciar el servidor web apache:

```
sudo service apache2 restart
```

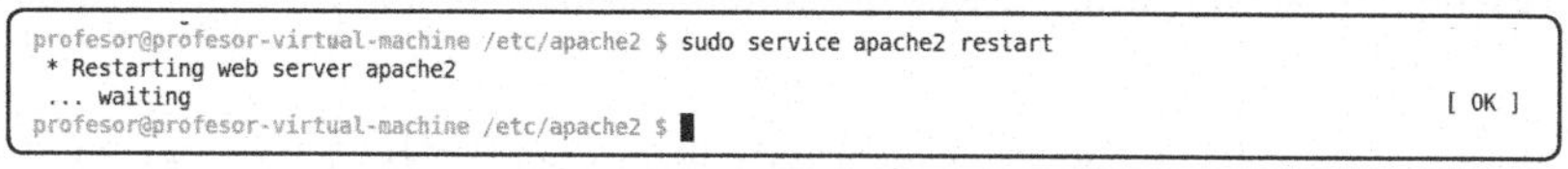

Figura 2.40. *sudo service apache2 restart*

Ahora crearemos una página PHP que utilice la función *phpinfo()* que además de comprobar que apache y PHP están funcionando, nos mostrará una información de la versión. Crearemos el siguiente archivo *phpinfo.ph* en */var/www/phpinfo.php*:

```
<?php
echo phpinfo();
?>
```

Figura 2.41. *phpinfo*

Ahora tan solo necesitamos iniciar el navegador e ir a la URL: *http://ip-del-servidor/phpinfo.php*. Si nos aparece la información de la versión de PHP significa que está correctamente instalado.

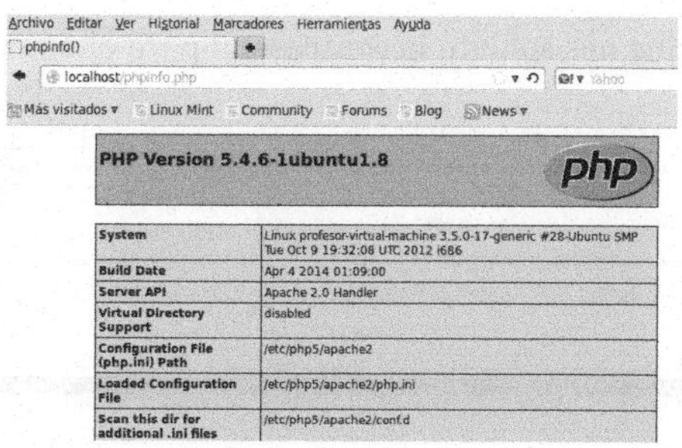

Figura 2.42. *phpinfo*

PRÁCTICA 2.2

- Descargue, instale y configure PHP en Windows con el servidor Apache instalado en la práctica 2.1. Puede seguir las instrucciones de descarga e instalación en *http://www.php.net/manual/es/install.php*.

2.4.5.2 Instalación y configuración de MySQL

MySQL es un Sistema Gestor de Bases de Datos (SGBD) relacionales muy completo y muy utilizado tanto en entornos Linux como en entornos Windows, principalmente para el desarrollo de aplicaciones web. Entre sus principales prestaciones destacamos la fácil instalación, fácil administración, rapidez, completitud y ser multiplataforma.

Por estas razones, casi todas las aplicaciones web desarrolladas en lenguaje PHP que requieran de base de datos, utilizan MySQL.

Si disponemos de un servidor web con soporte PHP y base de datos MySQL, tendremos la arquitectura ideal para crear un portal dinámico utilizando gestores de contenidos como Joomla, Drupal o Tikiwiki y herramientas orientadas a crear sitio web para entornos educativos como Moodle o Claroline, así como aplicaciones web orientadas al trabajo colaborativo y al desarrollo rápido de contenidos como Mediawiki (la wiki de la wikipedia) o Wordpress (una de las herramientas de blogs más utilizadas).

Para la instalación del servidor y el cliente de MySQL en Debian/Ubuntu, debemos instalar los paquetes *mysql-server*, *mysql-common* y *mysql-client* mediante *apt-get*.

```
sudo apt-get install mysql-server mysql-common mysql-client
```

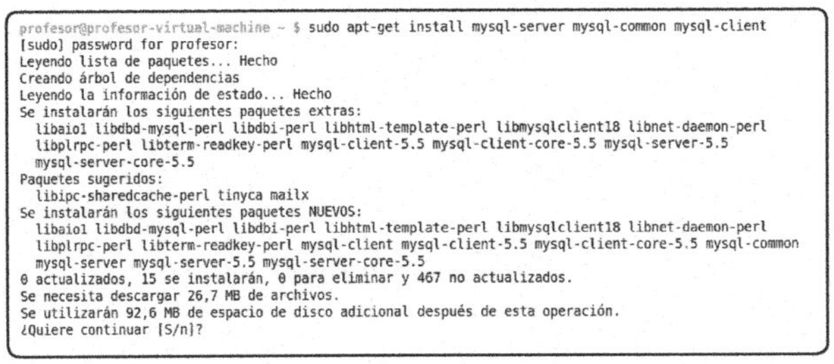

Figura 2.43. *Instalamos MySQL*

Durante la instalación es posible que nos solicite la contraseña para el usuario administrador (*"root"*) de MySQL.

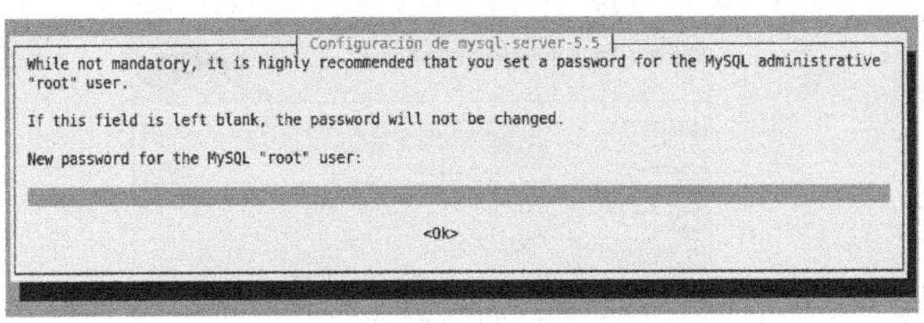

Figura 2.44. *Contraseña "root" en MySQL*

El servidor de datos MySQL, al igual que todos los servicios en Linux podemos arrancarlo (*start*), pararlo (stop) y reiniciarlo (restart).

```
sudo service mysql [start | stop | restart]
```

```
profesor@profesor-virtual-machine ~ $ sudo service mysql restart
mysql stop/waiting
mysql start/running, process 11078
profesor@profesor-virtual-machine ~ $ ■
```

Figura 2.45. *Reiniciamos el servicio mysql*

Si vamos a conectar a bases de datos MySQL desde PHP, necesitamos instalar el módulo php5-mysql:

```
sudo apt-get install php5-mysql
```

```
profesor@profesor-virtual-machine ~ $ sudo apt-get install php5-mysql
Leyendo lista de paquetes... Hecho
Creando árbol de dependencias
Leyendo la información de estado... Hecho
Se instalarán los siguientes paquetes NUEVOS:
  php5-mysql
0 actualizados, 1 se instalarán, 0 para eliminar y 467 no actualizados.
Se necesita descargar 75,5 kB de archivos.
Se utilizarán 245 kB de espacio de disco adicional después de esta operación.
0% [Conectando a archive.ubuntu.com (91.189.91.13)]█
```

Figura 2.46. *Instalamos soporte MySQL a PHP*

El archivo de configuración de mysql es el archivo */etc/mysql/my.cnf*

En dicho archivo se configuran aspectos generales como la ruta donde se almacenarán los archivos de la base de datos, el puerto a utilizar y algún otro aspecto pero para hacer un uso normal de MySQL, no es necesario realizar ninguna modificación del archivo original.

PRÁCTICA 2.3

- Descargue, instale y configure MySQL en Windows con el servidor Apache instalado en la práctica 2.1 y con PHP instalado en la práctica 2.2.

Existen versiones "todo en uno" de Apache, junto con PHP y MySQL, que instalan y configuran todos los programas a la vez de forma sencilla y transparente al usuario. La solución más conocida y utilizada es XAMPP desarrollada por ApacheFriends *https://www.apachefriends.org/es/index.html*. Dispone de versiones para Windows, GNU/Linux y MacOS.

PRÁCTICA 2.4

- Descargue e instale XAMPP para GNU/Linux, puede seguir las sencillas indicaciones de descarga e instalación de la propia web. *https://www.apachefriends.org/es/faq_linux.html*.

PRÁCTICA 2.5

- Descargue e instale XAMPP para Windows, puede seguir las sencillas indicaciones de descarga e instalación de la propia web. *https://www.apachefriends.org/es/faq_windows.html*.

2.5 SERVIDORES DE APLICACIONES

2.5.1 CONCEPTO DE SERVIDOR DE APLICACIONES

Se denomina **servidor de aplicaciones** a un servidor en una red de computadores que ejecuta ciertas aplicaciones. En la actualidad, cuando se programa una aplicación web normalmente se considera también servidor de aplicaciones.

El servidor de aplicaciones va a ser quien ejecute y controle la ejecución de nuestras aplicaciones web. A su vez, nos prestará una serie de servicios como por ejemplo permitir almacenar estado entre distintas peticiones del cliente, facilitar el almacenamiento de información de modo persistente (en una base de datos, por ejemplo), repartir la carga de la aplicación web entre varios servidores, etc.

2.5.2 SERVIDOR DE APLICACIÓN JAVA EE

Como consecuencia del éxito del lenguaje de programación Java, el término servidor de aplicaciones usualmente hace referencia a un servidor de aplicaciones Java EE. Entre los servidores de aplicación Java EE privativos más conocidos se encuentran WebLogic de Oracle (antes BEA Systems) y WebSphere de IBM. EAServer de Sybase Inc. es también conocido por ofrecer soporte a otros lenguajes diferentes a Java, como PowerBuilder. Entre los servidores de aplicaciones libres se encuentran JOnAS del consorcio ObjectWeb, JBoss AS de JBoss (división de Red Hat), Gerónimo de Apache, TomEE de Apache, Resin Java Application Server de Caucho Technology, Blazix de Desiderata Software, Enhydra Server de *Enhydra.org* y GlassFish de Oracle.

Mucha gente confunde Tomcat como un servidor de aplicaciones; sin embargo, es solamente un contenedor de servlets.

Java EE provee estándares que permiten a un servidor de aplicaciones servir como "contenedor" de los componentes que conforman dichas aplicaciones. Estos componentes, escritos en lenguaje Java, usualmente se conocen como Servlets, Java Server Pages (JSPs) y Enterprise JavaBeans (EJBs) y permiten implementar diferentes capas de la aplicación, como la interfaz de usuario, la lógica de negocio, la gestión de sesiones de usuario o el acceso a bases de datos remotas.

La portabilidad de Java también ha permitido que los servidores de aplicación Java EE se encuentren disponibles sobre una gran variedad de plataformas, como Unix, Microsoft Windows y GNU/Linux.

2.5.3 OTROS SERVIDORES DE APLICACIÓN

El término servidor de aplicaciones también ha sido aplicado a otros productos no-J2EE. Por ejemplo, con el aumento de la popularidad de .NET, Microsoft califica a su producto *Internet Information Server* como un servidor de aplicaciones. Adicionalmente, se pueden encontrar servidores de aplicación de código abierto y comercial de otros proveedores; algunos ejemplos son Base4 Server y Zope.

2.5.4 CARACTERÍSTICAS COMUNES

Los servidores de aplicación típicamente incluyen también middleware (o software de conectividad) que les permite intercomunicarse con variados servicios, para efectos de confiabilidad, seguridad, no-repudio, etc. Los servidores de aplicación también brindan a los desarrolladores una Interfaz para Programación de Aplicaciones (API), de tal manera que no tengan que preocuparse por el sistema operativo o por la gran cantidad de interfaces requeridas en una aplicación web moderna.

Los servidores de aplicación también brindan soporte a una gran variedad de estándares, tales como HTML, XML, IIOP, JDBC, SSL, etc., que les permiten su funcionamiento en ambientes web (como Internet) y la conexión a una gran variedad de fuentes de datos, sistemas y dispositivos.

2.5.5 USOS

Un ejemplo común del uso de servidores de aplicación (y de sus componentes) son los portales de Internet, que permiten a las empresas la gestión y divulgación de su información, y un punto único de entrada a los usuarios internos y externos. Teniendo como base un servidor de aplicación, dichos portales permiten tener acceso a información y servicios (como servicios web) de manera segura y transparente, desde cualquier dispositivo.

2.5.6 SEGURIDAD EN SERVIDORES DE APLICACIONES

Un servidor web, proporciona muchos servicios y es muy probable que algunos de ellos no sean necesarios para el funcionamiento de nuestra aplicación web. En tal caso es conveniente deshabilitarlos.

Para ello el servidor dispone de múltiples opciones de configuración que es conveniente adaptar a las circunstancias concretas de la aplicación web.

Precauciones a tener en cuenta:

- Establecer **permisos adecuados** para los ficheros del servidor y los documentos. Es conveniente definir un usuario y grupo especiales (web, www).
- **Listado automático de directorios**. Puede ser conveniente pero proporciona información sensible.
- **Seguimiento de enlaces simbólicos**. Peligroso si se enlazan ficheros externos al árbol de documentos.
- **Ejecución de CGI**. Sólo debe permitirse a usuarios de confianza y restringirlo a un directorio especial.
- **Server side includes** (**SSI**). Es una fuente de peligro y puede tener que ser restringido a usuarios de confianza o deshabilitado (en particular la opción 'exec').

Es muy conveniente revisar periódicamente los ficheros de log (access_log y error_log en Apache) para detectar posibles ataques al servidor.

2.5.7 FUNCIONALIDADES AVANZADAS

Dos conceptos que se utilizan a menudo al hablar de arquitecturas de servidores son los de escalabilidad (*scalability*) y alta disponibilidad (*high availability*).

2.5.7.1 Escalabilidad

La escalabilidad de un sistema informático indica su capacidad para crecer sin perder calidad en los servicios ofrecidos. Es decir, la suficiencia de dicho sistema informático de variar su tamaño, características y capacidad de servicios para adaptarse a una nueva situación.

Dicho de modo resumido, es la capacidad de un sistema informático de adaptarse a una nueva situación sin que el servicio que ofrece se vea afectado. Existen dos tipos de escalabilidad: vertical y horizontal.

2.5.7.1.1 Escalabilidad vertical

Dado un sistema informático con unos recursos determinados, se añaden más recursos a dicho sistema. Se consideran recursos los componentes del sistema: memoria, disco duro, procesador, ...

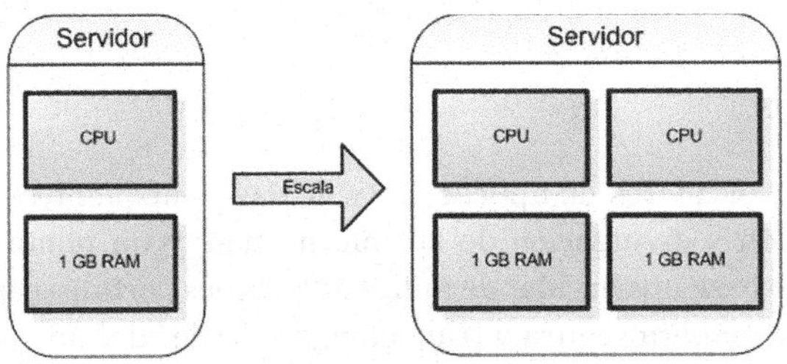

Figura 2.47. *Escalabilidad vertical*

2.5.7.1.2 Escalabilidad horizontal

Se añaden más servidores con la misma funcionalidad al sistema, redistribuyendo la carga entre todos ellos.

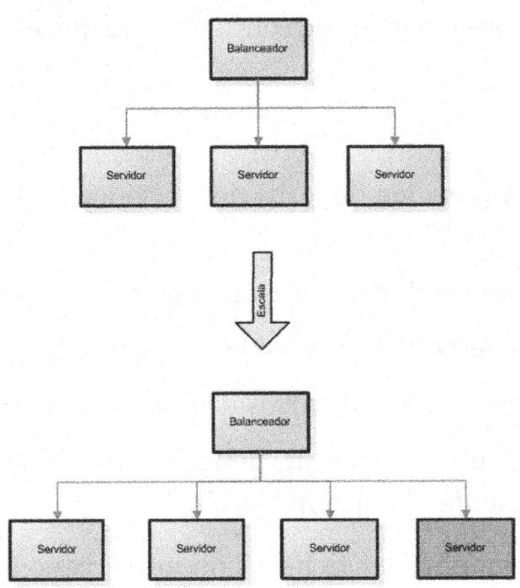

Figura 2.48. *Escalabilidad horizontal*

El principal problema de escalar un sistema informático es estimar cuánta carga deberá soportar el sistema. Proporcionar una cifra exacta es complicado y se deben realizar estimaciones. Si la cifra se sobreestima, se desperdiciarán recursos y si se subestima, el sistema no estará preparado para soportar el aumento de carga.

Si se trata de un sistema cuya carga es muy elevada, el principal problema de la escalabilidad vertical es el coste. Existe un catálogo de hardware que ofrece una buena relación entre rendimiento y precio. Fuera de ese rango, los servidores que ofrecen un mejor rendimiento tienen un coste mucho más elevado. Por último, existe un límite físico en la escalabilidad vertical que viene definido por el propio hardware.

2.5.7.2 Alta disponibilidad

El concepto de alta disponibilidad de un sistema informático consiste en que el servicio ofrecido esté el mayor tiempo posible funcionando. Lo ideal es que un servicio esté disponible 24 horas al día, 7 días a la semana, los 365 días del año, ofreciendo un 100% de disponibilidad.

Este caso ideal, es prácticamente imposible de implantar, ya que se depende de un hardware y software que tienden a fallar tarde o temprano. Además, establecer una alta disponibilidad en un servicio conlleva unos costes elevados. Se deberá encontrar un equilibrio entre los costes asociados y la alta disponibilidad que se desea.

2.5.7.3 Balance de carga

El balance o balanceo de carga se refiere a la técnica usada para compartir el trabajo a realizar entre varios procesos, ordenadores, discos u otros recursos. Está íntimamente ligado a los sistemas de multiprocesamiento, o que hacen uso de más de una unidad de procesamiento para realizar labores útiles.

El balance de carga se mantiene gracias a un algoritmo que divide de la manera más equitativa posible el trabajo, para evitar los así denominados cuellos de botella.

Uno de los principales problemas de los mayores sitios web en Internet es cómo gestionar las solicitudes de un gran número de usuarios. Se trata de un problema de escalabilidad que surge con el continuo crecimiento del número de usuarios activos en el sistema.

El servicio de balanceo se puede brindar tanto con un enrutador como con una computadora con dos tarjetas de red y software específico.

Hay balanceadores de carga tipo *round-robin* (por rondas) y por pesos (que son capaces de saber cuál de los nodos está más libre y lanzarle la petición). El más conocido es LVS, sin embargo hay otros, como el Red Hat Piranha.

Para la plataforma para Windows Server existe ISA Server (Microsoft Internet Security and Acceleration Server).

2.5.7.3.1 Clúster de balanceo de carga

Un clúster de balanceo de carga o de cómputo adaptativo está compuesto por uno o más ordenadores (llamados nodos) que actúan como *front-end* del clúster, y que se ocupan de repartir las peticiones de servicio que reciba el clúster, a otros ordenadores del clúster que forman el *back-end* de éste. Un tipo concreto de clúster cuya función es repartir la carga de proceso entre los nodos en lugar de los servicios es el clúster openMosix.

Las características más destacadas de este tipo de clúster son:

- Se puede **ampliar su capacidad fácilmente** añadiendo más ordenadores al clúster.
- **Robustez**. Ante la caída de alguno de los ordenadores del clúster el servicio se puede ver mermado, pero mientras haya ordenadores en funcionamiento, éstos seguirán dando servicio.

2.6 SERVIDORES DE BASES DE DATOS

Los servidores de bases de datos surgen con motivo de la necesidad de las empresas de manejar grandes y complejos volúmenes de datos, al tiempo que requieren compartir la información con un conjunto de clientes (que pueden ser tanto aplicaciones como usuarios) de una manera segura. Ante este enfoque, un sistema gestor de bases de datos deberá ofrecer soluciones de forma fiable, rentable y de alto rendimiento. A estas tres características, le debemos añadir una más: debe proporcionar servicios de forma global y, en la medida de lo posible, independientemente de la plataforma.

Un servidor de bases de datos, por tanto, se utiliza para almacenar, recuperar y administrar los datos de una base de datos. El servidor gestiona las actualizaciones de datos, permite el acceso simultáneo de muchos servidores o usuarios web y garantiza la seguridad y la integridad de los datos. Y cuando hablamos de datos, podemos estar hablando sobre millones de elementos a los que acceden al mismo tiempo miles de usuarios.

Así como sus funciones básicas, el software de servidores de bases de datos ofrece herramientas para facilitar y acelerar la administración de bases de datos. Algunas funciones son la exportación de datos, la configuración del acceso de los usuarios y el respaldo de datos.

2.6.1 SERVIDORES DE BASES DE DATOS PARA INTERNET DE USO COMÚN

Se presentan a continuación los sistemas de bases de datos más comunes para implementar sus proyectos web.

2.6.1.1 MySQL

El estándar de facto para la implementación web, se considera el todo terreno de las bases de datos relacionales. Es sin duda el sistema más usado y mejor documentado. La inmensa mayoría de los scripts y aplicaciones que encontrará disponibles por la red están desarrollados para trabajar contra una base de datos MySQL.

Figura 2.49. *MySQL*

2.6.1.2 Microsoft SQL Server

Es el modelo de base de datos del ecosistema de Microsoft, por lo que se trata de la solución más natural para desarrollos sobre la plataforma de ASP.NET. Gestores de contenidos reconocidos como Kentiko o Umbraco, entre muchos otros, han sido diseñados para funcionar sobre él.

Figura 2.50. *Microsoft SQL Server*

2.6.1.3 PostgreSQL

Es la gran alternativa libre a MySQL contando con un nivel de escalabilidad y versatilidad muy similar y destaca por la robustez que ofrece. Tiene por detrás una dilatada trayectoria de desarrollo comunitario y su popularidad es creciente.

Figura 2.51. *Postgresql*

2.6.1.4 MongoDB

MongoDB es el sistema de base de datos no relacional más popular en los últimos tiempos que destaca por la rapidez y flexibilidad que ofrece a tus desarrollos. Utiliza una sintaxis similar a JSON y posibilita el almacenamiento de cualquier tipo de elemento: objetos, ficheros físicos, etc. Es muy escalable porque al contrario de las bases de datos relacionales plantea un tipo de crecimiento horizontal.

Figura 2.52. *MongoDB*

2.6.1.5 MariaDB

MariaDB es un sistema de base de datos que surge como bifurcación (*fork*) de MySQL. Todos los comandos, interfaces, librerías y API que existen en MySQL también existen en MariaDB. Su comunidad de desarrollo trabaja para mantener una alta compatibilidad con el último paquete liberado de MySQL en la misma rama de desarrollo y por eso no es necesario convertir sus bases de datos MySQL para trasladarlas a MariaDB.

Figura 2.53. *MariaDB*

2.6.1.6 SQLite

SQLite es una biblioteca muy ligera para bases de datos SQL que implementa un sistema autónomo con su motor transaccional sin servidor ni apenas configuración. Dada su sencillez y versatilidad es uno de los sistemas de bases de datos más utilizados del mundo.

Figura 2.54. *SQLite*

2.6.1.7 Microsoft Access

El clásico sistema de bases de datos de Microsoft para tu uso personal o para pequeños proyectos y organizaciones. Al no estar orientado al desarrollo web su uso es solo recomendable para páginas muy sencillas y con poco volumen de visitas.

Figura 2.55. *Microsoft Access*

2.6.2 CARACTERÍSTICAS BÁSICAS DE UN SERVIDOR DE BASES DE DATOS

Un sistema gestor de bases de datos o SGBD es el software que permite a los usuarios procesar, describir, administrar y recuperar los datos almacenados en una base de datos.

En estos Sistemas se proporciona un conjunto coordinado de programas, procedimientos y lenguajes que permiten a los distintos usuarios realizar sus tareas habituales con los datos, garantizando además la seguridad de los mismos.

2.6.2.1 Herramientas del SGBD

El éxito del SGBD reside en mantener la seguridad e integridad de los datos. Lógicamente tiene que proporcionar herramientas a los distintos usuarios. Entre las herramientas que proporciona están:

- Herramientas para la creación y especificación de los datos. Así como la estructura de la base de datos.
- Herramientas para administrar y crear la estructura física requerida en las unidades de almacenamiento.
- Herramientas para la manipulación de los datos de las bases de datos, para añadir, modificar, suprimir o consultar datos.
- Herramientas de recuperación en caso de desastre.
- Herramientas para la creación de copias de seguridad.
- Herramientas para la gestión de la comunicación de la base de datos.
- Herramientas para la creación de aplicaciones que utilicen esquemas externos de los datos.
- Herramientas de instalación de la base de datos.
- Herramientas para la exportación e importación de datos.

2.6.2.2 Funciones de los SGBD

Los SGBD tienen que realizar tres tipos de funciones para ser considerados válidos.

2.6.2.2.1 Función de descripción o definición

Permite al diseñador de la base de datos crear las estructuras apropiadas para integrar adecuadamente los datos. Esta función es la que permite definir las tres estructuras de la base de datos (relacionadas con sus tres esquemas).

- Estructura interna.
- Estructura conceptual.
- Estructura externa.

Esta función se realiza mediante el lenguaje de descripción de datos o DDL. Mediante ese lenguaje:

- Se definen las estructuras de datos.
- Se definen las relaciones entre los datos.
- Se definen las reglas que han de cumplir los datos.

2.6.2.2.2 Función de manipulación

Permite modificar y utilizar los datos de la base de datos. Se realiza mediante el lenguaje de modificación de datos o DML. Mediante ese lenguaje se puede:

- Añadir datos.
- Eliminar datos.
- Modificar datos.
- Buscar datos.

Actualmente se suele distinguir aparte la función de buscar datos en la base de datos (función de consulta). Para lo cual se proporciona un lenguaje de consulta de datos o DQL.

2.6.2.2.3 Función de control

Mediante esta función los administradores poseen mecanismos para proteger las visiones de los datos permitidas a cada usuario, además de proporcionar elementos de creación y modificación de esos usuarios.

Se suelen incluir aquí las tareas de copia de seguridad, carga de ficheros, auditoria, protección ante ataques externos, configuración del sistema, etc.

2.6.2.3 Estructuras operacionales

Actualmente casi todos los sistemas gestores de base de datos poseen también la misma idea operacional (la misma forma de funcionar con el cliente) en la que se entiende que la base de datos se almacena en un servidor y hay una serie de clientes que pueden acceder a los datos del mismo. Las posibilidades son:

2.6.2.3.1 Estructura Cliente-Servidor

Estructura clásica, la base de datos y su SGBD están en un servidor al cual acceden los clientes. El cliente posee software que permite al usuario enviar instrucciones al SGBD en el servidor y recibir los resultados de estas instrucciones. Para ello el software cliente y el servidor deben utilizar software de comunicaciones en red.

2.6.2.3.2 Cliente multi-servidor

Ocurre cuando los clientes acceden a datos situados en más de un servidor. También se conoce esta estructura como base de datos distribuida. El cliente no sabe si los datos están en uno o más servidores, ya que el resultado es el mismo independientemente de dónde se almacenan los datos. En esta estructura hay un servidor de aplicaciones que es el que recibe las peticiones y el encargado de traducirlas a los distintos servidores de datos para obtener los resultados.

2.6.2.3.3 Cliente-Servidor con facilidades de usuario-Servidor de base de datos

Se trata de una forma de conexión por el que los clientes no conectan directamente con la base de datos sino con un intermediario (normalmente un Servidor Web) que tiene una mayor facilidad para comunicarse con los usuarios.

2.6.2.4 Modelos de organización de la base de datos

Se distinguen principalmente estos tipos:

2.6.2.4.1 Modelo de jerárquico de datos

Una clase de modelo lógico de bases de datos que tiene una estructura arborescente. Un registro subdivide en segmentos que se interconectan en relaciones padre e hijo y muchos más. Los primeros sistemas administradores de bases de datos eran jerárquicos. Puede representar dos tipos de relaciones entre los datos: relaciones de uno a uno y relaciones de uno a muchos

2.6.2.4.2 Modelo de datos en red

Es una variación del modelo de datos jerárquico. De hecho las bases de datos pueden traducirse de jerárquicas a en redes y viceversa con el objeto de optimizar la velocidad y la conveniencia del procesamiento. Mientras que las estructuras jerárquicas describen relaciones de muchos a muchos.

2.6.2.4.3 Modelo relacional de datos

Es el más reciente de estos modelos, supera algunas de las limitaciones de los otros dos anteriores. El modelo relacional de datos representa todos los datos en la base de datos como sencillas tablas de dos dimensiones llamadas relaciones. Las tablas son semejantes a los archivos planos, pero la información en más de un archivo puede ser fácilmente extraída y combinada.

2.6.2.4.4 Modelo orientado a objetos

Las bases de datos orientadas a objetos, tienen una organización similar a la de los árboles. Donde cada nodo del árbol representa un campo y cada árbol un registro, cada tipo de nodo tiene un método distinto de búsqueda. Que es equivalente a decir que todos los campos pueden ser utilizados como campos llave, pero complica el diseño. Si la base de datos es demasiado grande, o tiene relaciones demasiado complejas el grafo resultante se vuelve una maraña ininteligible.

2.7 SERVIDORES COMPLEMENTARIOS EN UNA ARQUITECTURA WEB

2.7.1 SERVIDORES DE CORREO. CARACTERÍSTICAS

Un servidor de correo es una aplicación de red ubicada en un servidor en internet. El MTA (*Mail Transfer Agent*) tiene varias formas de comunicarse con otros servidores de correo:

- Recibe los mensajes desde otro MTA. Actúa como "servidor" de otros servidores.
- Envía los mensajes hacia otro MTA. Actúa como un "cliente" de otros servidores.
- Actúa como intermediario entre un "*Mail Submision Agent*" y otro MTA.

Algunas soluciones de correo que incluyen un MTA son: Sendmail, qmail, Postfix, Exim, Mdaemon, Mercury Mail Transport System, Lotus Notes (IBM) y Microsoft Exchange Server.

Por defecto el protocolo estándar para la transferencia de correos entre servidores es el SMTP, o Protocolo Simple de Transferencia de Correo. Está definido en el RFC 2821 y es un estándar oficial de Internet.

Un servidor de correo realiza una serie de procesos que tienen la finalidad de transportar información entre los distintos usuarios. Usualmente el envío de un correo electrónico tiene como fin que un usuario (remitente) cree un correo electrónico y lo envíe a otro (destinatario). Esta acción toma típicamente 5 pasos:

1. El usuario inicial crea un "correo electrónico"; un archivo que cumple los estándares de un correo electrónico. Usará para ello una aplicación ad-hoc.

2. El archivo creado es enviado a un almacén; administrado por el servidor de correo local al usuario remitente del correo; donde se genera una solicitud de envío.

3. El servicio MTA local al usuario inicial recupera este archivo e inicia la negociación con el servidor del destinatario para el envío del mismo.

4. El servidor del destinatario valida la operación y recibe el correo, depositándolo en el "buzón" correspondiente al usuario receptor del correo. El "buzón" no es otra cosa que un registro en una base de datos.

5. Finalmente el software del cliente receptor del correo recupera este archivo o "correo" desde el servidor almacenando una copia en la base de datos del programa cliente de correo, ubicada en la computadora del cliente que recibe el correo.

A diferencia de un servicio postal clásico, que recibe un único paquete y lo transporta de un lugar a otro; el servicio de correo electrónico copia varias veces la información que corresponde al correo electrónico.

Este proceso que en la vida real ocurre de manera muy rápida involucra muchos protocolos. Por ejemplo para ubicar el servidor de destino se utiliza el servicio DNS, el que reporta un tipo especial de registro para servidores de correo. Una vez ubicado, para obtener los mensajes del servidor de correos receptor, los usuarios se sirven de clientes de correo que utilizan el protocolo POP3 o el protocolo IMAP para recuperar los "correos" del servidor y almacenarlos en sus computadores locales.

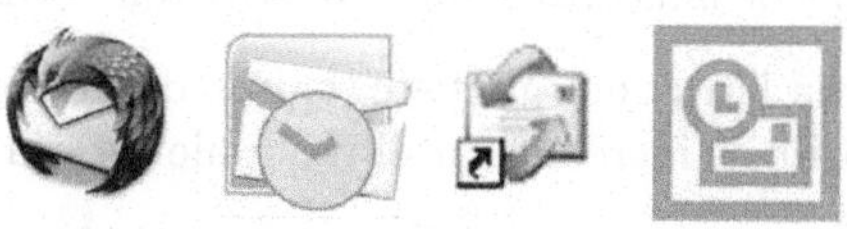

Figura 2.56. *Clientes de correo electrónico*

Una forma especial de servidor de correo, es aquél al que se accede vía web usando el protocolo HTTP. En realidad no es un servidor, sino un cliente de correo que corre en un servidor web. A través de dicho cliente se puede acceder al servidor de correo sin necesidad de instalar un cliente de correo en la computadora local.

En este tipo de servidor, se puede acceder al archivo de datos del remitente o destinatario sin que se requiera un cliente local. En el mismo servidor se integran programas para acceder a los correos del mismo. Ejemplos típicos de este servicio son: *www.outlook.com, www.yahoo.com* y *www.gmail.com*.

Outlook.com
Gmail YAHOO! MAIL

Figura 2.57. *Clientes de web de correo electrónico*

2.7.2 SERVIDORES DE DIRECCIONAMIENTO (DNS). CARACTERÍSTICAS

Los servidores DNS son parte de la cadena que queda formada cuando hacemos una petición mediante nuestro navegador de cualquier página web. Estos servidores no son más que computadoras que en sus discos duros almacenan enormes bases de datos. Tienen registrada la relación que existe entre cada nombre de dominio y su dirección IP correspondiente.

Los seres humanos identificamos los sitios de internet mediante nombres, como son *Google.com*, *Yahoo.es*, *Apple.com*, etc. lo que los hace más fácil de recordar y de escribir, estos nombres es lo que conocemos como nombres de dominio.

Las computadoras identifican los sitios web y se conectan a ellos utilizando la dirección IP.

Ahí es donde entran en acción los servidores DNS, cuando hacemos una petición nuestra al servidor DNS este convierte los nombres de dominio que le solicitemos, en las direcciones IP que les corresponden.

2.7.2.1 Empleo de los servidores DNS en internet

- **Resolución de nombres**: Convertir un nombre de host en la dirección IP que le corresponde. Por ejemplo, al nombre de dominio *www.google.es*, le corresponde la dirección IP 172.194.41.248.
- **Resolución inversa de direcciones**: Es el mecanismo inverso al anterior, de una dirección IP obtener el nombre de host correspondiente.
- **Resolución de servidores de correo**: Dado un nombre de dominio (por ejemplo *gmail.com*), obtener el servidor a través del cual debe realizarse la entrega del correo electrónico.

2.7.2.2 Principales servidores DNS de internet

Existen 13 servidores DNS en Internet que son conocidos como los **Servidores Raíz**, guardan la información de los servidores para cada una de las zonas de más alto nivel y constituyen el centro de la red.

Se identifican con las siete primeras letras del alfabeto, varios de ellos se encuentra divididos físicamente y dispersos geográficamente con el propósito de incrementar el rendimiento y la seguridad.

Acceda a la página de información y chequeo de los 13 servidores raíz de internet: *http://public-root.com/*

Figura 2.58. *http://public-root.com*

2.7.3 PROXIES

Un servidor proxy es un equipo que actúa de intermediario entre un explorador web (como Internet Explorer) e Internet. Los servidores proxy ayudan a mejorar el rendimiento en Internet ya que almacenan una copia de las páginas web más utilizadas. Cuando un explorador solicita una página web almacenada en la colección (su caché) del servidor proxy, el servidor proxy la proporciona, lo que resulta más rápido que consultar la web. Los servidores proxy también ayudan a mejorar la seguridad, ya que filtran algunos contenidos web y software malintencionado.

El principio operativo básico de un servidor proxy es bastante sencillo: se trata de un servidor que actúa como "representante" de una aplicación efectuando solicitudes en Internet en su lugar. De esta manera, cuando un usuario se conecta a Internet con una aplicación del cliente configurada para utilizar un servidor proxy, la aplicación primero se conectará con el servidor proxy y le dará la solicitud. El servidor proxy se conecta entonces al servidor al que la aplicación del cliente desea conectarse y le envía la solicitud. Después, el servidor le envía la respuesta al proxy, el cual a su vez la envía a la aplicación del cliente.

La mayoría de los proxies tienen una **caché**, es decir, la capacidad de guardar en memoria ("en caché") las páginas que los usuarios de la red de área local visitan comúnmente para poder proporcionarlas lo más rápido posible. De hecho, el término "caché" se utiliza con frecuencia en informática para referirse al espacio de almacenamiento temporal de datos (a veces también denominado "búfer").

Un servidor proxy con la capacidad de tener información en caché generalmente se denomina servidor "proxy-caché".

Esta característica, implementada en algunos servidores proxy, se utiliza para disminuir tanto el uso de ancho de banda en Internet como el tiempo de acceso a los documentos de los usuarios.

Sin embargo, para lograr esto, el proxy debe comparar los datos que almacena en la memoria caché con los datos remotos de manera regular para garantizar que los datos en caché sean válidos.

2.7.3.1 Servidores de proxy inversos

Un proxy inverso es un servidor proxy-caché "al revés". Es un servidor proxy que, en lugar de permitirles el acceso a Internet a usuarios internos, permite a usuarios de Internet acceder indirectamente a determinados servidores internos.

El servidor de proxy inverso es utilizado como un intermediario por los usuarios de Internet que desean acceder a un sitio web interno al enviar sus solicitudes indirectamente. Con un proxy inverso, el servidor web está protegido de ataques externos directos, lo cual fortalece la red interna. Además, la función caché de un proxy inverso puede disminuir la carga de trabajo del servidor asignado, razón por la cual se lo denomina en ocasiones acelerador de servidor.

Sin duda, el proxy más utilizado es **Squid**, un software de uso libre y gratuito, disponible para diversas plataformas que incluyen a Windows y GNU/Linux.

Figura 2.59. *Squid*

Además de este, en Windows, existen diferentes programas para configurar un servidor proxy en una red de área local:

- Wingate es la solución más común (pero no es gratuito)
- Windows 2000 incluye Microsoft Proxy Server (MSP), que funciona con Microsoft Proxy Client.

2.7.4 SERVIDORES DE DIRECTORIO. CARACTERÍSTICAS DE LDAP

El Servicio de Directorio o simplemente el Directorio es un término ambiguo, que se utiliza para referirse tanto a la información contenida, el conjunto hardware/software que gestiona dicha información, las aplicaciones cliente/servidor que utilizan esta información, etc. La conclusión que se extrae de esta situación, es que el Servicio de Directorio es un conjunto complejo de componentes que trabajan de forma cooperativa para prestar un servicio.

Todo el mundo ha utilizado alguna vez algún tipo de Directorio, desde la Guía de teléfonos hasta cualquier revista que contenga la programación televisiva.

Los directorios permiten localizar información, para ello definen que información se almacenará y en qué modo se organizará. Sin embargo, los directorios electrónicos difieren de estos directorios clásicos (que utilizan el papel como medio de transmisión). Almacenar su información y esa información generalmente está replicada entre los servidores que forman el directorio.

Los datos almacenados en el Directorio son cualquier tipo de información que pueda ser almacenada en un fichero. Esto permite ampliar la información almacenada sin muchas repercusiones, por ejemplo, podemos incluir la foto de la persona junto con su número de teléfono. En un directorio clásico es muy costoso hacer este tipo de cambios, además el volumen de la guía de teléfonos haría imposible hacer una búsqueda en un tiempo razonable.

2.7.4.1 LDAP: Conceptos y Arquitectura

En 1988, la CCITT creó el estándar X.500, sobre servicios de directorio. En 1990 este estándar fue adoptado por la ISO, como ISO 9594, *Data Communications Network Directory, Recommendations X.500-X.521.*

X.500 organiza las entradas en el directorio de manera jerárquica, capaz de almacenar gran cantidad de datos, con grandes capacidades de búsqueda y fácilmente escalable. X.500 especifica que la comunicación entre el cliente y el servidor de directorio debe emplear el Directory Access Protocol (DAP). Pero DAP es un protocolo a nivel de aplicación, por lo que, tanto el cliente como el servidor debían implementar completamente la torre de protocolos OSI.

LDAP (*Lightweight Directory Access Protocol*) surge como una alternativa a DAP. Este modelo se basa en un modelo cliente-servidor. Uno o más servidores LDAP contienen los datos que conforman el árbol del directorio LDAP o base de datos troncal, El cliente LDAP se conecta con el servidor LDAP y le hace una consulta, el servidor contesta con la respuesta correspondiente o con una identificación que el cliente puede hallar.

El esquema de interacción entre el cliente y el servidor LDAP sigue el siguiente esquema:

- **El cliente establece una sesión con el servidor LDAP**. El cliente indica el servidor y el puerto en el que el servidor LDAP está escuchando. El cliente puede proporcionar información de autenticación o establecer una sesión anónima con los accesos por defecto.
- **El cliente efectúa las operaciones sobre los datos**. LDAP proporciona capacidades de búsqueda, lectura y actualización.
- Una vez finalizadas las operaciones, **el cliente cierra la sesión**.

Además de definir el protocolo de acceso al directorio, el estándar LDAP define cuatro modelos que permiten entender mejor el servicio de directorio.

- **Modelo de información**, describe la estructura de la información almacenada en el directorio LDAP.
- **Modelo de nombrado**, describe cómo se organiza e identifica la información en el directorio LDAP.
- **Modelo funcional**, describe que operaciones pueden ser realizadas sobre la información almacenada en el directorio LDAP.
- **Modelo de seguridad**, describe cómo puede protegerse la información contenida en el directorio LDAP frente a accesos no autorizados.

2.7.4.2 Software de servicios de directorio

Algunos de los servicios de directorio ofrecidos por los fabricantes son:

- Windows NT Directory Services (NTDS) para Windows NT
- Active Directory para Windows 2000, Windows Server 2003, Windows Server 2008 y Windows Server 2012.
- Apple Open Directory en Mac OS X Server
- Novell eDirectory – formalmente denominado Novell Directory Services (NDS) para Novell NetWare versión 4.x-5.x
- OpenLDAP
- 389 Directory Server(desde marzo de 2009) antes Fedora Directory Server
- Sun Directory Services

2.7.4.3 Nueva Generación de sistemas de directorio

Las bases de datos junto a la industria de las TI han permanecido ligadas desde la era del ordenador hasta los directorios tradicionales, pasando entre 20-30 años, y estarán con nosotros en el futuro. Sin embargo, con una escala superior, los servicios convergentes y los sistemas conducidos por la presencia (3G-IMS), requerirán una cierta evolución. Esto podría tomar la forma de CADS (*Composite Adaptive Directory Services*). CADS es un servicio avanzado de directorio y contiene funciones para la gestión de identidad, presencia, algoritmos de contenido y de adaptación para autogestionarse con sus únicas funciones, simplificando enormemente el diseño de tales plataformas.

2.7.5 SERVIDORES DE MENSAJERÍA

La mensajería instantánea o IM, es un servicio de presencia en Internet mediante el que podemos saber si en un momento determinado una persona está conectada, lo que nos permite tener una relación con ella en tiempo real, desde el simple envío de un mensaje hasta establecer una conversación, pasando por la posibilidad de realizar transferencia de ficheros, telefonía sobre IP, etc.

Es evidente que estas características convierten a la mensajería instantánea en uno de los sistemas más populares en el mundo de las comunicaciones.

El origen de esta tecnología, tal vez podría situarse en el BBS –*Bulletin Board System*–, utilizado para la relación en línea por algunas comunidades de usuarios, a finales de los años 80. A principios de la década siguiente, AOL –*America On Line*– desarrolló un software para permitir la interacción en tiempo real en algunos servidores web, conscientes de la importancia que estaba adquiriendo esta forma de comunicación. Sin embargo, fue la compañía israelí Mirabilis quien revolucionó la situación, cuando en noviembre de 1996 introdujo ICQ –de *I seek you* , te busco–, una aplicación gratuita que permitía establecer "conversaciones" en tiempo real entre personas conectadas a Internet.

Diferentes sistemas han luchado y continúan luchando por imponer sus estándares y dominar este mercado, sin embargo no parece probable que ninguno de los más usados actualmente consiga su propósito debido al carácter propietario y cerrado de sus protocolos, su falta de seguridad –difícilmente funcionan tras un cortafuegos y la información viaja sin cifrar– y su estructura centralizada.

La mensajería instantánea y sobre todo el chat no gozan de buena fama entre el público en general y entre los docentes en particular. Sin embargo han jugado y juegan un papel fundamental en el crecimiento y expansión de Internet. Hablar con otros o hacer amistades son sin duda actividades muy humanas que encuentran nuevas vías de expresión en las modernas redes de comunicación.

Pero además los programas de mensajería instantánea se han convertido en una herramienta de trabajo cada vez más utilizada en actividades profesionales.

- Jabber: es el protocolo de mensajería más usado en la comunidad de Software libre.
- MSN: es la red del conocido Messenger de Microsoft.
- Yahoo!: otra red bastante extendida en abierta competencia a MSN.
- AIM: el protocolo de mensajería del gigante de Internet AOL.
- ICQ: el primer protocolo de mensajería actualmente en declive.
- Google Talk: el reciente desarrollo de Google para mensajería instantánea.

2.7.5.1 Servidor básico de mensajería Ejabberd

Ejabberd es un servidor de mensajería instantánea de código abierto (GNU GPL) para plataformas Unix (BSD, GNU/Linux, etc), Microsoft Windows y otras. Para la comunicación instantánea se utiliza XMPP. Está escrito principalmente en Erlang, es software concurrente y distribuido.

Alexey Shchepin fundó el proyecto en 2002 y continúa manteniéndolo. El nombre « ejabberd » significa « Erlang Jabber Daemon ». Se escribe en letras minúsculas solamente, que es uso común en el mundo de Unix. El objetivo del proyecto ejabberd es la creación de un servidor XMPP estable y con variedad de posibilidades.

ejabberd XMPP

Figura 2.60. *Ejabberd*

2.7.6 SERVIDORES DE ANTIVIRUS, FILTRADO DE CONTENIDOS, ETC

Un servidor Antivirus y Antispam, conjuntamente con el servidor de correo electrónico forman la pareja perfecta en cuanto a seguridad en el filtrado de correo entrante y saliente. Puede instalarlo en el mismo servidor de correo o como relay de este. Sin duda, necesario en cualquier red corporativa.

¿Cómo funciona este servicio?

- Escaneado de tráfico de correo mejorado
  - Escaneo de correo entrante y saliente
  - Escaneo por "asunto", "cuerpo" y "adjunto"
  - Optimizado para el mínimo uso de recursos del sistema
- Prevención sobre el filtrado de información
  - Filtro de contenido. Podrá definir qué hacer con los mensajes, tengan o no tengan virus
  - Definición de parámetros de actuación en función de patrón establecido
  - Protección anti spam contra envíos masivos y abusivos
- Filtro AntiSpam
  - Bloquea correo que proviene de ciertas direcciones predefinidas
  - Consulta en tiempo real de listas de direcciones consideradas como Spam
  - Análisis de cabecera, asunto y cuerpo para determinar contenido considerado como Spam

2.7.7 OTROS SERVIDORES COMPLEMENTARIOS

En la siguiente lista hay algunos tipos comunes de servidores:

- **Servidor de archivos**: es el que almacena varios tipos de archivos y los distribuye a otros clientes en la red.
- **Servidor de impresiones**: controla una o más impresoras y acepta trabajos de impresión de otros clientes de la red, poniendo en cola los trabajos de impresión (aunque también puede cambiar la prioridad de las diferentes impresiones).
- **Servidor de fax**: almacena, envía, recibe, enruta y realiza otras funciones necesarias para la transmisión, la recepción y la distribución apropiadas de los fax.
- **Servidor de la telefonía**: realiza funciones relacionadas con la telefonía, como es la de contestador automático, realizando las funciones de un sistema interactivo para la respuesta de la voz, almacenando los mensajes de voz, encaminando las llamadas y controlando también la red o Internet, p. ej., la entrada excesiva de la voz sobre IP (VoIP), etc.
- **Servidor del acceso remoto (RAS)**: controla la comunicación de la red para que las peticiones conecten con la red de una posición remota, responde llamadas telefónicas entrantes o reconoce la petición de la red y realiza la autenticación necesaria y otros procedimientos necesarios para registrar a un usuario en la red.
- **Servidor de uso**: realiza la parte lógica de la informática o del negocio de un uso del cliente, aceptando las instrucciones para que se realicen las operaciones de un sitio de trabajo y sirviendo los resultados a su vez al sitio de trabajo, mientras que el sitio de trabajo realiza la interfaz operadora o la porción del GUI del proceso (es decir, la lógica de la presentación) que se requiere para trabajar correctamente.
- **Servidor de reserva**: tiene el software de reserva de la red instalado y tiene cantidades grandes de almacenamiento de la red en discos duros u otras formas del almacenamiento (cinta, etc.) disponibles para que se utilice con el fin de asegurarse de que la pérdida de un servidor principal no afecte a la red. Esta técnica también es denominada clustering.

2.8 INFRAESTRUCTURA HARDWARE Y SOFTWARE PARA SERVIDORES DE INTERNET

- **COMPONENTES HARDWARE**: Como mínimo necesitaremos, Un *router* con conexión a Internet, un ordenador que haga las veces de servidor Web y cableado de red RJ45 para conectar el router con nuestro ordenador.
- **COMPONENTES SOFTWARE**: Sistema Operativo Windows o Linux, un software Servidor Web, un sistema gestor de bases de datos, etc.

Como hemos dicho anteriormente la conexión a internet es la que limitará la carga de usuarios que se puede meter a nuestro servidor. Siempre hay que tener en cuenta nuestras necesidades y el tipo de página web que tenemos.

- **Básica**: Una línea ADSL de 3mb a 10mb con la que las páginas ya cargan un poco lentas ya que en el caso de los 10 Mb la velocidad de subida seria de solo 800 kbps.
- **Buena con un coste razonable**: Una línea de Fibra Óptica que tienen un mayor ancho de banda de subida que las ADSL. Con esta línea podemos llegar a los 10MB de subida.
- **La Mejor**: sería tener un conexión contratada apropiada para servidores, pero valen bastante dinero.

2.8.1 SERVICIOS EN LA NUBE (CLOUD)

Cuando hablamos de un servicio en la nube hacemos referencia a servicios que se utilizan a través de Internet.

Antes del concepto en la nube, todo lo referente al procesamiento y almacenamiento de datos se hacía desde el propio ordenador. Es decir, teníamos que tener instalados los programas pertinentes en nuestro equipo para hacer que determinados servicios funcionasen.

Lo que nos permite ahora el servicio en la nube es precisamente la separación entre los programas que antes nos veíamos obligados a instalar y el funcionamiento de una determinada herramienta. Con esto conseguimos utilizar aplicaciones o sistemas de gestión de manera remota gracias a Internet, sin necesidad de tenerlos instalados.

Aunque no seamos conscientes, a diario utilizamos un gran número de servicios en la nube: Google, Amazon, Apple, Yahoo, Gmail, Twitter, Facebook, YouTube, etc. a los cuales podemos acceder desde cualquier portátil, ordenador, móvil, tablet... que tenga conexión a Internet.

Figura 2.61. *Cloud computing*

2.8.2 TIPOS DE SERVICIOS

2.8.2.1 Software como servicio

El software como servicio (en inglés software as a service, SaaS) se encuentra en la capa más alta y caracteriza una aplicación completa ofrecida como un servicio, por-demanda, vía multitenencia –que significa una sola instancia del software que corre en la infraestructura del proveedor y sirve a múltiples organizaciones de clientes. Las aplicaciones que suministran este modelo de servicio son accesibles a través de un navegador web -o de cualquier aplicación diseñada para tal efecto- y el usuario no tiene control sobre ellas, aunque en algunos casos se le permite realizar algunas configuraciones. Esto le elimina la necesidad al cliente de instalar la aplicación en sus propios computadores, evitando asumir los costos de soporte y el mantenimiento de hardware y software.

2.8.2.2 Plataforma como servicio

La capa del medio, que es la plataforma como servicio (en inglés *platform as a service*, PaaS), es la encapsulación de una abstracción de un ambiente de desarrollo y el empaquetamiento de una serie de módulos o complementos que proporcionan, normalmente, una funcionalidad horizontal (persistencia de datos, autenticación, mensajería, etc.). De esta forma, un arquetipo de plataforma como servicio podría consistir en un entorno conteniendo una pila básica de sistemas, componentes o APIs preconfiguradas y listas para integrarse sobre una tecnología concreta de desarrollo (por ejemplo, un sistema Linux, un servidor web, y un ambiente de programación como Perl o Ruby). Las ofertas de PaaS pueden dar servicio a todas las fases del ciclo de desarrollo y pruebas del software, o pueden estar especializadas en cualquier área en particular, tal como la administración del contenido.

Los ejemplos comerciales incluyen Google App Engine, que sirve aplicaciones de la infraestructura Google, y también Windows Azure, de Microsoft, una plataforma en la nube que permite el desarrollo y ejecución de aplicaciones codificadas en varios lenguajes y tecnologías como .NET, Java y PHP. Servicios PaaS tales como éstos permiten gran flexibilidad, pero puede ser restringida por las capacidades que están disponibles a través del proveedor.

En este modelo de servicio al usuario se le ofrece la plataforma de desarrollo y las herramientas de programación por lo que puede desarrollar aplicaciones propias y controlar la aplicación, pero no controla la infraestructura.

2.8.2.3 Infraestructura como servicio

La infraestructura como servicio (*infrastructure as a service*, IaaS) -también llamado en algunos casos hardware as a service, HaaS) se encuentra en la capa inferior y es un medio de entregar almacenamiento básico y capacidades de cómputo como servicios estandarizados en la red. Servidores, sistemas de almacenamiento, conexiones, enrutadores, y otros sistemas se concentran (por ejemplo a través de la tecnología de virtualización) para manejar tipos específicos de cargas de trabajo –desde procesamiento en lotes (“*batch*”) hasta aumento de servidor/almacenamiento durante las cargas pico. El ejemplo comercial mejor conocido es Amazon Web Services, cuyos servicios EC2 y S3 ofrecen cómputo y servicios de almacenamiento esenciales (respectivamente). Otro ejemplo es Joyent cuyo producto principal es una línea de servidores virtualizados, que proveen una infraestructura en-demanda altamente escalable para manejar sitios web, incluyendo aplicaciones web complejas escritas en Python, Ruby, PHP, y Java.

2.8.3 VENTAJAS E INCONVENIENTES DE LOS SERVICIOS DE INFRAESTRUCTURA EN LA NUBE

2.8.3.1 Ventajas del servicio en la nube

- Integración probada de servicios Red. Por su naturaleza, la tecnología de cloud computing se puede integrar con mucha mayor facilidad y rapidez con el resto de las aplicaciones empresariales (tanto software tradicional como Cloud Computing basado en infraestructuras), ya sean desarrolladas de manera interna o externa.
- Prestación de servicios a nivel mundial. Las infraestructuras de cloud computing proporcionan mayor capacidad de adaptación, recuperación completa de pérdida de datos (con copias de seguridad) y reducción al mínimo de los tiempos de inactividad.
- Una infraestructura 100% de cloud computing permite al proveedor de contenidos o servicios en la nube prescindir de instalar cualquier tipo de software, ya que éste es provisto por el proveedor de la infraestructura o la plataforma en la nube. Un gran beneficio del cloud computing es la simplicidad y el hecho de que requiera mucha menor inversión para empezar a trabajar.
- Implementación más rápida y con menos riesgos, ya que se comienza a trabajar más rápido y no es necesaria una gran inversión. Las aplicaciones del cloud computing suelen estar disponibles en cuestión de días u horas en lugar de semanas o meses, incluso con un nivel considerable de personalización o integración.
- Actualizaciones automáticas que no afectan negativamente a los recursos de TI. Al actualizar a la última versión de las aplicaciones, el usuario se ve obligado a dedicar tiempo y recursos para volver a personalizar e integrar la aplicación. Con el cloud computing no hay que decidir entre actualizar y conservar el trabajo, dado que esas personalizaciones e integraciones se conservan automáticamente durante la actualización.

- Contribuye al uso eficiente de la energía. En este caso, a la energía requerida para el funcionamiento de la infraestructura. En los *datacenters* tradicionales, los servidores consumen mucha más energía de la requerida realmente. En cambio, en las nubes, la energía consumida es sólo la necesaria, reduciendo notablemente el desperdicio.

2.8.3.2 Desventajas del servicio en la nube

- La centralización de las aplicaciones y el almacenamiento de los datos originan una interdependencia de los proveedores de servicios.
- La disponibilidad de las aplicaciones está sujeta a la disponibilidad de acceso a Internet.
- Los datos "sensibles" del negocio no residen en las instalaciones de las empresas, lo que podría generar un contexto de alta vulnerabilidad para la sustracción o robo de información.
- La confiabilidad de los servicios depende de la "salud" tecnológica y financiera de los proveedores de servicios en nube. Empresas emergentes o alianzas entre empresas podrían crear un ambiente propicio para el monopolio y el crecimiento exagerado en los servicios.
- La disponibilidad de servicios altamente especializados podría tardar meses o incluso años para que sean factibles de ser desplegados en la red.
- La madurez funcional de las aplicaciones hace que continuamente estén modificando sus interfaces, por lo cual la curva de aprendizaje en empresas de orientación no tecnológica tenga unas pendientes significativas, así como su consumo automático por aplicaciones.
- Seguridad. La información de la empresa debe recorrer diferentes nodos para llegar a su destino, cada uno de ellos (y sus canales) son un foco de inseguridad. Si se utilizan protocolos seguros, HTTPS por ejemplo, la velocidad total disminuye debido a la sobrecarga que éstos requieren.
- Escalabilidad a largo plazo. A medida que más usuarios empiecen a compartir la infraestructura de la nube, la sobrecarga en los servidores de los proveedores aumentará, si la empresa no posee un esquema de crecimiento óptimo puede llevar a degradaciones en el servicio o altos niveles de jitter.
- Privacidad. La información queda expuesta a terceros que pueden copiarla o acceder a ella.

2.8.4 TIPOS DE COMPUTACIÓN EN LA NUBE

- Una **nube pública** es una nube computacional mantenida y gestionada por terceras personas no vinculadas con la organización. En este tipo de nubes tanto los datos como los procesos de varios clientes se mezclan en los servidores, sistemas de almacenamiento y otras infraestructuras de la nube. Los usuarios finales de la nube no conocen que trabajos de otros clientes pueden estar corriendo en el mismo servidor, red, sistemas de almacenamiento, etc. Aplicaciones, almacenamiento y otros recursos están disponibles al público a través el proveedor de servicios que es propietario de toda la infraestructura en sus centros de datos; el acceso a los servicios solo se ofrece de manera remota, normalmente a través de Internet.
- Las **nubes privadas** son una buena opción para las compañías que necesitan alta protección de datos y ediciones a nivel de servicio. Las nubes privadas están en una infraestructura bajo demanda gestionada para un solo cliente que controla qué aplicaciones debe ejecutarse y dónde. Son propietarios del servidor, red, y disco y pueden decidir qué usuarios están autorizados a utilizar la infraestructura. Al administrar internamente estos servicios, las empresas tienen la ventaja de mantener la privacidad de su información y permitir unificar el acceso a las aplicaciones corporativas de sus usuarios.

- Las **nubes híbridas** combinan los modelos de nubes públicas y privadas. Usted es propietario de unas partes y comparte otras, aunque de una manera controlada. Las nubes híbridas ofrecen la promesa del escalado aprovisionada externamente, en-demanda, pero añaden la complejidad de determinar cómo distribuir las aplicaciones a través de estos ambientes diferentes. Las empresas pueden sentir cierta atracción por la promesa de una nube híbrida, pero esta opción, al menos inicialmente, estará probablemente reservada a aplicaciones simples sin condicionantes, que no requieran de ninguna sincronización o necesiten bases de datos complejas. Se unen mediante la tecnología pues permiten enviar datos o aplicaciones entre ellas. Un ejemplo son los sistemas de correo electrónico empresarial.
- **Nube comunitaria**. el Instituto Nacional de Estándares y tecnología (NITS por sus siglas en inglés) define este modelo como aquel que se organiza con la finalidad de servir a una función o propósito común (seguridad, política...), y son administradas por las organizaciones constituyentes o terceras partes.

2.8.5 COMPARATIVA DE LOS SERVICIOS DE INFRAESTRUCTURA EN LA NUBE DE USO COMÚN

Se proponen 5 de los servicios más conocidos y utilizados para almacenar archivos.

2.8.5.1 Dropbox

Dropbox es, posiblemente, el servicio más conocido de almacenamiento en 'la nube'. No fue el primero, pero es el que mejor ha sabido adaptarse los tiempos que corren, ofreciendo un completo acceso multiplataforma. Los usuarios de *smartphones*, tablets y PC´s pueden entrar a Dropbox desde cualquier lugar, y gestionar sus archivos personales cómodamente, sin necesidad de llevarlos almacenados en las memorias de sus dispositivos.

El acertado interfaz de Dropbox, en forma de gestor de archivos con vista en árbol, es otra de las claves de su éxito. La sencillez del servicio es otro factor que juega a su favor, porque Dropbox se centra en ofrecer un espacio virtual, como si tuviésemos acceso a una unidad de disco duro en red, sin complicaciones adicionales.

Dropbox ofrece 2GB gratis de almacenamiento, pero podemos aumentar el espacio en 500MB adicionales por cada amigo que invitemos y se cree una cuenta, hasta un límite de 18GB de espacio. No obstante, Dropbox también ofrece otras opciones de pago para grupos de trabajo o usuarios particulares que tengan unos requerimientos de almacenamiento superiores a la media. Así por ejemplo, por un pago de 99$ obtendremos 100GB para guardar los archivos que deseemos durante 12 meses.

Dropbox

Figura 2.62.Dropbox

PRÁCTICA 2.6

- Cree una cuenta en Dropbox y suba algún fichero de su ordenador a dicha cuenta.

2.8.5.2 SkyDrive

La propuesta en 'la nube' de Microsoft, tras la reestructuración de sus servicios Live, se llama SkyDrive. Como ocurre con la mayoría de servicios de este tipo, en SkyDrive podremos guardar y compartir todo tipo de archivos hasta completar los 7GB a los que da derecho el alta en el perfil gratuito.

En este caso, y a diferencia de la 'simplicidad' de Dropbox, además del clásico almacenamiento de archivos encontramos servicios adicionales del calibre de Office Web Apps, la versión para internet del paquete ofimático más utilizado en todo el mundo. SkyDrive es el entorno de almacenamiento perfecto para los usuarios de Windows 8, su integración es impecable.

Además, este es uno de los pocos servicios en 'la nube' que incluyen una app nativa para los *smartphones* con Windows Phone. Si su móvil es un iPhone o Android tranquilo, también dispone de una app oficial de Microsoft para gestionar su cuenta de SkyDrive.

Figura 2.63.Skydrive

PRÁCTICA 2.7

- Cree una cuenta en SkyDrive y suba algún fichero de su ordenador a dicha cuenta.

2.8.5.3 Google Drive

La propuesta del gigante Google se llama Google Drive, y no es otra cosa que el anterior y exitoso servicio ofimático online de Google, Google Docs, con el 'añadido' del almacenamiento de ficheros. Como ocurre con otros servicios en 'la nube', Google Drive sincroniza automáticamente todos los contenidos que tengamos almacenados, para que podamos trabajar con ellos independientemente del dispositivo que utilicemos para acceder a nuestra cuenta.

El servicio dispone de aplicaciones para Windows y Mac, así como de apps para Chrome OS, el iOS de Apple (iPhone/iPad) y Android. Otro aspecto interesante de Google Drive, es que podremos compartir cualquiera de nuestros archivos, sea cual sea su extensión y de forma muy sencilla: la herramienta genera un enlace 'público' para que otro pueda abrir un fichero o ficheros concretos.

También cabe destacar, que los documentos ofimáticos que vayamos creando en este entorno, no computan en la cuota de almacenamiento de 15Gb que el servicio ofrece por defecto. Hablando de espacio, Google Drive también ofrece accesos premium para los usuarios más exigentes.

***Figura 2.64.Google** Drive*

PRÁCTICA 2.8

- Cree una cuenta en Google y suba algún fichero de su ordenador a Google Drive dicha cuenta.

2.8.5.4 Box

Este otro de los 'grandes' en materia de almacenamiento en 'la nube'. Se llama Box, y quizá sea la herramienta profesional colaborativa más potente de este listado, aunque el perfil para uso personal también está bastante conseguido y debería de estar, obligatoriamente, en un listado de las mejores opciones a la hora de elegir un servicio de almacenamiento remoto.

La versión gratuita de Box ofrece 10GB de espacio, y sincronización de archivos a través de PC con Windows o Mac, además de disponer de apps oficiales para acceder al contenido de nuestra cuenta desde dispositivos iOS y Android.

Figura 2.65.box

PRÁCTICA 2.9

- Cree una cuenta en box y suba algún fichero de su ordenador a dicha cuenta.

2.8.5.5 Mega

Mega es la opción más polémica por venir de quién viene, Kim Dotcom, el creador de *Megaupload.* Ofrece un espacio brutal de forma gratuita, ni más ni menos que 50GB.

Anteriormente, los usuarios no registrados de megaupload tenían que esperar 45 segundos antes de poder descargar un archivo. Esto ha sido eliminado en Mega.

El total de ancho de banda estará limitado, de 1 a 8 Tb al mes por cuenta de pago. El ancho de banda de la cuenta gratuita es de 10 GB al mes.

Dotcom ha afirmado que los datos sobre el servicio de Mega están cifrados con el algoritmo AES. Como resultado, los hackers no podrán acceder a ellos sin la clave de cifrado, que Mega no conocerá, por lo que no puede revisar el archivo ni ser responsable de su contenido. El equipo de Mega ha indicado también que algunas empresas, tales como estudios de cine, tendrán acceso directo para eliminar los archivos que atentan contra su material protegido con derechos de autor. Dotcom ha declarado que si estas empresas quieren utilizar esa herramienta, antes de recibir el acceso, deberán firmar para no demandar a Mega ni hacerlo responsable por las acciones de sus usuarios.

Figura 2.66.Mega

PRÁCTICA 2.10

» Cree una cuenta en Mega y suba algún fichero de su ordenador a dicha cuenta.

2.9 EJERCICIOS DEL CAPÍTULO 2

1 La partición de una aplicación en capas o niveles diferentes, se llama:
- a) División por diferenciación.
- b) División en capas.
- c) Modelo cliente-servidor.
- d) Modelo entidad relación.
- e) Todas son falsas.

2 Un cliente web puede estar alojado en:
- a) Un Smartphone.
- b) Un PC.
- c) Una videoconsola.
- d) Una SmartTV.
- e) Todas son ciertas.

3 Si queremos montar un Servidor Web para una empresa de 5 empleados, necesitaremos:
- a) La mejor máquina que haya en el mercado, con varios procesadores, cantidades ingentes de RAM y discos duros ultrarrápidos.
- b) Un equipo normalito, 5 personas no generaran un tráfico elevado de datos al servidor.
- c) Un equipo defectuoso, ya que al instalar el software de servidor dichos fallos serán reparados por el propio servidor.
- d) Todas son falsas.

4 La capacidad de un sistema para crecer adaptándose a una nueva situación sin que se vea afectado el servicio, se llama:
- a) Escalabilidad.
- b) Alta disponibilidad.
- c) Balanceo.
- d) Todas son falsas.

5 El concepto de un servidor operativo 24 horas al día, 7 días a la semana, se conoce como:
- a) Escalabilidad.
- b) Alta disponibilidad.
- c) Balanceo.
- d) Todas son falsas.

6 La técnica usada para repartir el trabajo a realizar entre varios procesos, se llama:
a) Escalabilidad.
b) Alta disponibilidad.
c) Balanceo.
d) Todas son falsas.

7 El sistema de bases de datos no relacional más conocido y utilizado en la actualidad es:
a) MySQL.
b) SQL Server.
c) PostgreSQL.
d) MongoDB.
e) MariaDB.

8 El sistema de bases de datos relacional más conocido y utilizado en la actualidad es:
a) MySQL.
b) SQL Server.
c) PostgreSQL.
d) MongoDB.
e) MariaDB

9 El modelo de organización de las base de datos en el que se presentan todos los datos como tablas sencillas de dos dimensiones, se llama:
a) Modelo jerárquico de datos.
b) Modelo de datos en red.
c) Modelo relacional de datos.
d) Modelo orientado a objetos.

10 Un servidor de archivos:
a) Permite a los clientes de la red realizar funciones relacionadas con la telefonía.
b) Permite a los usuarios fuera de la red acceder a sus correos electrónicos.
c) Permite acceder a los ficheros almacenados en el servidor.
d) Todas son ciertas.
e) Todas son falsas.

11 El servicio de almacenamiento en la nube que ofrece más espacio por cuenta gratuita es:
a) Dropbox.
b) Box.
c) Mega.
d) Skydrive.
e) Google drive.
f) Todas son ciertas.

3 Aplicaciones web

3.1 EVOLUCIÓN Y TIPOS DE APLICACIONES INFORMÁTICAS

3.1.1 APLICACIONES DE TERMINAL. SERVIDORES DE TERMINALES VIRTUALES

Con aplicaciones de terminal o consola nos referimos a las construidas en plataformas tipo Cobol, AS400 y FoxPro, entre otras.

El concepto de las aplicaciones de consola es similar al de una aplicación web con una arquitectura del tipo cliente-servidor en la cual el cliente también se puede considerar liviano. Aunque existen algunas diferencias como son:

- Protocolos de comunicación propios y no estándar, como ocurre en la web con el protocolo HTTP y el concepto de URL.
- Formatos de intercambio propio y no estándar, como ocurre en la web con el formato HTML o XML.

En el lado del cliente hay restricciones con las vistas ya que es necesario instalar API específicas que no son estándar, portables o extensibles. En la web solo se debe instalar un navegador para acceder a la aplicación.

La dependencia con el proveedor del software con respecto a la plataforma, arquitectura, hardware, sistema operativo y demás complementos que lleva consigo el "paquete" de la "solución" es inmensa en las aplicaciones de consola. En la web la división por capas de las soluciones hace posible una independencia en todo sentido mucho mayor.

3.1.2 APLICACIONES DE ESCRITORIO

Es un tipo de programa informático diseñado como herramienta para permitir a un usuario realizar uno o diversos tipos de trabajos. Esto lo diferencia principalmente de otros tipos de programas como los sistemas operativos (que hacen funcionar al ordenador), las utilidades (que realizan tareas de mantenimiento o de uso general), y los lenguajes de programación (con el cual se crean los programas informáticos).

Suele resultar una solución informática para la automatización de ciertas tareas complicadas como pueden ser la contabilidad, la redacción de documentos, o la gestión de un almacén. Algunos ejemplos de programas de aplicación son los procesadores de textos, hojas de cálculo, y base de datos.

Ciertas aplicaciones desarrolladas «a medida» suelen ofrecer una gran potencia ya que están exclusivamente diseñadas para resolver un problema específico. Otros, llamados paquetes integrados de software, ofrecen menos potencia pero a cambio incluyen varias aplicaciones, como un programa procesador de textos, de hoja de cálculo y de base de datos.

Otros ejemplos de programas de aplicación pueden ser: programas de comunicación de datos, multimedia, presentaciones, diseño gráfico, cálculo, finanzas, correo electrónico, navegador web, compresión de archivos, presupuestos de obras, gestión de empresas, etc.

Algunas compañías agrupan diversos programas de distinta naturaleza para que formen un paquete (llamados suites o suite ofimática) que sean satisfactorios para las necesidades más apremiantes del usuario. Todos y cada uno de ellos sirven para ahorrar tiempo y dinero al usuario, al permitirle hacer cosas útiles con el ordenador (o computadora); algunos con ciertas prestaciones, otros con un determinado diseño; unos son más amigables o fáciles de usar que otros, pero bajo el mismo principio.

Actualmente, con el uso de dispositivos móviles se ha extendido el concepto APP, Aplicación informática para dispositivos móviles o tabletas con multitud de funcionalidades. Desde juegos hasta aplicaciones para realizar tareas cotidianas. Es un abanico enorme que hacen más interactivo los dispositivos móviles.

3.1.3 APLICACIONES CLIENTE/SERVIDOR

La arquitectura cliente-servidor es un modelo de aplicación distribuida en el que las tareas se reparten entre los proveedores de recursos o servicios, llamados servidores, y los demandantes, llamados clientes. Un cliente realiza peticiones a otro programa, el servidor, que le da respuesta. Esta idea también se puede aplicar a programas que se ejecutan sobre una sola computadora, aunque es más ventajosa en un sistema operativo multiusuario distribuido a través de una red de computadoras.

En esta arquitectura la capacidad de proceso está repartida entre los clientes y los servidores, aunque son más importantes las ventajas de tipo organizativo debidas a la centralización de la gestión de la información y la separación de responsabilidades, lo que facilita y clarifica el diseño del sistema.

La separación entre cliente y servidor es una separación de tipo lógico, donde el servidor no se ejecuta necesariamente sobre una sola máquina ni es necesariamente un solo programa. Los tipos específicos de servidores incluyen los servidores web, los servidores de archivo, los servidores del correo, etc. Mientras que sus propósitos varían de unos servicios a otros, la arquitectura básica seguirá siendo la misma.

Una disposición muy común son los sistemas multicapa en los que el servidor se descompone en diferentes programas que pueden ser ejecutados por diferentes computadoras aumentando así el grado de distribución del sistema. La arquitectura cliente-servidor sustituye a la arquitectura monolítica en la que no hay distribución, tanto a nivel físico como a nivel lógico.

- **Ventajas**:
  - Centralización del control: los accesos, recursos y la integridad de los datos son controlados por el servidor, de forma que un programa cliente defectuoso o no autorizado no pueda dañar el sistema. Esta centralización también facilita la tarea de poner al día datos u otros recursos (mejor que en las redes P2P).
  - Escalabilidad: se puede aumentar la capacidad de clientes y servidores por separado. Cualquier elemento puede ser aumentado (o mejorado) en cualquier momento, o se pueden añadir nuevos nodos a la red (clientes y/o servidores).
  - Fácil mantenimiento: al estar distribuidas las funciones y responsabilidades entre varios ordenadores independientes, es posible reemplazar, reparar, actualizar o incluso trasladar un servidor, mientras que sus clientes no se verán afectados por ese cambio (o se afectarán mínimamente). Esta independencia de los cambios también se conoce como encapsulación.
  - Tecnologías: existen algunas suficientemente desarrolladas, diseñadas para el paradigma de C/S, que aseguran la seguridad en las transacciones, la amigabilidad de la interfaz y la facilidad de empleo.
- **Desventajas**:
  - La congestión del tráfico ha sido siempre un problema en el paradigma de C/S. Cuando una gran cantidad de clientes envían peticiones simultaneas al mismo servidor, puede ser que cause muchos problemas para éste (a mayor número de clientes, más problemas para el servidor). Al contrario, en las redes P2P, como cada nodo en la red hace también de servidor, cuantos más nodos hay, mejor es el ancho de banda que se tiene.

- El paradigma de C/S clásico no tiene la robustez de una red P2P. Cuando un servidor está caído las peticiones de los clientes no pueden ser satisfechas. En la mayor parte de redes P2P, los recursos están generalmente distribuidos en varios nodos de la red. Aunque algunos salgan o abandonen la descarga; otros pueden todavía acabar de descargar consiguiendo datos del resto de los nodos en la red.
- El software y el hardware de un servidor son generalmente muy determinantes. Un hardware regular de un ordenador personal puede no poder servir a cierta cantidad de clientes. Normalmente, se necesita software y hardware específicos, sobre todo en el lado del servidor para satisfacer el trabajo. Por supuesto, esto aumentará el coste.
- El cliente no dispone de los recursos que puedan existir en el servidor. Por ejemplo, si la aplicación es una web no podemos escribir en el disco duro del cliente o imprimir directamente sobre las impresoras sin sacar antes la ventana previa de impresión de los navegadores.

3.1.4 APLICACIONES WEB

Las aplicaciones web utilizan lo que se conoce como clientes livianos (*light clients*) los cuales no ejecutan demasiadas labores de procesamiento para la ejecución de la aplicación misma. Desde el punto de vista de la arquitectura se distinguen dos lados; uno es el cliente, donde se encuentra el usuario final utilizando la aplicación por medio de un navegador. A través de este cliente web, el usuario interactúa con la aplicación localizada al otro lado, en el servidor, que es donde residen realmente los datos, reglas y lógica de la aplicación.

El concepto de aplicación web ha tomado una mayor relevancia con el auge de las redes locales y la popularidad de Internet, ofreciendo la oportunidad de acceso a dichas aplicaciones a través de computadores y otros dispositivos móviles donde se tenga acceso a Internet.

3.1.5 VENTAJAS E INCONVENIENTES DE LAS APLICACIONES WEB FRENTE A LAS DE ESCRITORIO

3.1.5.1 Ventajas de las aplicaciones web

- **No requiere instalar software especial (en los clientes)**. En esencia, para acceder a un software web solo necesitamos disponer de un navegador de páginas web (Internet Explorer, Firefox, Opera, Chrome, etc.), los cuales suelen venir con el propio sistema operativo. No es necesario tener nada más. Debido a la arquitectura de las aplicaciones web, el cliente suele quedar relegado a mostrar la interfaz de usuario (menús, opciones, formularios, etc.), mientras que toda la compleja lógica de negocio se lleva en el lado del servidor.
- **Bajo coste en actualizar los equipos con una nueva versión**. Los navegadores web visualizan las páginas web que son servidas por el servidor web dinámicamente. En ese sentido, es el servidor quien ejecuta la mayor parte del código de la aplicación y suministra de forma centralizada las vistas (las páginas) a los navegadores conectados. En consecuencia, no hay que instalar nada en los puestos de trabajo, ya que la actualización se realiza en el servidor y automáticamente la ven todos los usuarios.
- **Acceso a la última y mejor versión**. Como consecuencia del punto anterior, se evita que pueda existir algún equipo que ejecute una versión diferente y desactualizada. Si existen ordenadores con distintas versiones del programa se pueden originar problemas de consistencia en la información o pérdida de funcionalidad.

- **Información centralizada**. En una aplicación web, no solamente la lógica de negocio está centralizada en el servidor, sino también los datos que se ubican en una base de datos centralizada (en ese servidor u otro destinado a tal fin). La centralización tiene la ventaja de facilitar el acceso a la misma.
- **Seguridad y copias de seguridad**. Como disponemos de los datos centralizados es más fácil establecer y llevar el control de una política de copias de seguridad centralizada. Es más, al no ubicarse los datos en el puesto de trabajo, en caso de robo o incendio, la empresa no ha perdido información y puede desplegar rápidamente un nuevo puesto de trabajo (PC con un navegador web).
- **Movilidad**. Este es un concepto relativo y dependiente de la implantación concreta. Si el software está ubicado en un servidor web en Internet o bien disponemos de una intranet externalizada (extranet), cualquier usuario con un portátil y una conexión a Internet móvil podría acceder a la aplicación.
- **Reducción de costes en los puestos cliente (mayor longevidad)**. Debido a que las páginas se ofrecen desde el servidor web (donde se suelen ejecutar la mayoría de los procesos y la lógica de negocio), el equipo cliente queda relegado a mostrar los resultados y formularios, para lo cual no es necesario un hardware potente en los puestos de trabajo, lo que se traduce en reducción de costes y una mayor longevidad en el uso de los mismos (no hay que cambiar el hardware de los puestos porque ahora se requieran operaciones más complejas).

3.1.5.2 Ventajas de las aplicaciones de escritorio

- **Permite un mejor aprovechamiento del hardware y software del equipo**. Las aplicaciones de escritorio suelen estar desarrolladas pensando un sistema operativo y familia hardware concreto. Estas aplicaciones tienen un mayor acceso al hardware del equipo por lo que podrán realizar acciones a día de hoy imposibles mediante un software web. Aunque ciertas aplicaciones web intentan resolver estos inconvenientes mediante "plugins" que se ejecutan en el lado del cliente, ciertamente están muy limitadas en el acceso al hardware del equipo cliente.

  Por otro lado, las mayoría de las aplicaciones web están desarrolladas con lenguajes interpretados, los cuales tienen como inconveniente un peor rendimiento (HTML, PHP, JavaScript, ActionScript, Java) son todos interpretados o pseudointerpretados.
- **Polifacético, puede atacar con facilidad un mayor espectro de actuación**. El software "tradicional", debido a que se ejecuta en su mayoría en el lado del cliente y tiene un mayor acceso al hardware puede abordar un mayor tipo de aplicación, desde aplicaciones industriales de control y monitoreo de procesos, hasta accesos a bases de datos o videojuegos. En ese sentido, las aplicaciones web, están bastante más limitadas, y por tanto existen ámbitos que a día de hoy no pueden resolver
- **Menores tiempos de desarrollo => Menor coste => potencialmente más barato**. Las aplicaciones de escritorio cliente/servidor llevan en el mercado mucho más tiempo que las aplicaciones web, las cuales suelen centrar su ejecución en el lado del servidor. Por esa razón, las herramientas de desarrollo están más evolucionadas y depuradas para el desarrollo de aplicaciones de escritorio en la creación interfaces de usuario o conectar con bases de datos, permitiendo al desarrollador ahorrar tiempo. Otro aspecto importante es la depuración de las aplicaciones, es decir el monitoreo para la detección y corrección de errores, los cuales están bien resueltos en aplicaciones "tradicionales". Por el contrario, el desarrollo de aplicaciones web, viene derivado del diseño de páginas web, es decir, de la época en la que las páginas web eran estáticas, y el lenguaje de descripción está pensado para maquetar un diseño gráfico. Para dotarle de dinamismo, el programador debe apoyarse en lenguajes de programación en el lado del servidor (ej.: Java, PHP, asp, etc) y otros en el lado del cliente (JavaScript, ActionScript, VBScript, etc.), lenguajes diferentes que complican el desarrollo (el programador debe trabajar con varios lenguajes distintos, a diferencia del software tradicional), y las herramientas de desarrollo aún distan bastante del software de escritorio.

  Este es uno de los puntos más fuertes en el desarrollo de software de escritorio cliente/servidor.

- **Mejores tiempos de respuesta**. Como consecuencia del mejor aprovechamiento del hardware y software del equipo, se pueden conseguir unos tiempos de respuesta menores. Esto es algo que puede ser vital según el caso.
- **No dependencia de internet**, **siempre online**. Habitualmente las aplicaciones de escritorio son monopuesto o cliente/servidor en red local, de modo que no es necesario el uso ni la dependencia de internet para trabajar. Esto es fundamental y vital para la mayoría de las empresas. Los trabajadores de una empresa no pueden parar, porque existan algún problema con la línea de internet, y a día de hoy, la fiabilidad de internet está muy lejana a la del suministro eléctrico.

  Si se desea y el software lo permite, puede trabajar también por internet. La ventaja de trabajar online, no es exclusiva del software web. Las aplicaciones cliente/servidor pueden trabajar con este modelo, con independencia de si el servidor está en tu oficina u otra ciudad, empleando internet como medio de comunicación. Es más, existen aplicaciones que implementan sistemas de réplica o sincronización para que en caso de desconexión, distintas oficinas o sucursales puedan seguir trabajando con datos locales, que serán sincronizados cuando vuelva el acceso a internet. Por contra, la inmensa mayoría de las aplicaciones web se ofrecen como un servicio externalizado por lo que existe una total dependencia de internet.
- **Siempre funcionará**, **sin dependencia del navegador web**. Las aplicaciones web, tienen una total dependencia del navegador web. Aunque suelen desarrollarse utilizando un estándar internacional (HTML del W3), no todos los navegadores lo implementan al 100%. Eso conlleva a que a la hora de desarrollar se deban fijar unos navegadores como objetivo y revisar su funcionamiento en estos. Sin embargo existe efectos colaterales. Los navegadores suelen actualizarse con bastante frecuencia por razones de seguridad, e incorporando nuevas funcionalidades. Por esa razón, no es extraño ver que tras una actualización del navegador, lo que antes funcionaba correctamente ahora deja de hacerlo o se muestra incorrectamente, lo cual puede requerir la constante revisión del programa, lo cual se traduce en tiempos y costes.
- **Movilidad**. Las aplicaciones de escritorio pueden ser móviles, mediante Redes Privadas Virtuales (VPNs), o Terminales Gráficos Remotos, que nos permiten dar acceso a la base de datos o equipos de otra oficina central. Sin embargo, la dependencia de un hardware concreto (resolución de pantalla, sistema operativo, etc.), hace que estas no puedan ser ejecutadas nativamente por terminales móviles (*Smartphones*, pdas o tabletas), necesitando un desarrollo específico para estas.

3.2 TECNOLOGÍAS DE DESARROLLO DE APLICACIONES

Una API (*Application Programming Interface* o Interfase de Programación de Aplicaciones) es un conjunto de funciones que facilitan el intercambio de mensajes o datos entre dos aplicaciones. Es una forma de que dos aplicaciones que trabajan al mismo tiempo –como podría ser un procesador de texto y una hoja de cálculo– se comuniquen e intercambien datos.

En Internet, una API permite que un sitio web brinde determinado servicio a otro, a través de llamadas a funciones documentadas y publicadas, facilitando de esta manera el “mash-up” o mezcla de servicios. Por ejemplo, hoy es posible que desde un blog personal se puedan publicar noticias del sitio de un famoso periódico, mezcladas con fotos que ya están alojadas en un sitio de fotografías, a través de llamadas a la API de estos dos servicios.

3.2.1 CARACTERÍSTICAS POR TIPO DE APLICACIÓN

Una interfaz de programación representa la capacidad de comunicación entre componentes de software. Se trata del conjunto de llamadas a ciertas bibliotecas que ofrecen acceso a ciertos servicios desde los procesos y representa un método para conseguir abstracción en la programación, generalmente (aunque no necesariamente) entre los niveles o capas inferiores y los superiores del software. Uno de los principales propósitos de una API consiste en proporcionar un conjunto de funciones de uso general, por ejemplo, para dibujar ventanas o iconos en la pantalla. De esta forma, los programadores se benefician de las ventajas de la API haciendo uso de su funcionalidad, evitándose el trabajo de programar todo desde el principio. Las APIs asimismo son abstractas: el software que proporciona una cierta API generalmente es llamado la implementación de esa API.

Ejemplos de interfaces de programación:

- Glibc
- Microsoft WMI
- Microsoft Win32 API
- Microsoft Framework .NET
- OpenGL
- OpenCL
- Java EE
- API *for* SCSI *device interfacing*
- *The* Carbon APIs *for the* Macintosh OS
- *Common Object Request Broker Architecture* (CORBA)
- Symfony para PHP
- Drupal API
- Django para Python

3.2.2 TIPO DE APLICACIONES - COMPARATIVA

3.2.2.1 Android SDK

El kit de desarrollo para crear aplicaciones en Android. El sistema operativo de Google ha venido creciendo de forma espectacular en los últimos años, y ya es el más numeroso a nivel de *smartphones* y tablets.

Un sistema operativo que, aunque nació en parte basado en Linux, apenas se asocia con el software libre... En este kit podrá disponer de las herramientas principales que Google ofrece para crear aplicaciones para Android. Si la idea cuaja, pasa por el filtro del *market* de Google y se vende... eso ya es otra historia. Pero teniendo en cuenta la popularidad de este sistema, que incluso dispone de varias consolas en el mercado, merece la pena desarrollar para Android.

3.2.2.2 MySQL

MySQL es uno de los programas de software libre más socorridos por los programadores. Se trata de un sistema de gestión de bases de datos relacionales, potente, escalable y compatible, con una gran cantidad de lenguajes, como C, C++, PHP, Java, Net... y lo mejor es que es gratis, lo que reduce enormemente la necesidad de inversión en este tipo de soluciones. MySQL es sin duda una herramienta veloz y que goza de gran confianza, y a la que debemos gran parte del contenido web que podemos consultar día a día.

3.2.2.3 PSeInt

¿Quieres aprender a programar? El camino puede ser algo largo, pero esta herramienta está creada para facilitar el aprendizaje de la lógica de la programación. Mediante el uso de un simplificado pseudo-lenguaje se puede empezar a comprender conceptos básicos y fundamentales de un algoritmo computacional. Y le mejor de todo, está en español, algo que facilita enormemente el proceso y que no es muy común en este tipo de aplicaciones.

3.2.2.4 eXe

De nuevo, un programa de software libre de gran utilidad para el aprendizaje y la creación de páginas web en HTML. Una alternativa muy buena a programas más complejos y sofisticados como Dreamweaver, ya que, además de ser gratuito y poder configurarse en nuestro idioma, contiene varias opciones que facilitan mucho la labor de crear el código de una página web. Gracias a los "iDevices", una serie de módulos configurables, podemos adaptar nuestras necesidades de creación diseñando plantillas para futuros trabajos.

3.2.2.5 Microsoft SQL Server

Este programa de Microsoft nos permite gestionar nuestras bases de datos a través de unas funciones avanzadas que nos garantizan la máxima seguridad y confianza. Microsoft SQL Server permite trabajar en modo cliente-servidor y ofrece una gran estabilidad en el soporte de los datos almacenados. También ofrece protección de datos y rendimiento para clientes de aplicaciones incrustadas, aplicaciones web ligeras y almacenes de datos locales.

3.2.2.6 Microsoft Access

Este gestor de bases de datos relacionales es uno de los más conocidos y completos, y se encuentra dentro del paquete Microsoft Office. Si queremos empezar rápidamente podemos escoger una de las plantillas predefinidas y editarla a nuestro gusto, algo que en muchos casos ayuda a facilitar el trabajo. Microsoft Access admite macros, código Visual Basic y consultas directas por medio de lenguaje SQL para que no nos falte de nada.

3.2.2.7 Javascript Plus

Se le considera como uno de los mejores editores de archivos Javascript. Gracias a su tecnología nos permite editar en un solo entorno archivos Javascript, CSS, HTML y XHTML. Posee una interfaz clara y limpia, un sistema intuitivo y una lista de tutoriales de aprendizaje para utilizar todas sus herramientas. Javascript Plus ofrece entre sus características las funciones de autocomplemento, búsqueda y exploración, edición de códigos preexistentes, vista previa, gestión de FTP y también permite conectarse a una base de datos y exportar los resultados a HTML, Excel, o documentos XML.

3.2.2.8 MatLab

Es un software matemático para ingenieros y científicos destinado a resolver cálculos técnicos. Su capacidad para realizar cálculos complejos supera a la de los lenguajes de programación tradicionales, y resulta ideal para tareas avanzadas en biología computacional, análisis financiero, procesamiento de señales e imágenes , sistemas de control... y, gracias a su interfaz de usuario personalizable, se adapta perfectamente a cualquier entorno de trabajo.

3.2.2.9 Dreamweaver

Uno de los programas más famosos y completos para la creación y edición de páginas web. Pese a las múltiples alternativas gratuitas que existen, Adobe Dreamweaver continua siendo el programa estrella, y hasta un no iniciado en los temas de programación y diseño web puede rápidamente conseguir unos resultados bastante buenos, gracias a la interfaz completa y adaptada de Dreamweaver, que nos guía en todas las partes del proceso. Dreamweaver es a la edición web como Photoshop lo es a la de edición de imágenes: un referente en su sector, que todos miraremos con deseo por más que busquemos alternativas.

3.2.2.10 Microsoft.NET Framework 4 Client Profile

Este Client Profile se usa para ejecutar la mayoría de las aplicaciones cliente que tienen como destino .NET Framework 4. O dicho de otro modo, es una de las herramientas más básicas para crear aplicaciones para sistemas Windows (y teniendo en cuenta la extensión de sus sistemas operativos... podremos entender que esta herramienta esté en el número uno como la más descargada). Entre sus características y novedades, podemos destacar las mejoras en la BCL y el CLR, las nuevas aportaciones para los lenguajes C# y Visual Basic, y las mejoras en WPF y en el modelado y acceso a datos. Esta versión, además, es compatible con versiones anteriores.

3.3 TECNOLOGÍAS ESPECÍFICAS PARA EL DESARROLLO WEB

3.3.1 PORTALES DE INTERNET. CARACTERÍSTICAS

Un portal de Internet es un sitio web que ofrece al usuario, de forma fácil e integrada, el acceso a una serie de recursos y de servicios relacionados a un mismo tema. Incluye: enlaces, buscadores, foros, documentos, aplicaciones, compra electrónica, etc. Principalmente un portal en Internet está dirigido a resolver necesidades de información específica de un tema en particular.

El portal es considerado un intermediario de información que tiene como fuente de ingreso la de tener una forma simple de acceder a toda y no sólo a una parte de la información referida al tema del mismo. Toda esta información no necesariamente está contenida dentro del mismo portal, porque el portal, normalmente, se encarga de centralizar enlaces en una forma fácil y organizada que facilite la navegación dentro de un tema. Dependiendo de la complejidad y heterogeneidad de la información existente, podría tomar meses y hasta años en lograrlo.

3.3.1.1 Servicios adicionales

Un portal opcionalmente podría ofrecer:

- Servicios de **búsqueda** que incluye mecanismos de búsqueda y directorios para localizar negocios o servicios.
- **Contenidos**. Es decir, información de varios temas como noticias, deportes, pronósticos de clima, listas de eventos locales, mapas, opciones de entretenimiento, juegos, ligas a estaciones de radio y a otros sitios con contenido especial en ciertas áreas de interés como coches, viajes y salud entre otros.
- **Facilidades de comercialización**: anuncios clasificados para trabajos, coches y casas; subastas, pequeños agregados de vendedores y ligas a otros sitios que también se dedican a la venta.

3.3.1.2 Modalidades

Existen tres modalidades de portales:

- **Portales horizontales**, también llamados portales masivos o de propósito general, se dirigen a una audiencia amplia, tratando de llegar a toda la gente con muchas cosas. Como ejemplo de portales de esta categoría están Terra, AOL, AltaVista, UOL, Lycos, Yahoo, MSN, Yandex, etc.
- **Portales verticales**, se dirigen a usuarios para ofrecer contenido dentro de un tema específico como puede ser un portal de música, empleo, inmobiliario, un portal de finanzas personales, arte, educación o de deportes.
- **Portales diagonales**: se trata de una mezcla entre el portal horizontal y el vertical. Se trataría de portales que utilizan redes sociales o aplicaciones generalistas como Facebook, Pokebook, LinkedIn, Flickr o YouTube... complementados con contenidos y/o utilidades dirigidas a un público muy concreto.

Los portales normalmente tienen programación que requiere muchos recursos computacionales y por su alto tráfico generalmente se hospedan en servidores de Internet dedicados.

3.3.2 GESTORES DE CONTENIDOS: SERVIDORES DE PORTALES Y DOCUMENTALES

Cuando las tecnologías de gestión de contenidos se engloban en los sistemas integrales de gestión de información de las organizaciones (ECM), nos movemos en otro ámbito denominado PORTALES, entendidos como aplicaciones para gestionar la organización, acceso y presentación de información procedente de diferentes aplicaciones y tecnologías de una organización, donde la gestión de contenidos es uno más de los servicios base.

Existen varios gestores potentes opensource, que suelen basarse en Java y estar orientados a grandes organizaciones con grandes requerimientos.

- OpenCMS para la gestión de contenidos y Alfresco para la gestión documental.
- Liferay y JBoss Portal son dos de estas aplicaciones de gestión de portales.

Las ventajas de un servidor de portal como unificador de las iniciativas web y federador de información dentro de las grandes organizaciones están cada vez más aceptadas, dado que sus sistemas no parten de cero, y conviven soluciones especializadas que necesitan un tratamiento integrado desde varios puntos de vista:

- Diferentes sedes.
- Red de organizaciones clientes, proveedores, subcontratistas.
- Diferentes plataformas.
- Diferentes redes.
- Usuarios internos y Clientes.

En estos contextos se habla de servidor de portales, que será "una ventana de acceso". Cada empresa tiene una cantidad de informaciones que crece exponencialmente: catálogos, documentos externos e internos, noticias, ofertas de empleo ... Estas informaciones no suelen poder ser gestionadas como tal por el portal: aparece la necesidad de un gestor de conocimiento y de un gestor de contenidos.

El Gestor de contenido ofrece la posibilidad de:

- Almacenar y categorizar la información estructurada como por ejemplo fichas de productos, y no estructurada como documentos de ofimática.
- Definir ciclos de vida para esta información: responsabilidades para su elaboración, periodo de vigencia, propietarios...
- Realizar búsquedas inteligentes multicriterios sobre estas informaciones.

Algunos proveedores de portales ofrecen funcionalidades reducidas de gestión de contenidos, que pueden bastar en el inicio.

Pero a corto o medio plazo será necesaria la implantación de un gestor de contenido completo: Se debe de instalar esta pieza desde el principio, y si por algún motivo no se puede, se debe de tomar en cuenta su implantación a corto plazo. Como solución alternativa, algunos proveedores proponen versiones "Light" de sus gestores de contenidos para portales, que permiten la actualización transparente posterior a la versión completa.

El mundo de los portales está liderado por la comunidad Java, que siguiendo su línea de software abierto, está acabando ahora la definición de una serie de estándares para permitir la portabilidad entre proveedores de portales y la integración transparente con cualquier repositorio de contenidos.

- JSR 168 es un grupo de trabajo que finalizo en octubre de 2003 la definición del concepto de portlet estándar, que permitirá que cualquier desarrollo realizado en un Servidor de portales pueda ser instalado en cualquier plataforma del mercado
- JSR 170 define un interfaz estándar para acceder a un repositorio de contenidos desde un portlet: cualquier portlet desarrollado podrá utilizarse independientemente del proveedor de gestor de contenidos implantado.

¿Por qué usar alguna solución basada en Portal?":

- Se tiene asociada la imagen de una solución de Portal con gestión y publicación de contenidos web en entornos de Internet (páginas web corporativas) o Intranet (portal del empleado). Muchas personas a priori no le ven utilidad a un Portal para construir las aplicaciones de negocio. ¿Dónde están las ventajas?
- La idea de un Portal es permitir de forma visual componer / configurar soluciones en tiempo de ejecución y de forma ágil para el cliente.
- Los portales (entre otras funcionalidades) permiten componer las páginas por medio de Componentes Gestionables WebParts(Portlets en el mundo Java).
- El administrador (o un usuario con privilegios determinados) arrastra y suelta los componentes que necesite en cada momento. En lugar de diseñar la vista (.aspx o .jsp) en tiempo de diseño lo hacemos en tiempo de ejecución. De esta forma obtenemos una solución flexible, extensible y que se adapta de forma ágil a las necesidades del negocio.
- Normalmente los Portales permiten asociar a cada componente reglas de seguridad, de esta forma no todos los usuarios pueden ver todos los componentes de una página.

3.3.3 SERVIDORES DE CONTENIDOS MULTIDISPOSITIVO

Hoy en día cuando se desarrolla una aplicación web, se debe tener en cuenta que puede ser visitada desde diferentes medios.

Al diseñar un sitio multi-dispositivo, se debe considerar cuales funciones y características se van a mostrar en cada tipo de dispositivo, suponiendo que estos varían, se va a requerir alterar el formato emitido por el servidor.

Debido a que existen numerosos dispositivos y dentro de estos existen numerosas versiones (versión del OS, navegador, HTML, css, js), se generan numerosas combinaciones que son un dolor de cabeza para los desarrolladores web. Hoy en día, de las principales tareas en el desarrollo de un sitio web son la detección de las capacidades del medio y la detección del medio.

La detección de medio permite la identificación de las propiedades y características de un dispositivo, con el propósito de determinar el mejor contenido, diseño, markup o aplicación a servir hacia el dispositivo, permite a los desarrolladores identificar funciones y características como tamaño de pantalla, tipo de navegador (o versión), si soporta video y audio, nivel de soporte de CSS, HTML y JS.

3.3.3.1 Identificación de medio por Bases de datos de dispositivos

Cuando se desarrolla sitios, tarde o temprano se necesita saber que dispositivo está usando el usuario, es inevitable, todos los dispositivos son diferentes y para ofrecer una gran experiencia móvil se necesitan conocer las capacidades específicas de cada dispositivo. Entre más refinada se necesite la segmentación de un sitio web, se necesitará hacer algo más que checar las palabras clave en las cabeceras HTTP.

Actualmente, la mejor forma para detección de dispositivos es por medio de bases de datos de dispositivos, como DeviceAtlas o Wurfl.

Estas bases de datos pueden ayudar a conocer todas las propiedades generales del dispositivo (así como proveer ajustes más finos dentro de los grupos que se definan con capacidades específicas). Estas bases de datos tienen grandes conjuntos de datos con los tamaños de pantalla.

3.3.3.1.1 WURFL

WURFL está basado en el concepto de familias de dispositivos. Todos los dispositivos son descendientes de un dispositivo genérico, pero pueden también descender de familias más especializadas, este mecanismo llamado 'fall_back', permite a los desarrolladores derivar las capacidades de un teléfono buscando las capacidades de su familia, a menos que una cierta característica sea específicamente diferente para ese teléfono.

3.3.3.1.2 Device atlas

Device atlas es una solución para detección de dispositivos y contiene datos de más de 6,000 dispositivos. Se utiliza por medio de un API que provee device atlas y soporta PHP, Java, .NET, Ruby y Python. Para más información visitar: *http://deviceatlas.com/get-started*

3.3.3.2 Identificación de propiedades de dispositivo con media queries

CSS-3 mejora el soporte para los CSS que son dependientes al medio, y permite seleccionar las hojas de estilo de manera más precisa utilizando los media queries.

Los media queries se usan del lado del cliente, y son muy útiles porque permiten que el contenido se adapte a un rango específico de dispositivos de salida sin necesidad de tener que cambiar el contenido en sí. Se pueden usar para ajustar el diseño y el estilo de una página una vez que se carga en el dispositivo.

Un media query consiste de un tipo de medio y cero o más expresiones que comprueban las condiciones de las características particulares del medio como ancho, alto o color. Las expresiones lógicas resuelven verdaderas o falsas. Por ejemplo

```
<link rel="stylesheet" media="screen and (max-device-width: 360px)" href="ejemplo.css" />
```

Esto será verdadero para tipos de medio que sean screen y que tengan como ancho máximo 360px

El resultado de la expresión es verdadero si el tipo de medio especificado en el media query cumple con el tipo de dispositivo en donde el documento está siendo visto y todas las expresiones del media query son verdaderas.

Cuando el media query es verdadero, el CSS correspondiente es aplicado siguiendo las reglas de la hoja de estilo.

Se pueden crear consultas complejas usando operadores lógicos (*not*, *and*, *only*), así como combinar varios media queries en una lista separada por comas, si una consulta de la lista es verdadera entonces la hoja de estilos asociada es aplicada, es el equivalente al operador "or".

El operador not, niega el resultado de la consulta "all and (not color)" es verdadera para dispositivos monocromáticos sin importar el tipo de medio.

El operador *only*, esconderá las hojas de estilo para navegadores antiguos que no soporten media queries.

```
<link rel="stylesheet" media="only screen and (color)" href="ejemplo.css" />
```

Esto será verdadero para tipos de medio screen y que sean de color.

Los media queries no son sensibles a las mayúsculas y los paréntesis son requeridos para las expresiones.

Un problema que tienen es que su uso es lento en dispositivos de nivel medio / bajo, por lo que se debe de utilizar Progressive enhancement de una manera que se degrade elegantemente el sitio.

Otro problema es que los media queries solo permiten manipular el estilo y tienen poca influencia sobre lo que se descargue al dispositivo, no pueden manipular el HTML por lo que se debe confiar en las reglas de CSS para por ejemplo cambiar el tamaño de las imágenes para que se adapten al dispositivo.

3.3.3.3 Estrategias para servir contenido a diferentes dispositivos

Existen diferentes técnicas para servir contenido en pantalla, además dependiendo del medio, existen API's que facilitan estas acciones.

3.3.3.3.1 Progressive enhancement (mejora progresiva)

Una técnica muy común es desarrollar primero para navegadores antiguos y móviles (con menos capacidades que los modernos o de escritorio) y usar Progressive enhancement (mejora progresiva) para servir el contenido que soporte el dispositivo. Se pueden usar media queries y Javascript para lograrlo. Una buena explicación de Progressive enhancement puede consultarse en el siguiente enlace: *http://www.alistapart.com/articles/understandingprogressiveenhancement/*

3.3.3.3.2 Redirección de sitio

Otra técnica es la redirección a otro dominio (o subdominio), dependiendo del medio que se detecte se reenvía a otro URL específico para el dispositivo. Generalmente se usa por medio de la detección del agente de usuario o alguna librería de dispositivos del lado del servidor.

3.3.3.3.3 Plantillas

Otra técnica es el uso de plantillas para familias de dispositivos, se agrupan capacidades de dispositivos en familias, dependiendo de las capacidades del medio que se detecten, se identifica la familia a la que corresponde y se muestra la plantilla. Se puede utilizar media queries, Javascript o alguna librería de dispositivos del lado del servidor.

3.3.3.3.4 Algoritmos

Es una técnica que usa algoritmos para cambiar el contenido van adaptando el contenido de manera apropiada para cada dispositivo. Generalmente se usa Javascript.

3.3.3.4 Técnicas para cuidar el rendimiento en la detección de dispositivos

Es importante considerar el rendimiento en las aplicaciones web. Detectar el dispositivo o las capacidades del medio en cada página que se visite de un sitio web no se considera como buena práctica porque afecta el rendimiento de la aplicación al estar realizando la misma tarea repetitivamente, para ayudar a mejorar el rendimiento, se realiza la detección en la primer visita y en las demás accesos solo se consulta la información que se guardó. Algunas técnicas son:

3.3.3.4.1 Cookies de propiedades

Para los dispositivos que aceptan cookies, una buena técnica es crear una cookie por medio de Javascript, en esta cookie se almacenan las propiedades del medio de donde se está viendo la aplicación web, como por ejemplo ancho y alto de pantalla, y además se puede almacenar sus capacidades como por ejemplo si acepta xhr, canvas, flash o localización.

La cookie se consulta por medio de la aplicación para proveer contenido adecuado al dispositivo, y adaptarlo. Adicionalmente se puede combinar esta información con alguna base de datos para conocer características adicionales del dispositivo en caso de que sea necesario y formatear el contenido antes de enviarlo al dispositivo.

Los pasos generales son:

1 Crear un objeto JS donde se guarda las propiedades y características que se necesitan en la aplicación.

2 Cifrar el objeto en una cadena JSON y guardarlo en una cookie.

3 Para cargar los datos de la cookie se descifra la cadena JSON de nuevo en un objeto JS.

Esta técnica funciona muy bien cuando se guarda poca información.

Un problema puede ser que si el navegador de donde se consulta no acepta cookies o las tiene desactivadas no funcionará así como tampoco si tienen Javascript desactivado. Esto debido a que esta técnica se basa completamente en cookies y en Javascript. Una solución a este problema es combinarlo con media queries o detección del lado del servidor, para conocer si acepta Javascript y cookies.

3.3.3.4.2 Frames / iFrames

Esta técnica se utiliza creando dos Frames, un Frame informativo, y otro Frame que se utiliza como navegación, este Frame es el que se actualiza y en donde se generan todas las peticiones. Las propiedades y características del medio se guardan en un objeto Javascript en el Frame informativo. Esta técnica funciona también con iframes.

Un problema de este acercamiento es que el uso de Frames no es una buena práctica en algunos dispositivos, además que no son soportados (o están desactivados) por algunos navegadores.

3.3.3.4.3 Web Storage (Almacenamiento Web)

Para navegadores que acepten HTML5 existe una característica que se llama web Storage que es una especificación que define una API para el almacenamiento de datos (clave-valor) en los clientes web. Este acercamiento es muy similar al de cookies de propiedades pero usando un objeto nativo del navegador llamado localStorage.

Una ventaja es que acepta más tamaño de almacenamiento que las cookies. La desventaja es que solo se puede usar en navegadores modernos.

3.3.3.5 Recomendaciones para el desarrollo de sitios multi-dispositivos

La meta de una aplicación multi-dispositivos o multi-pantalla no es necesariamente que se vea idéntica en cada dispositivo, más bien que se adapte a cualquier dispositivo.

Pensando en términos de multi-dispositivo, se debe tomar en cuenta la experiencia de usuario del dispositivo (*touch*, *track ball*, *track pad*, teclado, etc) y asegurarse de que los elementos clickeables sean adecuados a la forma de navegación (los botones en ambientes touch sean suficientemente grandes para pulsarse).

Pensando en términos de multi-pantalla, se debe ajustar dinámicamente a la resolución y PPI del dispositivo en el cual se está viendo, desplegando más información en pantallas grandes, y removiendo o encogiendo elementos en pantallas pequeñas.

Para que las aplicaciones funcionen en diferentes pantallas, se deben diseñar de tal manera que se dibujen a sí mismas en el momento adecuado y con las restricciones adecuadas.

Siempre se debe de programar con código bien estructurado.

Para que se cargue rápido la aplicación se debe comprimir el contenido cuando y donde sea posible.

Se debe evitar el envío de datos innecesarios.

Al agrupar dispositivos por tamaño de pantalla, se debe considerar el markup que soporta, capacidades, método de interacción y más, todo depende del tipo de sitio.

Mantener un balance entre la accesibilidad, las capacidades, experiencia de usuario, usabilidad, funcionalidad, rendimiento y ancho de banda.

3.3.4 COMPONENTES BÁSICOS EN PORTALES WEB. PORTLETS Y OTROS COMPONENTES DE USO COMÚN

Los portlets son componentes modulares de las interfaces de usuario gestionadas y visualizadas en un portal web. Los portlets producen fragmentos de código de marcado que se agregan en una página de un portal. Típicamente, siguiendo la metáfora de escritorio, una página de un portal se visualiza como una colección de ventanas de portlet que no se solapan, donde cada una de estas muestra un portlet. Por lo tanto un portlet (o colección de portlets) se asemeja a una aplicación web que está hospedada en un portal. Como por ejemplo, un portlet de aplicación puede ser para el correo, el parte meteorológico, un foro, noticias, etc.

Se pretende que los estándares de los portlets permitan al desarrollador de software crear portlets que puedan ser utilizados en cualquier portal que soporte estos estándares.

Los portlets son similares a los servlets en que:

- Los portlets son manejados por un contenedor especializado.
- Los portlets generan contenido dinámicamente.
- El ciclo de vida de los portlets es controlado por el contenedor.
- Los portlets interactúan con el cliente web mediante el uso del paradigma request/response.
- Los portlets son diferentes a los servlets en que:
  - Los portlets son únicamente generados como fragmento de etiquetado y no como documentos completos.
  - Los portlets no están asociados directamente a una URL.

Los portlets no pueden generar contenido arbitrario, ya que el contenido de los portlets va a estar incluido en la página del portal. Si un servidor de un portal está solicitando text/html, entonces todos los portlets deben ser generados en text/html. Por otro lado si el servidor del portal está solicitando por WML, entonces cada portlet deberá ser generado en contenido WML.

3.3.4.1 Almacenamiento persistente para las preferencias

Los portlets proporcionan un objeto PortletPreferences para almacenar las preferencias de usuario. Estas preferencias son almacenadas en una base de datos persistente, así se encontrarán disponibles cada vez que el contenedor de portlets se reinicie. Como desarrollador no es necesario preocuparse por la implementación del almacenamiento.

3.3.4.2 Procesamiento de solicitudes

Los portlets disponen de una manipulación de peticiones más refinada. Un portlet puede obtener su solicitud cuando el usuario hace alguna acción sobre éste. (Un estado llamado *Action phase* (Fase de acción)), o porque el usuario adoptó medidas sobre otro portlet y la página necesita ser actualizada. Un portal dispone de diferentes métodos *callback* para el manejo de ambas situaciones.

3.3.4.3 Modos de los portlets

Cuando usamos una aplicación de correo electrónico, puede ser usada para leer, escribir o revisar los mensajes del correo -- Estas se esperan que sean las funcionalidades que posee una aplicación de correo electrónico. Los portlets normalmente proporcionan esto en un modo Vista (VIEW). Pero hay otras actividades, como especificar el tiempo de actualización o la (re-)configuración de datos como el nombre de usuario y la contraseña. Estas actividades permiten al usuario configurar el comportamiento de la aplicación, por lo que se encuentran bajo el modo EDITAR (*EDIT*). La funcionalidad de ayuda de una aplicación de correo se enmarca sobre el modo de AYUDA (*HELP*). De esta manera para la lógica de negocio es necesario relacionar lógicamente un método doView() para el modo de vista, de igual manera doEdit() para la configuración de la aplicación y otro método doHelp() para lo relacionado con la ayuda. Esto hace sencillo para el administrador controlar el acceso al portlet, porque todo lo que se tiene que hacer es cambiar los derechos de acceso del portlet y de esta manera establecer qué cosas se permite hacer al usuario.

3.3.4.4 Estado de la ventana

El estado de una ventana determina la cantidad de espacio que podría asignársele al contenido generado por un portlet sobre el portal. Si se pulsa en el botón maximizar, el portlet utiliza todo el espacio disponible en la pantalla; de igual forma, si éste pasa a estado minimizado, únicamente se mostrará la barra de título asociada al portlet.

3.3.4.5 Información de usuario

Comúnmente, los portlets proporcionan contenido personalizado de acuerdo a los requerimientos del mismo. Para hacer esto efectivamente, es necesario contar con atributos como nombre, correo electrónico, teléfono, etc. El API de portlet dispone para esto el concepto de atributos de usuario (*user attributes*).

3.3.4.6 Estándares de portlets

El propósito del protocolo WSRP (*web Services for Remote Portlets*) es suministrar un estándar de servicios web que permita el "plug-and-play" de portlets en ejecución remotos desde fuentes dispares. Muchos sitios web permiten a los usuarios registrados personalizar su vista del sitio web activando o desactivando porciones de la página web, o añadiendo o eliminando características. Esto normalmente se realiza por parte de un conjunto de portlets que juntos forman el portal.

La especificación Java Portlet (JSR-168) permite la interoperabilidad de los portlets entre portales web diferentes. Esta especificación define un conjunto de API para interacción entre el contenedor portlet y el portlet que direcciona áreas de personalización, presentación y seguridad.

Apache Pluto es una implementación de referencia de JSR-168. Otros vendedores suministran implementaciones comerciales del contenedor del portlet. Algunos de los vendedores líderes son IBM, Oracle y BEA Systems. Estos vendedores suministran implementaciones basadas en estándares, así como también extensiones no aprobadas todavía por el cuerpo de estándares. Más aún, un gran número de soluciones de portales open-source soportan JSR-168, tales como Apache Jetspeed-2 Enterprise Portal, JBoss Portal, Liferay Portal y Stringbeans Portal.

3.3.5 CARACTERÍSTICAS DE LOS PORTALES WEB

Los portales web son totalmente interactivos, tienen foros, chat, banners, todo tipo de información específica y clara para exponer los productos y servicios de su empresa, pero al mismo tiempo el cliente puede interactuar directamente con el administrador del portal.

En los portales de acuerdo a la necesidad del cliente, creamos administradores de contenido en los cuales se modifica texto e imagen, pues asimismo la persona encargada de cambiar contenidos lo realice en pocos minutos.

Un portal web es recomendable para empresas, colegios, institutos, universidades, etc.

El Portal web se diseña siguiendo la imagen corporativa y colores de empresa, para mantener la misma imagen online y off-line.

3.4 EJERCICIOS DEL CAPÍTULO 3

1 Los portales de propósito general, que se dirigen a una audiencia amplia, tratando de llegar a toda la gente con muchas cosas, se llama:

a) Portales horizontales.
b) Portales verticales.
c) Portales diagonales.
d) Todas son falsas.

2 Un portal web puede ofrecer:

a) Servicios de búsqueda que incluye mecanismos de búsqueda y directorios para localizar negocios o servicios.
b) Contenidos. Es decir, información de varios temas como noticias, deportes, pronósticos de clima, listas de eventos locales, mapas, opciones de entretenimiento, juegos, ligas a estaciones de radio y a otros sitios con contenido especial en ciertas áreas de interés como coches, viajes y salud entre otros.
c) Facilidades de comercialización: anuncios clasificados para trabajos, coches y casas; subastas, pequeños agregados de vendedores y ligas a otros sitios que también se dedican a la venta.
d) Todas son ciertas.
e) Todas son falsas.

3 Una solución para detección de dispositivos y contiene datos de más de 6,000 dispositivos, se llama:

a) DeviceAtlas.
b) WURFL.
c) Media queries.
d) Todas son ciertas.
e) Todas son falsas.

4 Los portlets:

a) Son componentes modulares de las interfaces de usuario gestionadas y visualizadas en un portal web.
b) Producen fragmentos de código de marcado que se agregan en una página de un portal.
c) No existen.
d) Todas son falsas.

5 Un Gestor de contenido en un portal ofrece la posibilidad de:

a) Almacenar y categorizar la información estructurada como por ejemplo fichas de productos, y no estructurada como documentos de ofimática.
b) Definir ciclos de vida para esta información: responsabilidades para su elaboración, periodo de vigencia, propietarios...
c) Realizar búsquedas inteligentes multicriterios sobre estas informaciones.
d) Todas son ciertas.
e) Todas son falsas.

4 Desarrollo y despliegue de aplicaciones web

4.1 MODELOS BÁSICOS DE DESARROLLO DE APLICACIONES WEB. EL MODELO VISTA-CONTROLADOR (MVC)

4.1.1 ARQUITECTURA MVC

La arquitectura Modelo Vista Controlador (Model-View-Controller) surgió como patrón arquitectónico para el desarrollo de interfaces gráficos de usuario en entornos Smalltalk. Su concepto se basaba en separar el modelo de datos de la aplicación de su representación de cara al usuario y de la interacción de éste con la aplicación, mediante la división de la aplicación en tres partes fundamentales:

- El modelo, que contiene la lógica de negocio de la aplicación.
- La vista, que muestra al usuario la información que éste necesita.
- El controlador, que recibe e interpreta la interacción del usuario, actuando sobre modelo y vista de manera adecuada para provocar cambios de estado en la representación interna de los datos, así como en su visualización.

Esta arquitectura ha demostrado ser muy apropiada para las aplicaciones web y especialmente adaptarse bien a las tecnologías proporcionadas por la plataforma J2EE, de manera que:

- El modelo, conteniendo lógica de negocio, sería modelado por un conjunto de clases Java, existiendo dos claras alternativas de implementación, utilizando objetos Java tradicionales llamados POJOs (Plain Old Java Objects) o bien utilizando EJB (Enterprise JavaBeans) en sistemas con unas mayores necesidades de concurrencia o distribución.
- La vista proporcionará una serie de páginas web dinámicamente al cliente, siendo para él simples páginas HTML. Existen múltiples frameworks que generan estas páginas web a partir de distintos formatos, siendo el más extendido el de páginas JSP (JavaServer Pages), que mediante un conjunto de tags XML proporcionan un interfaz sencillo y adecuado a clases Java y objetos proporcionados por el servidor de aplicaciones. Esto permite que sean sencillas de desarrollar por personas con conocimientos de HTML. Entre estos tags tienen mención especial la librería estándar JSTL (JavaServer Pages Standard Tag Library) que proporciona una gran funcionalidad y versatilidad.
- El controlador en la plataforma J2EE se desarrolla mediante servlets, que hacen de intermediarios entre la vista y el modelo, más versátiles que los JSP para esta función al estar escritos como clases Java normales, evitando mezclar código visual (HTML, XML...) con código Java. Para facilitar la implementación de estos servlets también existe una serie de frameworks que proporcionan soporte a los desarrolladores, entre los que cabe destacar Struts, que con una amplia comunidad de usuarios se ha convertido en el estándar de facto en este rol.

Con todo lo anterior, el funcionamiento de una aplicación web J2EE que utilice el patrón arquitectural MVC se puede descomponer en una serie de pasos:

1. El usuario realiza una acción en su navegador, que llega al servidor mediante una petición HTTP y es recibida por un servlet (controlador). Esa petición es interpretada y se transforma en la ejecución de código Java que delegará al modelo la ejecución de una acción de éste.

2. El modelo recibe las peticiones del controlador, a través de un interfaz o fachada que encapsulará y ocultará la complejidad del modelo al controlador. El resultado de esa petición será devuelto al controlador.

3 El controlador recibe del modelo el resultado, y en función de éste, selecciona la vista que será mostrada al usuario, y le proporcionará los datos recibidos del modelo y otros datos necesarios para su transformación a HTML. Una vez hecho esto el control pasa a la vista para la realización de esa transformación.

4 En la vista se realiza la transformación tras recibir los datos del controlador, elaborando la respuesta HTML adecuada para que el usuario la visualice.

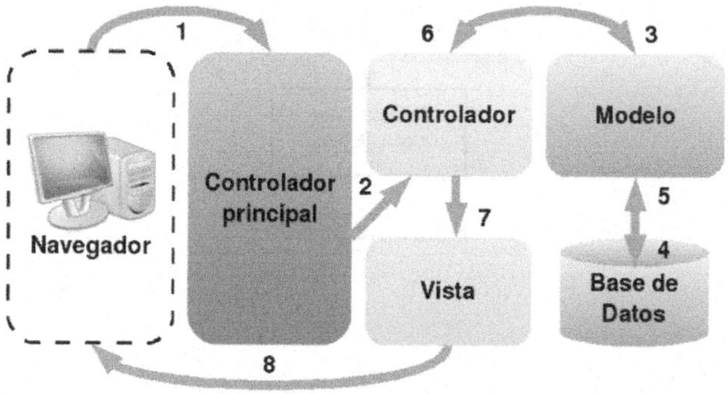

Figura 4.1. *Modelo Vista Controlador*

Esta arquitectura de aplicaciones otorga varias ventajas clave al desarrollo de aplicaciones web, destacando:

- Al separar de manera clara la lógica de negocio (modelo) de la vista permite la reusabilidad del modelo, de modo que la misma implementación de la lógica de negocio que maneja una aplicación pueda ser usado en otras aplicaciones, sean éstas web o no.
- Permite una sencilla división de roles, dejando que sean diseñadores gráficos sin conocimientos de programación o desarrollo de aplicaciones los que se encarguen de la realización de la capa vista, sin necesidad de mezclar código Java entre el código visual que desarrollen (tan sólo utilizando algunos tags, no muy diferentes de los usados en el código HTML).

4.1.2 MODEL 2

Sun Microsystems, creadora de la plataforma Java, acuñó el término Model 2 para referirse al modelo arquitectural recomendado para las aplicaciones web desarrolladas sobre J2EE.

Dicha arquitectura consiste en el desarrollo de una aplicación según el patrón Model-View-Controller, pero especificando que el controlador debe estar formado por un único servlet, que centralice el control de todas las peticiones al sistema, y que basándose en la URL de la petición HTTP y en el estado actual del sistema, derive la gestión y control de la petición a una determinada acción de entre las registradas en la capa controlador. Esta centralización del controlador en un único punto de acceso se conoce como patrón *front controller*.

Las ventajas que este patrón ofrece provienen de la capacidad de gestionar en un único punto la aplicación de filtros a las peticiones, las comprobaciones de seguridad, la realización de logs, etc.

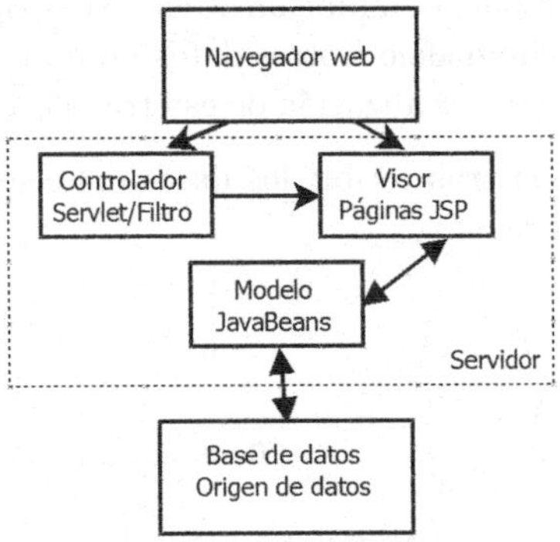

Figura 4.2. *Model 2*

4.2 HERRAMIENTAS DE DESARROLLO WEB DE USO COMÚN

El diseño efectivo de sitios web puede ser una tarea compleja, difícil y larga. Afortunadamente, las herramientas de software de diseño de sitios web pueden hacer el proceso mucho más fácil. Cuando se trata de diseño de sitios web, incluso los expertos utilizan software de diseño web, en lugar de diseñar desde cero. Es más fácil, uno se ahorra tiempo y lo típico es que así se logre un mejor resultado.

Pero si no es un experto en diseño de sitios web, no se preocupe. Por fortuna, hay un buen número de programas de diseño de sitios web de WYSIWYG (*What You See Is What You Get*) que pueden hacer que el diseño de un sitio sencillo sea un trabajo increíblemente fácil. Sin embargo, incluso con los programas de WYSIWYG, es una buena idea tener al menos un conocimiento básico de programación. Si sus habilidades de programación son limitadas, vale la pena aprender un poco sobre el tema, especialmente HTML.

4.2.1 HERRAMIENTAS DE DISEÑO DE SITIOS WEB

Hay una variedad de herramientas disponibles, que han sido diseñadas para adaptarse a varios niveles diferentes de habilidad. Echemos un vistazo a algunas de las mejores herramientas de software para el diseño de sitios web.

4.2.1.1 Adobe Dreamweaver

Dreamweaver tiende a ser el software de diseño de sitios web elegido por muchos diseñadores con experiencia moderada y también por expertos. Definitivamente, es mucho más que un editor de HTML, Dreamweaver logra integrar completamente el diseño visual con las herramientas de codificación. También es compatible con una variedad de diferentes lenguajes de scripting, incluyendo PHP, ASP y CSS.

Dreamweaver proporciona a los usuarios un alto nivel de control a lo largo de todo el proceso de diseño. El nivel de personalización que ofrece el software es prácticamente inigualable. Dreamweaver le permite crear funciones interactivas avanzadas, como menús desplegables, imágenes de sustitución, diseños de la red de fluidos, aplicaciones sencillas para dispositivos móviles y paneles plegables.

Gracias a la avanzada capacidad de WYSIWYG, la creación de un sitio web sencillo con Dreamweaver es, en realidad, bastante fácil. Dreamwaver desarrollará código HTML por usted. El Design View de Dreamweaver le proporcionará el editor de WYSIWYG más avanzado disponible en el mercado hoy.

Debido a que Dreamweaver ofrece edición híbrida, si tiene conocimientos de codificación, puede trabajar en un entorno de doble panel y así aprovechar la codificación de WYSIWYG y la codificación manual al mismo tiempo. Y si ya es un experto en codificación, puede trabajar exclusivamente en código, sólo haciendo el cambio a modo visual para ver el producto final. Para terminar, Dreamweaver es compatible con docenas de plug-ins, por lo que el diseño web resulta aún más fácil.

Pero, por favor, tenga en cuenta que Dreamweaver es un programa muy complejo, sobre todo si apenas está empezando con el diseño de sitios web. Si es un principiante, le convendría hacer primero un curso acerca de Dreamweaver.

Figura 4.3. *Adobe Dreamweaver*

4.2.1.2 Microsoft Expressions Web

Igual que Dreamweaver, "Microsoft Expressions web" tiene funciones de edición híbrida en una configuración de doble panel, lo que permite a los usuarios trabajar en WYSIWYG y con el código manual al mismo tiempo. 'Microsoft web Expressions' viene con plantillas web integradas que hacen el diseño web más fácil. Pero esto no significa necesariamente que el programa es para principiantes, ya que no existen herramientas de dibujo, ni colocación a través de la herramienta de "arrastrar y soltar".

Microsoft Expressions web es también notable por sus funciones de SEO, cosa que resulta de gran valor cuando se trata de crear un sitio web efectivo. El programa ofrece consejos e ideas sobre cómo optimizar su sitio para obtener mejor rastreo y mejor posición en el ranking de los motores de búsqueda.

Figura 4.4. *Microsoft Expression Web*

4.2.1.3 Coda 2

Coda es un programa de software de diseño web exclusivo para Mac. Fue lanzado por primera vez en 2007 y una versión actualizada se publicó en 2012. El programa cuenta con una interfaz de usuario increíblemente sencilla. Toda la idea de Coda es "el diseño web de una sola ventana," lo que significa que no tendrá que cambiar entre programas o aplicaciones durante el proceso de diseño. Y la interfaz Coda 2 es aún más fácil de usar que la versión original. Cuenta con una "Súper Barra lateral", que tiene una serie de herramientas básicas para facilitar el acceso.

Coda podrá no tener las características de diseño visual que ofrece Dreamweaver, pero ofrece un entorno de codificación de primer nivel para HTML y CSS, incluyendo sugerencias para el código, validación y depuración. Las herramientas de creación CSS son especialmente notables pues permiten a los diseñadores de sitios web controlar las hojas de estilo desde una interfaz visual.

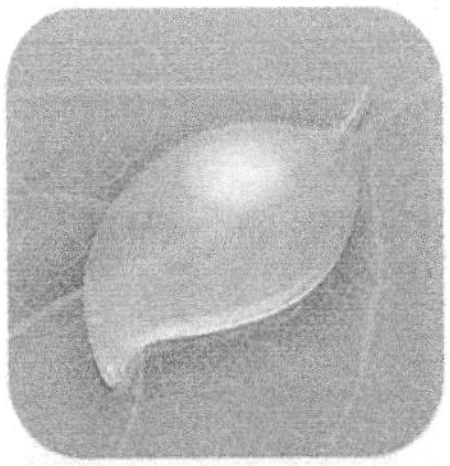

Figura 4.5. *Coda2*

4.2.1.4 Amaya

Amaya es una herramienta gratuita y de código abierto de WYSIWYG. Su propósito es una creación de sitios web que es ejecutable en GNU/Linux, en Mac y en Windows. Apareció por primera vez en 1996 y fue actualizado por última vez en enero de 2012. Es ideal para principiantes sin mucha experiencia de codificación, esta herramienta de WYSIWYG es compatible con HTML, CSS y XML.

Figura 4.6. *Amaya*

4.2.1.5 Bluefish

Bluefish es un editor de texto avanzado, gratuito y de código abierto. Es compatible con múltiples plataformas, incluyendo GNU/Linux, Solaris y Mac OS X y Windows. Es muy versátil y flexible; ofrece una variedad de herramientas para la programación en general y permite el desarrollo de HTML, XHTML, CSS, XML, PHP, C, C + +, JavaScript, Java, Google Go, Vala, Ada, C, SQL, Perl, ColdFusion, JSP, Python y Ruby, entre otros. Sin embargo, es un programa de software "codificación inteligente", no es un WYSIWYG; así que sí hace falta saber codificar.

Bluefish es una de las mejores herramientas gratuitas de diseño de sitios web que se encuentran disponibles. Y, entre las herramientas gratuitas, esta es una especialmente útil para el diseño web dinámico.

Figura 4.7. *Bluefish*

4.3 POLÍTICAS DE DESARROLLO Y PRUEBAS DE APLICACIONES WEB

Las políticas desarrollo web nos establecerán unas características técnicas mínimas que deben cumplir nuestros desarrollos de aplicaciones web:

- Cumplir con las pautas de accesibilidad web actuales de la W3C hasta alcanzar el segundo nivel de prioridad (aquellos puntos que un desarrollador web debería cumplir ya que, si no fuese así, sería muy difícil acceder a la información para ciertos grupos de usuarios); para lo cual se debe comprobar el nivel de conformidad "Doble A" (todos los puntos de verificación de prioridad 1 y 2 se satisfacen). Una herramienta que se recomienda para la verificación de este punto se encuentra en: *http://tawdis.net/*
- Proporcionar siempre un buscador que no afecte negativamente la usabilidad del sitio y que no presente ningún tipo de publicidad.
- Toda página web debe tener como mínimo dos enlaces a la página de inicio, estos enlaces deben ser de fácil ubicación y uso. Se recomienda un enlace en el encabezado y el otro en el pie de la página web.
- Mantener concordancia con la imagen institucional, basando su uso en el proyecto de imagen e identidad corporativa.
- Todas las direcciones electrónicas deben publicarse bajo algún método efectivo de ofuscación para prevenir el Spam.
- El desarrollo web debe poderse adaptar a diferentes idiomas y regiones. Se recomienda consultar información sobre este tema en: *http://www.w3c.org/International*
- Proveer un mapa del sitio para facilitar la navegación de los usuarios y un *sitemap.xml* para la indexación del sitio en los buscadores web. Se recomienda consultar información sobre este tema en: *http://www.sitemaps.org/es/*
- Se deben utilizar las buenas prácticas SEO
  - Buen uso de metatags.
  - Correlación entre el contenido y los metatags.
  - Etiquetado adecuado de encabezados (buen uso de h1, h2, h3, etc.)
  - URL's amigables.
  - Codificación de la información en UTF-8.

4.3.1 ENTORNO DE DESARROLLO

El entorno de desarrollo conlleva el abanico más amplio de tareas, que abarca desde el comienzo del ciclo de vida del software hasta la obtención de una versión mínimamente estable de la aplicación, o de un subconjunto de la misma.

En este entorno se llevan a cabo las siguientes tareas:

- **Toma de requerimientos**: Una vez hemos concretado las necesidades del cliente y hemos establecido varias reuniones con este fin, es aconsejable documentarlo, de manera que todo el equipo pueda tener una visión global del proyecto. Este documento se podrá ir completando en posteriores entrevistas puesto que nunca quedan resueltas desde un principio las necesidades funcionales del sistema. En esta fase suele ser necesario usar herramientas de documentación y toma de requerimientos.
- **Análisis de arquitectura y Diseño técnico**: Estas son dos de las tareas más importantes del desarrollo software y que pueden determinar el éxito o fracaso de un proyecto. Se deben realizar las siguientes funciones: acuerdo inequívoco de los requerimientos especificados, elección de la tecnología que pueda abarcar las necesidades del proyecto con una adecuada arquitectura y el diseño de los componentes, localización de las fases más críticas, aportando soluciones de contención ante posibles problemas que pudieran aparecer. Además necesitaremos una serie de herramientas que nos permitan realizar estas funciones de forma productiva.
- **Implementación**: Indica el comienzo de la implementación con la tecnología adecuada elegida en la fase de análisis. Si se ha realizado un buen análisis y modelado técnico se reduce considerablemente la complejidad de la implementación.
- **Pruebas de unidad y módulos**: Estas pruebas se deben realizar sobre los módulos y componentes que cada desarrollador vaya finalizando. Se realizan en un entorno local para comprobar su correcto funcionamiento y poder integrarlas para obtener el producto final.

De las anteriores tareas podemos deducir las necesidades tanto software como hardware del entorno de desarrollo, teniendo en cuenta la política de trabajo en equipo que decidamos seguir.

4.3.1.1 Desarrollo en paralelo

Los nuevos modelos de desarrollo producen un entorno idóneo para el trabajo en grupo. La división en roles dentro de estos modelos permite que se trabaje a dos niveles:

- En **cascada** con roles de diferentes niveles: arquitectos, diseñadores técnicos, desarrolladores, equipo de calidad.
- En **paralelo** dentro del mismo ámbito de funciones: diseñadores de interfaces, programadores de lógica. Se debe distribuir el proceso, responsabilizándose cada uno de un subconjunto de la de módulos de la aplicación. De esta manera, se puede lograr un paralelismo temporal en el desarrollo, que minimice el tiempo de desarrollo, siempre que existan suficientes recursos humanos y tecnológicos.

  Las dependencias entre módulos pueden reducir el paralelismo temporal en la medida en que un grupo debe esperar a que se completen otros módulos para finalizar las tareas. Un buen diseño que minimiza las dependencias entre módulos que configura el orden y prioridades óptimos para el desarrollo evitarán en gran medida estos “tiempos muertos”.

4.3.1.2 Política de trabajo

El desarrollo de aplicaciones es complejo y requiere de un elevado número de servicios y sistemas heredados para su realización. En función de cómo distribuyamos los servicios necesarios para el desarrollo y las pruebas podemos encontrarnos diferentes problemáticas.

4.3.1.2.1 Servicios compartidos

En este esquema de trabajo, los distintos equipos de desarrollo comparten los recursos y servicios necesarios para desarrollar las aplicaciones: bases de datos, servicios de directorios, servidores web y de aplicaciones. De esta forma, en los equipos locales, únicamente tendremos las herramientas necesarias orientadas al desarrollo y no a las pruebas, mejoramos el rendimiento local. En el mundo real surge un problema con este enfoque. Cuando existen varios desarrolladores que quieren realizar las pruebas básicas de sus módulos pueden realizar cambios sobre los datos o las configuraciones de los servicios compartidos o sobrescribir versiones y generar problemas colaterales que no existían y que pueden disminuir la productividad temporal del proyecto.

4.3.1.2.2 Servicios en el entorno local

Cada miembro del equipo de desarrollo tiene localizado en su equipo local las herramientas y servicios necesarios para desarrollar y realizar las pruebas sobre los módulos. El problema que puede surgir con este enfoque es de rendimiento debido a la saturación. En función de la tecnología utilizada y del equipo disponible podemos tener una pérdida de rendimiento que se traduzca en una disminución de la productividad.

4.3.1.2.3 Enfoque mixto

Es una solución de compromiso entre las políticas mencionadas anteriormente en función criterios asociados al recurso o servicio que se quiere utilizar:

- Estimación de la probabilidad de interferencias. Cuanto menor sea, mejor se adaptará el recurso al enfoque centralizado.
- Coste económico del recurso. Cuanto menor sea, más factible es que se instale en el entorno local.
- Coste temporal de la instalación/configuración del recurso. A medida que aumenta el tiempo necesario para instalar y configurar el servicio o la aplicación y aumenta el número de equipos locales el coste temporal se multiplica. En este caso es propicio optar por un enfoque centralizado.

4.3.2 ENTORNO DE PRE-PRODUCCIÓN O PRUEBAS

En el entorno de preproducción se llevan a cabo las pruebas finales de la aplicación antes de su paso final al entorno de producción, donde se pondrá en funcionamiento en un escenario real.

Para ello, en primer lugar se transfiere la aplicación una vez ha sido validada en el entorno de integración a ser posible de una forma automatizada. El equipo de calidad, someterá la aplicación a un conjunto exhaustivo de pruebas, de diversos tipos:

- Funcionales y estructurales
- De rendimiento
- De tolerancia a fallos
- De seguridad

Si estas pruebas, conocidas como de aceptación, resultan satisfactorias, entonces la aplicación está ya lista para su paso al entorno de producción.

Si alguna de las pruebas falla debemos seguir el protocolo creado para la gestión de incidencias

4.3.3 ENTORNO DE PRODUCCIÓN

El entorno de producción contiene en todo momento la versión activa de la aplicación. Los usuarios finales tienen acceso a la aplicación implantada en este entorno, de modo que resulta indispensable planificar y adoptar las medidas de seguridad oportunas, en consonancia con la importancia de la información que maneja el sistema.

Por otra parte, este entorno también contiene los datos reales, información que es preciso salvaguardar frente a posibles pérdidas mediante la aplicación sistemática de una política de copias de seguridad. También debemos proteger los datos frente a exposición o usos fraudulentos de los mismos, restringiendo su acceso exclusivamente al personal de confianza que administra el sistema.

La aplicación se despliega en el entorno de producción procedente de la versión existente en el entorno de preproducción. La subida debería producirse de forma automática para evitar, en la medida de lo posible, la introducción de errores.

4.4 ORGANIZACIÓN DE RECURSOS EN UNA APLICACIÓN WEB

Antes de iniciar el diseño de un sitio web es necesario preparar su estructura de carpetas y archivos. Cuando el número de ficheros es considerable, resulta muy útil ubicarlos en carpetas para facilitar su localización y edición. Existen múltiples posibilidades de organizar el sistema de ficheros.

Con carácter general se proponen un modelo basado en la organización por tipos de archivos.

Las páginas HTML se guardarán en el directorio o carpeta principal mientras que los elementos que utilizan (audios, vídeos, hojas de estilo, imágenes, etc.) se situarán en las subcarpetas correspondientes.

En la siguiente tabla puede verse una sugerencia de estructura de almacenamiento de los diferentes archivos en nuestro sitio web según su tipo.

Tabla 4.1 Estructura de un sitio web

Carpeta	Contenido
/ (raíz)	Páginas web de nuestro sitio, es decir, ficheros html, shtml, php, aspx, cgi, etc.
css	Almacena todas las hojas de estilo CSS.
js	Guardaremos aquí los scripts de javascript, jquery etc.
documents	Se almacenan aquí todos los tipos de documentos: doc, xls, pdf, ppt, odt, etc.
images	Se guardan todas las imágenes de nuestro sitio web.
modules	Formada por los distintos módulos y extensiones, o añadidos de las funciones básicas del sitio web. Por ejemplo un módulo para la traducción del sitio web, módulo gestión de archivos vía web ftp, módulo de gestión de plantillas CSS para el sitio web, etc.
functions	Carpeta que almacena las distintas funciones básicas del sitio web, como por ejemplo páginas de resultados, páginas con interfaz de consulta, funciones de login para los usuarios, funciones de edición de artículos y publicaciones, gestión de contenidos del sitio web, etc.
cfg	Aquí se sitúan los archivos de configuración.
java	Carpeta en la que se guardan los archivos applet de java.
lib	Aquí se sitúan las librerías de nuestro sitio web.
interface	Se guardan todos los archivos utilizados en el interfaz visual del sitio web.
scripts	Aquí se almacenan los programas (scripts) de nuestro sitio web que no se almacenaron en la carpeta js.
media	Aquí se almacenan elementos multimedia de la web, como audio y video.
swf	Se sitúan en este directorio archivos con animaciones flash (*.swf).
other	En esta carpeta pondremos el resto de archivos que no pertenecen a ninguna de las anteriores categorías.

4.5 SEGURIDAD EN UNA APLICACIÓN WEB

Un efecto secundario del crecimiento exponencial que ha tenido el Internet es la privacidad de información tanto personal como profesional. En Internet encontramos funcionando a tiendas en línea, negocios que mueven grandes cantidades de dinero, redes de los servicios que habilitan el comercio a nivel internacional así como sitios de redes sociales que contienen información muy delicada de la vida privada de sus miembros.

Mientras más se conecta el mundo, la necesidad de seguridad en los procedimientos usados para compartir la información se vuelve más importante. Desde muchos puntos de vista, podemos creer sin dudar que el punto más crítico de la seguridad del Internet, lo tienen las piezas que intervienen de forma directa con las masas de usuarios, los servidores web.

Respecto a los servidores web, es común escuchar sobre fallos en los sistemas de protección de los servidores más frecuentemente utilizados (Apache, IIS, etc.), o en los lenguajes de programación en los que son escritas las aplicaciones que son ejecutadas por estos servidores. Pero es un hecho, que la mayoría de los problemas detectados en servicios web no son provocados por fallos intrínsecos de ninguna de estas partes, ya que una gran cantidad de los problemas se generan por malos usos por parte de los programadores.

Ahora que sabemos que la mayoría de los problemas de seguridad en los sitios web se encuentran a nivel aplicación y que son el resultado de escritura defectuosa de código, debemos entender que programar aplicaciones web seguras no es una tarea fácil, ya que requiere por parte del programador, no únicamente mostrar atención en cumplir con el objetivo funcional básico de la aplicación, sino una concepción general de los riesgos que puede correr la información contenida, solicitada y recibida por el sistema. En la actualidad, aunque existen muchas publicaciones que permiten formar un criterio sobre el tema, no existen acuerdos básicos sobre lo que se debe o no se debe hacer, y lo que en algunas publicaciones se recomienda, en otras es atacado.

Hablaremos de los problemas esenciales de seguridad que solemos encontrar en las aplicaciones PHP, además, se darán consejos para evitar cometer los mismos errores, si bien, la mayoría de los problemas (sino es que todos) revisados serán para código PHP, los mismos consejos suelen aplicar para otros lenguajes de tecnologías similares que por lo mismo enfrentan problemas parecidos y cuya solución es la misma, sólo con las variantes propias del lenguaje.

4.5.1 PROBLEMAS PRINCIPALES EN LA PROGRAMACIÓN DE SISTEMAS WEB

Una gran parte de los problemas de seguridad en las aplicaciones web son causados por la falta de seguimiento por parte del programador en los siguientes aspectos:

- Entradas al sistema
- Salidas del sistema

Quizás uno de los consejos de seguridad en PHP más conocido es el uso del parámetro *register_globals* que es considerado a priori por muchos administradores como un defecto en la configuración y muy probablemente sin entender con cabalidad que es lo que implica esta configuración. El tener habilitado este parámetro oculta el origen de los datos. Si se encuentra habilitado, no podemos saber cómo es que una variable entró al sistema (si lo hizo por medio de una petición GET o POST por ejemplo) y contribuye a la pérdida del control por parte del programador sobre los procesos a los que se ha sometido cada variable para librarla de riesgos potenciales para la aplicación.

Otro aspecto importante además de los procesos de verificación que se deben de tener para con las entradas y salidas del sistema lo representa la fuga de información útil para un posible ataque sobre nuestro sistema. En este punto, los mensajes de error enviados por el servidor, que suelen ser de gran utilidad durante el proceso de desarrollo de la aplicación, se vuelven contra nosotros cuando siguen apareciendo en una aplicación que se encuentra en la etapa de producción, por lo que es necesario deshabitar todos estos mensajes y editar algunos otros (como los que se envían cuando el servidor no encuentra algún archivo en particular) que también pueden ser utilizados por los atacantes para obtener información sobre nuestro sistema.

4.5.2 CLASIFICACIÓN DE ATAQUES

4.5.2.1 Ataques URL de tipo Semántico

Este tipo de ataques involucran a un usuario modificando la URL a modo de descubrir acciones a realizar originalmente no planeadas para él. Los parámetros que son enviados directamente desde la URL son enviados con el método GET y aunque los parámetros que son enviados con este método sólo son un poco más fáciles de modificar que los enviados en forma oculta al usuario en el navegador, esta exposición adicional de los parámetros tiene consecuencias, como cuando queda registrada la URL con estos parámetros (quizás privados) en buscadores como Google.

4.5.2.2 Ataques al subir archivos

Existen algunos ataques que aprovechan la posibilidad de la aplicación de subir archivos al servidor. Estos ataques funcionan de la siguiente manera:

Generalmente PHP almacena los archivos subidos en una carpeta temporal, sin embargo es común en las aplicaciones cambiar la localización del archivo subido a una carpeta permanente y leerlo en la memoria. Al hacer este tipo de procedimientos debemos revisar el parámetro que hará referencia al nombre del archivo, ya que puede ser modificado para apuntar a archivos de configuración del sistema (como /etc/passwd en sistemas Unix).

4.5.2.3 Ataques de Cross-Site Scripting

XSS es un tipo de vulnerabilidad de seguridad informática típicamente encontrada en aplicaciones web que permiten la inyección de código por usuarios maliciosos en páginas web vistas por otros usuarios.

Los atacantes típicamente se valen de código HTML y de scripts ejecutados en el cliente.

Una vulnerabilidad de este tipo puede ser usada por los atacantes para burlar los controles de acceso comunes, como la muy conocida *Same Origin Policy*. Recientemente este tipo de ataques han sido explotados para crear poderosos ataques de *phishing* y de abusos en el navegador.

Desde la liberación del lenguaje JavaScript, se previeron los riesgos de permitir a un servidor web enviar código ejecutable al navegador. Un problema se presenta cuando los usuarios tienen abiertos varias ventanas de navegador, en algunos casos un script de una página podría acceder datos en otra página u objeto, observando el peligro de que un sitio malicioso intentara acceder datos sensibles de esta forma. Por ello se introdujo la política *same-origin*. Esencialmente esta política permite la interacción entre objetos y páginas, mientras estos objetos provengan del mismo dominio y en el mismo protocolo. Evitando así que un sitio malicioso tenga acceso a datos sensibles en otra ventana del navegador vía JavaScript.

A partir de entonces se han introducido otros mecanismos y políticas de control en los navegadores y en los lenguajes en el lado del cliente, para proteger a los usuarios de sitios maliciosos.

Las vulnerabilidades XSS pueden ser vistas como técnicas de evasión de las políticas de protección. Encontrando formas ingeniosas de inyectar códigos maliciosos en las páginas servidas por otros dominios, un atacante puede ganar privilegios a datos sensibles, cookies de sesión y otros objetos.

4.5.2.4 Cross-Site Request Forgeries

Este tipo de ataque permite al atacante enviar peticiones HTTP a voluntad desde la máquina de la víctima. Por la naturaleza de este tipo de ataques, es difícil determinar cuándo una petición HTML se ha originado por un ataque de este tipo.

Cuando un atacante conoce el formato que debe tener una URL para lograr la ejecución de una acción en el sistema, ha logrado encontrar la posibilidad de explotar este tipo de ataques. Ahora lo que necesita el atacante es simplemente hacer que una víctima visite la URL.

Un recurso que se utiliza comúnmente para realizar este tipo de ataques en tener embebida la petición en una imagen.

El atacante sólo necesita crear alguna etiqueta HTML del siguiente tipo:

```
<img src="http://ejemplo.org/compra.php?param=valor&param2=valor" />
```

Existen acciones que podemos tomar para contrarrestar este tipo de ataques, una de estas es preferir el método POST para el procesamiento de formas en lugar del GET, otra posibilidad es solicitar confirmación por parte del solicitante antes de realizar los procesos (a costa de reducir la usabilidad en la aplicación).

Otra posibilidad es considerar sospechosa una petición que no ha sido el resultado de una demanda previa de la forma necesaria para enviar esa petición.

4.5.2.5 Envío de Formas falsificadas

Falsificar una forma es casi tan fácil como manipular una URL. En el fondo, el envío de una forma emplea el mismo mecanismo, la petición HTTP enviada por el navegador al servidor. El formato con el que va a contar la petición se encuentra predeterminado por la forma y algunos de los datos enviados en la petición son dados por el usuario.

Un atacante podría copiar el código fuente de una página, salvarla en su equipo, y modificar el atributo de la acción que realizará la forma incluyendo ahora la ruta absoluta de la página originalmente deseada. Ahora el atacante puede quitar restricciones originales que se hubieran ejecutado en el cliente, como el tamaño máximo de un archivo adjunto, desactivar la validación de datos en el lado del cliente, alterar los elementos ocultos o los tipos de datos de los elementos de la forma. Operando de esta forma podemos enviar datos arbitrarios al servidor, de una manera sencilla y sin el uso de herramientas sofisticadas.

Este tipo de falsificaciones es algo que no podemos prevenir, pero es algo que debemos tomar en cuenta. Mientras tengamos el poder de filtrar las entradas, los usuarios deben jugar con nuestras reglas.

4.5.2.6 Peticiones HTTP Falsificadas

Un ataque más sofisticado que el anterior es enviar peticiones falsas empleando herramientas especiales para este propósito. La existencia de este tipo de ataques es una prueba determinante de que los datos enviados por los usuarios no son dignos de ninguna confianza.

¿Cómo puede un atacante enviar una petición HTTP falsa de forma arbitraria? El proceso es simple. Empleando una herramienta de línea de comandos presente en la mayoría de las plataformas se posibilita la comunicación directa con un servidor remoto, conectándonos en el puerto en el cual el servidor escucha (para servicios web típicamente es el puerto 80).

Los dos últimos tipos de ataques mencionados son una muestra de que el usuario no está obligado a enviar la información siguiendo las reglas que han sido definidas en la aplicación. En realidad un atacante puede confeccionar a gusto sus peticiones HTTP, la fortaleza de nuestro sistema será medible por su capacidad de detectar que peticiones recibidas deben ser escuchadas y procesadas de acuerdo a los parámetros y valores de éstos que son esperables recibir.

4.5.3 SEGURIDAD DE LAS APLICACIONES Y SU RELACIÓN CON LAS BASES DE DATOS

La mayoría de las aplicaciones web son usadas como un conducto entre muchas fuentes de datos y el usuario, esto es, las aplicaciones web son usadas frecuentemente para interactuar con una base de datos.

Aunque el tema de la seguridad en las bases de datos merece un tratamiento diferente al de las aplicaciones web, se encuentran íntimamente relacionados.

Como hemos mencionado en secciones anteriores, toda entrada y salida del sistema debe ser filtrada. Lo mismo aplica cuando las entradas o salidas son de o hacia una base de datos.

Muchos programadores no dan importancia al filtrado de datos provenientes de una consulta a la base de datos, debido a que consideran a esta fuente como confiable. Aunque el riesgo a primera vista parecería menor, es una práctica recomendable no confiar en la seguridad de la base de datos e implementar la seguridad a fondo y con redundancia. Si algún dato malicioso pudiera haber sido inyectado a la base de datos, nuestra lógica de filtrado puede percatarse de ello, pero sólo si se ha implementado este mecanismo.

4.5.3.1 Exposición de Credenciales de Acceso

Uno de los asuntos principales a ser cuidados cuando se utiliza una base de datos es el almacenamiento de las credenciales de acceso a ella.

Por conveniencia, estos datos son almacenados en un archivo como db.inc.

```
<?php
    $db_user = 'myuser'; $db_pass = 'mypass'; $db_host = '127.0.0.1';
    $db = mysql_connect($db_host, $db_user, $db_pass);
?>
```

Los datos de usuario y *password* son sensibles, por lo que deben tener garantizada una atención especial. Su presencia en el código fuente es un riesgo inevitable.

Si miramos en el archivo *default* de la carpeta *sites-avaliable* de Apache, encontramos que el tipo por defecto es *text/plain*. Esto significa un riesgo si el archivo db.inc se localiza en la raíz del directorio. Todo recurso localizado en la raíz tiene una dirección URL y como Apache no tiene un tipo de contenido asociado a los archivos .inc la respuesta del servidor será devolver el contenido en texto plano del archivo, en donde se podrían observar las credenciales del servidor.

La mejor solución a este problema es almacenar los archivos a incluir en otro lugar fuera del directorio raíz. No es necesario tenerlos en algún lugar en particular en el sistema de archivos para ser capaces de incluirlos o requerirlos, solo es necesario garantizar que el servidor tenga privilegios de lectura.

De hecho únicamente debemos localizar en la raíz los recursos que deseemos sean accesibles, ya que es un directorio público.

Si por alguna razón no fuera posible localizar al archivo fuera del directorio raíz, es necesario configurar Apache para rechazar las peticiones de recursos con extensión .inc:

```
<Files ~ "\.inc$"> Order allow,deny Deny from all </Files>
```

4.5.3.2 SQL Injection

La inyección de código SQL es una de las vulnerabilidades más comunes en aplicaciones PHP. Una vulnerabilidad de SQL Injection requiere dos fallas por parte del programador:

- Fallos en el filtrado de los datos.
- Fallos en la salida de los datos al enviarlos a la base de datos.

Ninguno de estos pasos cruciales debe ser omitido, y los dos pasos requieren especial atención para poder minimizar los errores. Afortunadamente los ataques de SQL Injection son fácilmente evitables, mientras filtremos las salidas. Filtrar las entradas depende enteramente en el tipo de los datos origen.

4.5.4 EXPOSICIÓN DE DATOS

Una de las preocupaciones más comunes relacionadas con las bases de datos es la exposición de datos sensibles. Al almacenar, por ejemplo, números de tarjetas de crédito, o algo tan delicado, es preferible asegurarse que los datos almacenados en la base de datos se encuentran seguros e inaccesibles incluso para los administradores de la base de datos.

Una buena recomendación es encriptar los datos más sensibles, de esta manera si la base de datos llega a ser comprometida el desastre será menor. Un ejemplo de esta técnica es almacenar las contraseñas de usuario convertidas con md5. De esta manera, los cadenas de las claves almacenadas en la base de datos como md5 no son útiles al atacante para conocer contraseñas que le permitirían el acceso al sistema ya que no es posible conocer la cadena de texto original.

4.5.5 PÁGINAS PRIVADAS Y LOS SISTEMAS DE AUTENTICACIÓN

La autenticación es el proceso por el cual la identidad de un usuario en el sistema es validada. Comúnmente el procedimiento involucra un nombre de usuario y una contraseña a revisar. Una vez autenticado el usuario es registrado. Muchas aplicaciones tienen recursos que son accesibles sólo para los usuarios autenticados, recursos que son accesibles únicamente para los administradores y recursos totalmente públicos.

El control de acceso debe encontrarse totalmente integrado al diseño original. No debe ser algo improvisado sobre una aplicación ya existente.

4.5.5.1 Ataques de Fuerza Bruta

Un ataque de este tipo agota todas las posibilidades sin preocuparse por cuales opciones son las que tienen mayor probabilidad de funcionar.

En los términos del control de acceso, generalmente encontramos al atacante intentando registrarse mediante un gran número de pruebas. En algunos casos el atacante puede conocer nombres de usuario válidos y la contraseña es la única parte que se trata de adivinar.

Limitar el número de intentos que se le permite al usuario tratar de adivinar es una medida efectiva en contra de estos ataques, pero tiene por desventaja de poder afectar el uso del sistema a usuarios legítimos. Una propuesta un poco más considerada con el usuario seria intentar encontrar patrones en las peticiones enviadas por el atacante y únicamente bloquear el uso de la cuenta para peticiones que cumplan con dicho patrón, de esta forma se interfiere menos el uso al usuario legítimo.

Otra opción sería imponer un intervalo de tiempo pequeño (ejemplo 15 segundos) que se debe esperar para poder intentar registrarse en el sistema de nuevo después de una falta en la autenticación. De esta manera, se niega el acceso sin importar si se presentaron las credenciales fue correcta, por supuesto que no se le dice al atacante la razón por la que se le negó el acceso para evitar lo intente de nuevo cuando haya terminado el plazo de espera. Trabajando de esta forma, se busca reducir el tiempo útil que tiene el atacante para intentar adivinar las credenciales de acceso.

4.5.5.2 Espionaje de Contraseñas (Password Sniffing)

Cuando un atacante tiene los medios para analizar el tráfico entre los usuarios y el servidor de la aplicación, debemos preocuparnos por la exposición que pueden tener los datos en el trayecto, sobre todo cuando se trata de credenciales de acceso.

Una manera efectiva de prevenir este tipo de problemas es usar SSL para proteger los contenidos enviados en las peticiones y respuestas en HTTP. Debemos considerar utilizar esta tecnología tanto para cuando se envíen las credenciales de acceso como los identificadores de una sesión ya establecida, de esta forma evitamos un secuestro de la sesión.

Usar SSL para proteger el envío de HTML es además una medida útil para brindar confianza a los usuarios de enviar sus datos cuando ven en su navegador el uso de HTTPS.

4.5.5.3 Registros persistentes

Cuando un usuario permanece en el estado de registrado después de un tiempo no razonable (cuando la sesión expiró por ejemplo), tenemos un problema de registros persistentes.

Este tipo de problemas disminuyen la seguridad de nuestro mecanismo de autenticación. Generalmente estos problemas son causados por una cookie persistente, o un ticket enviado al usuario para hacer referencia a la sesión de registro establecida que no se considera como expirado jamás o que no cambia en cada nuevo registro establecido por el usuario.

Si el ticket de acceso permanece constante para cualquier sesión establecida tenemos un problema serio, la manera más sencilla de evitarlo es haciéndolo dependiente de una variable aleatoria.

Otra medida recomendable es requerir la contraseña del usuario cuando vaya a realizar alguna tarea administrativa importante en el sistema. Con este esquema se permite el acceso únicamente a los recursos que no son tan sensibles.

Otro paso indispensable es efectivamente eliminar la cookie de acceso cuando un usuario solicita salir del sistema.

4.5.6 CONCEPTOS Y TÉCNICAS DE IDENTIFICACIÓN, AUTENTICACIÓN Y AUTORIZACIÓN O CONTROL DE ACCESO

Los usuarios que van a tener acceso a los sistemas informáticos deben **identificarse** antes de conseguir este acceso. La forma más habitual de identificación es la utilización de un nombre de usuario y contraseña. Con respecto a esta última, la contraseña, debería cumplir una serie de exigencias mínimas para todos los usuarios de los sistemas:

- Debe tener una longitud mínima de 8 caracteres.
- Debe tener una mezcla de letras, dígitos y caracteres especiales.
- Se debe limitar el número de intentos fallidos.
- Se debe almacenar de forma cifrada.
- Se debe cambiar con cierta periodicidad. Si los usuarios tienen acceso a datos de carácter personal, como una libreta de direcciones del correo electrónico, esta caducidad es una obligación legal.
- Se debe establecer un procedimiento de entrega de la contraseña al titular de esta cuenta de usuario, que garantice su confidencialidad.

Los usuarios deben tener presente que cada identificador de usuario es personal, y no debe ser compartido. Así mismo, cada persona se tiene que hacer responsable de todas las acciones que se realicen con su identificador. En consecuencia se deben tomar las medidas necesarias para evitar este abuso, como por ejemplo cerrar la sesión cuando se esté ausente, y mantener la contraseña en secreto.

El responsable de la seguridad debe procurar que los puestos de trabajo se bloqueen si tienen un periodo sin actividad. Esta funcionalidad es ofrecida por un protector de pantalla protegido con contraseña.

En muchas ocasiones no se llega a distinguir las palabras o términos que más se utilizan en el mundo del software o Internet.

Un ejemplo podría ser las diferencias entre autenticación y autorización que son fundamentales en el desarrollo del software.

- La **autenticación** es el proceso por el cual se identifica un cliente (persona) como válida para posteriormente acceder a ciertos recursos definidos.
- La **autorización** es el proceso sobre el cual se establecen que tipos de recursos están permitidos o denegados para cierto usuario o grupo de usuarios concreto.

Podríamos poner un ejemplo de un usuario que se autentifique (identificado) en una aplicación pero que no tenga acceso a ningún recurso porque no está autorizado a ello. Esto sería como que usted presentara sus credenciales en un sitio web y al acceder a tu panel de administración no podría realizar ninguna acción. En realidad este caso sería un caso poco realista pero serviría para explicar cuál es la diferencia entre autenticación y autorización.

La autorización tiene mucho que ver con perfiles y roles de usuarios. Lo normal es que al diseñar una aplicación existan muchos tipos de usuario que englobemos en distintos perfiles: por ejemplo: administrador, editor, invitado...

Estos usuarios tendrán acceso a distintos recursos según sea el perfil al que pertenezcan. Un administrador de un sistema, por ejemplo, tendrá acceso a todos los recursos que ofrezca la aplicación. Hablamos de recursos como todos los recursos, no solamente los contenidos sino también ficheros, servicios, etc. que se encuentren en el servidor web o incluso fuera de él.

Existen hasta modos de establecer qué nivel de autorización tiene un usuario que no está autenticado, es decir, un invitado de un sitio web a veces puede tener acceso a muchos pero no todos los recursos.

4.5.6.1 Técnicas de identificación y autenticación

Identificación es la acción por parte de un usuario de presentar su identidad a un sistema, usualmente se usa un identificador de usuario. Establece que el usuario es responsable de las acciones que lleve a cabo en el sistema. Esto está relacionado con los registros de auditorías que permiten guardar las acciones realizadas dentro del sistema y rastrearlas hasta el usuario autenticado.

Autenticación es la verificación de que el usuario que trate de identificarse es válido, usualmente se implementa con una contraseña en el momento de iniciar una sección. Existen 4 tipos de técnicas que permiten realizar la autenticación de la identidad del usuario, las cuales pueden ser utilizadas individualmente o combinadas (Autenticación de varios factores):

- Algo que solamente el individuo conoce: ejemplo una contraseña.
- Algo que una persona posee: ejemplo una tarjeta magnética.
- Algo que el individuo es y que lo identifica unívocadamente: ejemplo las huellas digitales.
- Algo que solamente el individuo es capaz de hacer: ejemplo los patrones de escritura.

4.5.6.1.1 Sistemas basados en algo conocido: contraseña

Las contraseñas crean una seguridad contra los usuarios no autorizados, el sistema de seguridad solo puede confirmar que la contraseña es válida, y si no el usuario está autorizado a utilizar esa contraseña. Es la razón por la que normalmente deben mantenerse en secreto ante aquellos a quien no se le permite el acceso.

La seguridad de las contraseñas se ve afectadas por diversos factores:

- Fortaleza de la contraseña: deben ser largas, normalmente más de 7 caracteres, y se deben usar combinaciones de letras mayúsculas y minúsculas, números y símbolos.
- Forma de almacenar las contraseñas: se debe usar un algoritmo criptográfico irreversible (u función resumen), los más comunes son MD5 y SHA1.
- Método de retransmisión de la contraseña: Deben ser transmitida mediante algún método criptográfico, en el caso de las redes locales se usa con mucha frecuencia Kerberos.
- Longevidad de la contraseña deben ser cambiadas con cierta periodicidad.

4.5.6.1.2 Sistemas basados en algo poseído: token de seguridad o de autenticación

El dispositivo puede ser en forma de una tarjeta inteligente o puede estar incorporando en un objeto utilizado comúnmente, como un llavero.

Existe más de una clase de token de autenticación, están los bien conocidos generados de contraseñas dinámicas (*one time password*) y los que comúnmente se denominan tokens USB, los cuales no solo permiten almacenar contraseñas y certificados digitales, sino que permiten llevar la identidad digital de la persona.

Los tokens proveen un nivel de seguridad adicional utilizando el método conocido como autenticación de dos factores.

4.5.6.1.3 Sistemas de autenticación biométrica

Estos sistemas son más amigables para el usuario, no va a necesitar recordar contraseñas o números de identificación complejos, y como se suele decir, el usuario puede olvidar una tarjeta de identificación, pero nunca olvidará una parte de su cuerpo. Son mucho más difíciles de falsificar que una simple contraseña o una tarjeta magnética.

Se clasifican:

- Fisiológicos: huella dactilar, iris, retina, cara, geométrica de la mano, huella palmar, estructuras de las venas, estructura de la oreja, termografía facial.
- Conductuales: Voz, escritura, firma manuscrita, modo de teclear, modo de andar.

4.5.7 IDENTIFICACIÓN Y AUTENTICACIÓN AVANZADA. CERTIFICADOS DIGITALES

Un certificado digital o certificado electrónico es un fichero informático generado por una entidad de servicios de certificación que asocia unos datos de identidad a una persona física, organismo o empresa confirmando de esta manera su identidad digital en Internet. El certificado digital es válido principalmente para autenticar a un usuario o sitio web en internet por lo que es necesaria la colaboración de un tercero que sea de confianza para cualquiera de las partes que participe en la comunicación. El nombre asociado a esta entidad de confianza es Autoridad Certificadora pudiendo ser un organismo público o empresa reconocida en Internet.

El certificado digital tiene como función principal autenticar al poseedor pero puede servir también para cifrar las comunicaciones y firmar digitalmente. En algunas administraciones públicas y empresas privadas es requerido para poder realizar ciertos trámites que involucren intercambio de información sensible entre las partes

Según la Sede Electrónica del Instituto Nacional de Estadística (España), un certificado electrónico sirve para:

- Autenticar la identidad del usuario, de forma electrónica, ante terceros.
- Firmar electrónicamente de forma que se garantice la integridad de los datos trasmitidos y su procedencia. Un documento firmado no puede ser manipulado, ya que la firma está asociada matemáticamente tanto al documento como al firmante
- Cifrar datos para que sólo el destinatario del documento pueda acceder a su contenido

4.5.8 CONCEPTO DE SESIÓN. CONSERVACIÓN DE SESIONES

Las formas que tiene un sitio web para propagar datos sobre un visitante son: la URL o las cookies. El problema con ambos recursos es que son fácilmente modificables por el usuario: la URL se puede cambiar directamente en la barra de direcciones del navegador y las cookies, al ser datos en el ordenador del usuario, también pueden ser modificadas.

Así que, para guardar datos más críticos, se necesitaba un método que no fuera modificable por los usuarios (para evitar que, por ejemplo, un usuario autenticado se hiciera pasar por otro). Así nacieron las sesiones.

Las sesiones se basan en un identificador generado por visitante, simulando una especie de DNI, de modo que cuando quiera acceder a cualquier página de nuestro sitio, mostrará ese "DNI" y quedará identificado. El identificador será único por cada usuario y se le conoce como Session ID (SID).

Desde el lado del servidor, se debe implementar toda la lógica de la sesión, almacenando todos los SID activos y la información relativa a ellos. Esto se puede hacer de múltiples formas: mediante sistema de ficheros, base de datos, memcached o cualquier otro método de almacenamiento de información.

Pueden existir una serie de problemas derivados de la autentificación y gestión de sesiones:

- Una sesión en PHP es una serie de caracteres aleatorios que forman una identificación única para cada visitante (a la que llamaremos "id de sesión"). Cuando a un usuario se le asigna un id de sesión, el servidor web crea un archivo en su sistema donde irá introduciendo todos los datos que queramos guardar. Pero, ¿cómo reconoce el sitio web al usuario en sucesivas conexiones? Pues usando alguno de los dos métodos anteriores; esto es, haciendo que el usuario le mande en la URL su id de sesión o enviándole una cookie con el mismo y con una duración de "hasta que se cierre el navegador"
- Un caso concreto de mensajes de error son los asociados al mecanismo de autentificación. En ningún caso la aplicación debe desvelar los detalles de que componentes de las credenciales de acceso no son válidos. Por ejemplo, mensajes de error indicando que el usuario es válido, pero la clave no, facilitan enormemente a un atacante las tareas de adivinación de claves.
- El mecanismo de autentificación debe proporcionar capacidades para definir una política de acceso, definir la longitud y complejidad de las claves, los mecanismos de log de acceso, y la política de bloqueo temporal de cuentas en base al tiempo tras un número de intentos de acceso fallidos.
- La gestión de sesiones en la aplicación Web debe realizarse empleando identificadores de sesión o tokens no predecibles (es decir, suficientemente aleatorios), de suficiente longitud para que no puedan ser adivinados mediante técnicas de fuerza bruta, y que caduquen tras cierto tiempo.
- Los identificadores de sesión pueden intercambiarse como parte de la URL (variables en el método GET), como campos HTML ocultos, cookies (método más comúnmente utilizado y recomendado), cabeceras HTTP estándar o propietarias, o como variables y valores en el método POST.
- Para sistemas de nivel ALTO se deberán implantar comprobaciones de integridad sobre el identificador de sesión para detectar y evitar su manipulación. Para ello se deben emplear hashes criptográficos como MD5 o SHA-1, y cifrados, no codificados (en por ejemplo, base64).
- El identificador de sesión puede ser contrastado constantemente con otros datos que no son fácilmente manipulables por el usuario por parte de la aplicación, como por ejemplo la dirección IP origen empleada en el momento de la creación de la sesión.
- Se deberá hacer un uso adecuado de los dos tipos de cookies existentes, persistentes y no persistentes, en función de su propósito y de la duración estimada de la sesión del usuario; además del uso de las capacidades extendidas en la definición de cookies, como "*secure*" (cookies sólo disponibles a través de SSL) o "httponly" (cookies sólo disponible para la página web, y no para los scripts).
- Se deberán emplear los mecanismos de gestión de sesiones existentes en el lenguaje o entorno de programación empleado. En el caso en el que sean necesarios mecanismos de seguridad más avanzados, se deberán extender las capacidades del mecanismo existente, y no construir desde cero el sistema de gestión de sesiones.

4.5.9 SISTEMAS DE USO COMÚN PARA LA CONSERVACIÓN DE LAS SESIONES EN APLICACIONES WEB. SINGLE SIGN-ON Y SINGLE SIGN-OUT

4.5.9.1 Single Sign-On

Single sign-on (SSO) es un procedimiento de autenticación que habilita al usuario para acceder a varios sistemas con una sola instancia de identificación. Su traducción literal sería algo como "sistema centralizado de autenticación y autorización".

Hay cinco tipos principales de SSO, también se les llama *reduced sign on systems* (en inglés, sistemas de autenticación reducida).

- **Enterprise single sign-on (E-SSO)**, también llamado **legacy single sign-on**, funciona para una autenticación primaria, interceptando los requerimientos de login presentados por las aplicaciones secundarias para completar los mismos con el usuario y contraseña. Los sistemas E-SSO permiten interactuar con sistemas que pueden deshabilitar la presentación de la pantalla de login.
- **Web single sign-on (web-SSO)**, también llamado web access management (web-AM) trabaja sólo con aplicaciones y recursos accedidos vía web. Los accesos son interceptados con la ayuda de un servidor proxy o de un componente instalado en el servidor web destino. Los usuarios no autenticados que tratan de acceder son redirigidos a un servidor de autenticación y regresan solo después de haber logrado un acceso exitoso. Se utilizan cookies, para reconocer aquellos usuarios que acceden y su estado de autenticación.
- **Kerberos** es un método popular de externalizar la autenticación de los usuarios. Los usuarios se registran en el servidor Kerberos y reciben un "ticket", luego las aplicaciones-cliente lo presentan para obtener acceso.
- **Identidad federada** es una nueva manera de concebir este tema, también para aplicaciones web. Utiliza protocolos basados en estándares para habilitar que las aplicaciones puedan identificar los clientes sin necesidad de autenticación redundante.
- **OpenID** es un proceso de SSO distribuido y descentralizado donde la identidad se compila en una URL que cualquier aplicación o servidor puede verificar.

4.5.9.2 Single Sign-out

Utilice Single Sign-Out para desconectarse de todas las aplicaciones asociadas al mismo tiempo. Es decir, cerrar la sesión de la aplicación asociada que está trabajando.

Al hacer clic en Cerrar sesión te lleva a la página de cierre de sesión única, donde será desconectado de todas las aplicaciones.

Si usted hizo Single Sign-On con éxito, el único servidor de inicio de sesión coloca una marca de verificación junto a cada aplicación que aparece en la página de cierre de sesión único. Una imagen rota junto a un nombre de aplicación representa un cierre de sesión sin éxito.

Cuando todos los nombres de las aplicaciones tienen una marca de verificación, puede hacer clic en Volver para regresar a la aplicación desde la cual inició cierre de sesión.

4.6 DESPLIEGUE DE APLICACIONES WEB

4.6.1 ¿QUÉ ES DESPLIEGUE (DEPLOYMENT) DE UNA APLICACIÓN?

Para poder probar la aplicación podemos copiar a mano todos los archivos de la aplicación web a la carpeta webapps del servidor Tomcat. Esta acción de copiar los archivos a este directorio es conocida como "**Despliegue de la aplicación web**".

Normalmente cuando se trabaja sobre un proyecto web J2EE se hace sobre una herramienta de desarrollo como eclipse y para probar la aplicación la herramienta suele hacer un despliegue automático para poder hacer pruebas de forma rápida.

Cuando tenemos la aplicación terminada el despliegue se hará sobre un servidor de producción. Este servidor es el que usarán los usuarios de la aplicación web.

4.6.2 DESPLIEGUE AUTOMÁTICO EN ECLIPSE PARA DESARROLLADORES JAVA EE

Lo primero que uno creería es que en el paso eclipse publica el contenido de estas carpetas Java Resources y WebContent en el directorio webapps de Tomcat. La realidad es un poco más complicada. Eclipse publica en un directorio temporal dentro del workspace. En mi caso

```
C:\eclipseJEE2\workspace\.metadata\.plugins\org.eclipse.wst.server.core\tmp0\wtpwebapps
```

¿Cómo es que Tomcat ejecuta la aplicación web si no está en webapps?. La respuesta está en que eclipse inicia Tomcat con la siguiente instrucción:

```
start  -Dcatalina.base="C:\eclipseJEE2\workspace\.metadata\.plugins\org.eclipse.
wst.server.core\tmp0" -Dcatalina.home="C:\apache-tomcat-6.0.33" -Dwtp.deploy="C:\
eclipseJEE2\workspace\.metadata\.plugins\org.eclipse.wst.server.core\tmp0\wtpwebapps"
-Djava.endorsed.dirs="C:\apache-tomcat-6.0.33\endorsed"
```

Esto se puede ver haciendo click en el menú Run - Run Configurations ...

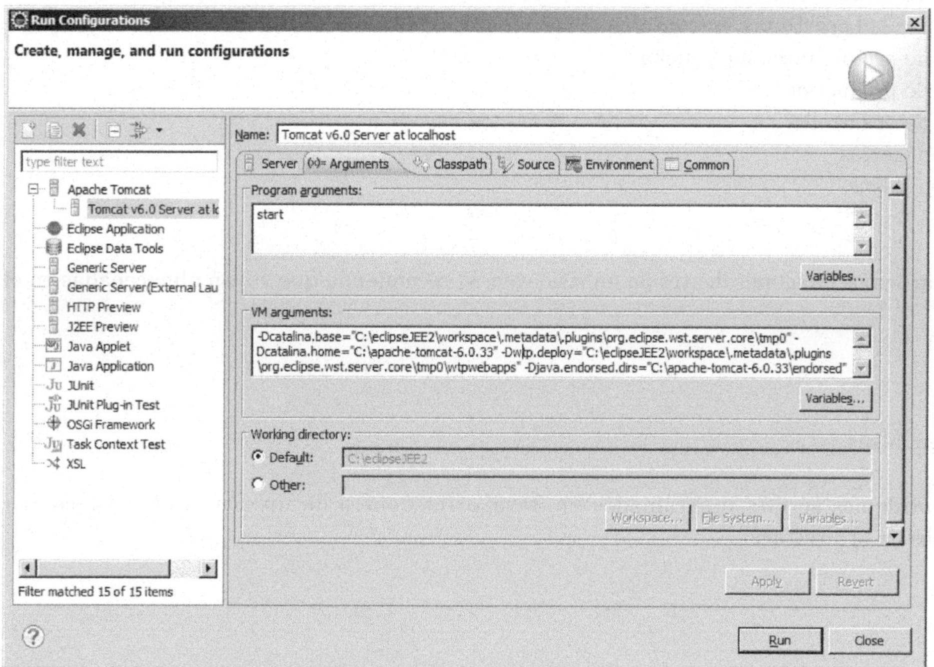

Figura 4.9. Run → Run Configurations

4.7 EJERCICIOS CAPÍTULO 4

1 El software de diseño de sitios web elegido por muchos diseñadores con experiencia moderada y también por expertos es:

a) Dreamweaver.
b) Expressions web.
c) Coda2.
d) Amaya.
e) Bluefish.

2 El software de creación web que solo tiene versión para MacOS es:

a) Dreamweaver.
b) Expressions web.
c) Coda2.
d) Amaya.
e) Bluefish.

3 El siguiente entorno contiene en todo momento la versión activa de la aplicación. Los usuarios finales tienen acceso a la aplicación implantada en este entorno, de modo que resulta indispensable planificar y adoptar las medidas de seguridad oportunas, en consonancia con la importancia de la información que maneja el sistema.

a) Entorno de pre-producción o pruebas.
b) Entorno de producción.
c) Entorno de desarrollo.
d) Todas son ciertas.
e) Todas son falsas.

4 Cuando guardemos imágenes dentro de un sitio web, se recomienda que vayan almacenadas en el directorio:

a) Raíz.
b) Images.
c) Js.
d) Scripts.
e) Todas son falsas.

5 Cuando guardemos scripts programados en JavaScript dentro de un sitio web, se recomienda que vayan almacenados en el directorio:

a) Raíz.
b) Images.
c) Js.
d) Scripts.
e) Todas son falsas.

6 Los ataques que se aprovechan de la vulnerabilidad XSS de las aplicaciones web, se llaman:
a) Ataques al subir archivos.
b) Ataques de cross-site scripting.
c) Ataques cross-site request forgeries.
d) Envío de formas falsificadas.
e) Peticiones HTTP falsificadas.

7 Los ataques que permiten al atacante enviar peticiones HTTP a voluntad desde la máquina de la víctima se llaman:
a) Ataques al subir archivos.
b) Ataques de cross-site scripting.
c) Ataques cross-site request forgeries.
d) Envío de formas falsificadas.
e) Peticiones HTTP falsificadas.

8 La identificación consiste en:
a) Presentar un usuario su identidad al sistema.
b) La verificación de un usuario como válido.
c) No existe la identificación.

9 La autenticación consiste en:
a) Presentar un usuario su identidad al sistema.
b) La verificación de un usuario como válido.
c) No existe la autenticación.

10 Utilizar la huella dactilar para autenticarse en un sistema forma parte de:
a) Sistema basado en contraseñas.
b) Sistema basado en token de seguridad.
c) Sistema de autenticación biométrico.
d) Todas son ciertas.

11 El procedimiento de autenticación que habilita al usuario para acceder a varios sistemas con una sola instancia de identificación, se llama:
a) Single sign-on.
b) Single sign-out.
c) Complex sign-on.
d) Complex sign-out.
e) Todas son falsas.

5 Verificación de aplicaciones web

El concepto de pruebas de rendimiento de software (pruebas de prestaciones, *performance test*...) a veces aparece como un término ambiguo que puede llevar a cometer errores sobre los verdaderos objetivos de este tipo de prueba.

En esta capitulo intentaremos definir el concepto de prueba de rendimiento, los objetivos, y veremos los tipos de pruebas de rendimiento que podemos diferenciar en base a los objetivos perseguidos y la fase en la que se ejecutan.

5.1 CARACTERÍSTICAS DE UN PROCESO DE PRUEBAS

La fase de pruebas es una de las más costosas del ciclo de vida software. En sentido estricto, deben realizarse pruebas de todos los artefactos generados durante la construcción de un producto software, lo que incluye las especificaciones de requisitos, casos de uso, diagramas de diversos tipos y, por supuesto, el código fuente y el resto de elementos que forman parte de la aplicación (como por ejemplo, la base de datos). Obviamente, se aplican diferentes técnicas de prueba a cada tipo de producto software.

Según la naturaleza de lo que se esté controlando, las pruebas se pueden dividir en dos categorías:

- Pruebas centradas en la verificación.
- Pruebas centradas en la validación.

Las primeras sirven para determinar la consistencia entre los requerimientos y el programa terminado. Soporta metodologías formales de testeo, de mucho componente matemático. De todas maneras, hay que ser cuidadoso, porque no suele ser fácil encontrar qué es lo que hay que demostrar. La verificación consiste en determinar si estamos construyendo el sistema correctamente, a partir de los requisitos.

En general a los informáticos no les gustan las pruebas formales, en parte porque no las entienden y en parte porque requieren un proceso matemático relativamente complejo.

La validación consiste en saber si estamos construyendo el sistema correcto. Las tareas de validación son más informales. Las pruebas suelen mostrar la presencia de errores, pero nunca demuestran su ausencia.

5.2 TIPOS DE PRUEBAS

5.2.1 FUNCIONALES

Una prueba funcional es una prueba basada en la ejecución, revisión y retroalimentación de las funcionalidades previamente diseñadas para el software. Las pruebas funcionales se hacen mediante el diseño de modelos de prueba que buscan evaluar cada una de las opciones con las que cuenta el paquete informático.

El objetivo de la prueba funcional es validar cuando el comportamiento observado del software probado cumple o no con sus especificaciones. La prueba funcional toma el punto de vista del usuario. Las funciones son probadas ingresando las entradas y examinando las salidas. La estructura interna del programa raramente es considerada].

Para realizar pruebas funcionales, la especificación se analiza para derivar los casos de prueba. Técnicas como partición de equivalencia, análisis del valor límite, grafo causa-efecto y conjetura de errores son especialmente pertinentes para las pruebas funcionales. Se deben considerar condiciones inválidas e inesperadas de la entrada y tener en cuenta que la definición del resultado esperado es una parte vital de un caso de prueba. El propósito de la prueba funcional es mostrar discrepancias con la especificación y no demostrar que el programa cumple su especificación.

Un caso de prueba (test case) es un conjunto de valores de entrada, precondiciones de ejecución, resultados esperados y postcondiciones de ejecución, desarrollados con un objetivo particular o condición de prueba, tal como ejercitar un camino de un programa particular o para verificar que se cumple un requerimiento específico.

5.2.2 PRUEBAS DE RECORRIDO

Las pruebas de recorrido son pruebas basadas es el recorrido funcional óptimo de un sistema de software, es decir que se diseña una ruta de operación del sistema de manera que se prueba de 1 a n veces dicho recorrido para garantizar el correcto funcionamiento del sistema. Este tipo de pruebas está basado en un caso de prueba de rutas de operación que difiere de un caso de prueba convencional.

5.2.3 PRUEBAS DE REGRESIÓN

Se denominan Pruebas de regresión a cualquier tipo de pruebas de software que intentan descubrir las causas de nuevos errores (*bugs*), carencias de funcionalidad, o divergencias funcionales con respecto al comportamiento esperado del software, inducidos por cambios recientemente realizados en partes de la aplicación que anteriormente al citado cambio no eran propensas a este tipo de error. Esto implica que el error tratado se reproduce como consecuencia inesperada del citado cambio en el programa.

Este tipo de cambio puede ser debido a prácticas no adecuadas de control de versiones, falta de consideración acerca del ámbito o contexto de producción final y extensibilidad del error que fue corregido (fragilidad de la corrección), o simplemente una consecuencia del rediseño de la aplicación.

Por lo tanto, en la mayoría de las situaciones del desarrollo de software se considera una buena práctica que cuando se localiza y corrige un bug, se grabe una prueba que exponga el bug y se vuelvan a probar regularmente después de los cambios subsiguientes que experimente el programa.

Existen herramientas de software que permiten detectar este tipo de errores de manera parcial o totalmente automatizada, la práctica habitual en programación extrema es que este tipo de pruebas se ejecuten en cada uno de los pasos del ciclo de vida del desarrollo del software.

5.2.4 ESTRUCTURALES

Las pruebas de estructurales o **caja blanca** (también conocidas como pruebas de **caja de cristal**) se centran en los detalles procedimentales del software, por lo que su diseño está fuertemente ligado al código fuente. El comprobador escoge distintos valores de entrada para examinar cada uno de los posibles flujos de ejecución del programa y cerciorarse de que se devuelven los valores de salida adecuados.

Al estar basadas en una implementación concreta, si ésta se modifica, por regla general las pruebas también deberán rediseñarse.

Aunque las pruebas de caja blanca son aplicables a varios niveles –unidad, integración y sistema–, habitualmente se aplican a las unidades de software. Su cometido es comprobar los flujos de ejecución dentro de cada unidad (función, clase, módulo, etc.) pero también pueden testear los flujos entre unidades durante la integración, e incluso entre subsistemas, durante las pruebas de sistema.

A pesar de que este enfoque permite diseñar pruebas que cubran una amplia variedad de casos de prueba, podría pasar por alto partes incompletas de la especificación o requisitos faltantes, pese a garantizar la prueba exhaustiva de todos los flujos de ejecución del código analizado.

Las principales técnicas de diseño de pruebas de caja blanca son:

- Pruebas de flujo de control
- Pruebas de flujo de datos
- Pruebas de bifurcación (*branch testing*)
- Pruebas de caminos básicos

5.2.5 PRUEBAS DE ACEPTACIÓN

El objetivo de las pruebas de aceptación es validar que un sistema cumple con el funcionamiento esperado y permitir al usuario de dicho sistema que determine su aceptación, desde el punto de vista de su funcionalidad y rendimiento.

Las pruebas de aceptación son definidas por el usuario del sistema y preparadas por el equipo de desarrollo, aunque la ejecución y aprobación final corresponden al usuario.

La validación del sistema se consigue mediante la realización de pruebas de caja negra que demuestran la conformidad con los requisitos y que se recogen en el plan de pruebas, el cual define las verificaciones a realizar y los casos de prueba asociados. Dicho plan está diseñado para asegurar que se satisfacen todos los requisitos funcionales especificados por el usuario teniendo en cuenta también los requisitos no funcionales relacionados con el rendimiento, seguridad de acceso al sistema, a los datos y procesos, así como a los distintos recursos del sistema.

5.2.6 DE INTEGRACIÓN CON SISTEMAS EXTERNOS

Las pruebas de integración son pruebas funcionales entre dos o más sistemas. El objetivo de las pruebas de integración es verificar el correcto ensamblaje entre los distintos componentes una vez que han sido probados unitariamente con el fin de comprobar que interactúan correctamente a través de sus interfaces, cubren la funcionalidad establecida y se ajustan a los requisitos.

5.2.7 USABILIDAD Y ACCESIBILIDAD

Las pruebas de **usabilidad** es una técnica usada en el diseño de interacciones centrado en el usuario para evaluar un producto mediante pruebas con los propios usuarios. Esto puede ser visto como una práctica de usabilidad irreemplazable, dado que entrega información directa de como los usuarios reales utilizan el sistema.1 Este es en contraste con los métodos de inspección de usabilidad donde expertos usan diferentes métodos para evaluar una interfaz de usuario sin involucrar a usuarios reales.

Las pruebas de usabilidad se enfocan en medir la capacidad de un producto de fabricación humana en cumplir el propósito para el cual fue diseñado. Ejemplos de productos que normalmente se benefician de pruebas de usabilidad son comidas, productos de consumo, sitios web o aplicaciones web, interfaces de usuario, documentos y dispositivos.

Las pruebas de usabilidad miden la usabilidad, o facilidad de uso, de un objeto específico o un conjunto de objetos, mientras que los estudios de interacción persona-computador intentan formular los principios generales.

Las pruebas de usabilidad consisten en seleccionar a un grupo de usuarios de una aplicación y solicitarles que lleven a cabo las tareas para las cuales fue diseñada, en tanto el equipo de diseño, desarrollo y otros involucrados toman nota de la interacción, particularmente de los errores y dificultades con las que se encuentren los usuarios.

No es necesario que se trate de una aplicación completamente terminada, pudiendo tratarse de un prototipo.

Las pruebas de **accesibilidad** web son un subgrupo de las pruebas de usabilidad en las que los usuarios que se tienen en cuenta tienen discapacidades que afectan a su manera de utilizarlo. El objetivo final, tanto con respecto a la usabilidad como a la accesibilidad, es descubrir la facilidad con la que se puede utilizar un sitio web y utilizar esta información para mejorar futuros diseños e implementaciones.

La evaluación de la accesibilidad está más formalizada, en general, que las pruebas de usabilidad. Las leyes y la opinión pública desaprueban totalmente la discriminación de las personas con discapacidades. Para ser justos con todo el mundo, los gobiernos y otras organizaciones intentan cumplir varios estándares de accesibilidad de la web, como por ejemplo la legislación de la Sección 508 del Gobierno Federal de Estados Unidos y las directrices de accesibilidad del contenido web (WCAG) del W3C.

No obstante, es importante distinguir entre cumplir un estándar y maximizar la accesibilidad de un sitio web. En una situación ideal, ambas cosas serían la misma, pero cualquier estándar puede fallar a la hora de cumplir con los objetivos siguientes:

- Satisfacer las necesidades de todas las personas con discapacidades.
- Encontrar el equilibrio entre las necesidades de las personas con diferentes discapacidades.
- Hacer corresponder estas necesidades con las técnicas óptimas.
- Utilizar un lenguaje claro para expresar las necesidades o las técnicas.

Estos puntos débiles pueden hacer que las personas con las mejores intenciones vayan por el mal camino y pueden ser aprovechados por los que pretenden la aprobación oficial de productos inaccesibles.

5.2.8 UNITARIAS

En programación, una prueba unitaria es una forma de probar el correcto funcionamiento de un módulo de código. Esto sirve para asegurar que cada uno de los módulos funcione correctamente por separado. Luego, con las Pruebas de Integración, se podrá asegurar el correcto funcionamiento del sistema o subsistema en cuestión.

La idea es escribir casos de prueba para cada función no trivial o método en el módulo de forma que cada caso sea independiente del resto.

Ventajas

El objetivo de las pruebas unitarias es aislar cada parte del programa y mostrar que las partes individuales son correctas. Proporcionan un contrato escrito que el trozo de código debe satisfacer. Estas pruebas aisladas proporcionan cinco ventajas básicas:

- Fomentan el cambio: Las pruebas unitarias facilitan que el programador cambie el código para mejorar su estructura (lo que se ha dado en llamar refactorización), puesto que permiten hacer pruebas sobre los cambios y así asegurarse de que los nuevos cambios no han introducido errores.

- Simplifica la integración: Puesto que permiten llegar a la fase de integración con un grado alto de seguridad de que el código está funcionando correctamente. De esta manera se facilitan las pruebas de integración.
- Documenta el código: Las propias pruebas son documentación del código puesto que ahí se puede ver cómo utilizarlo.
- Separación de la interfaz y la implementación: Dado que la única interacción entre los casos de prueba y las unidades bajo prueba son las interfaces de estas últimas, se puede cambiar cualquiera de los dos sin afectar al otro, a veces usando objetos mock (mock object) para simular el comportamiento de objetos complejos.
- Los errores están más acotados y son más fáciles de localizar: dado que tenemos pruebas unitarias que pueden desenmascararlos.

Limitaciones

Es importante darse cuenta de que las pruebas unitarias no descubrirán todos los errores del código. Por definición, sólo prueban las unidades por sí solas. Por lo tanto, no descubrirán errores de integración, problemas de rendimiento y otros problemas que afectan a todo el sistema en su conjunto. Además, puede no ser trivial anticipar todos los casos especiales de entradas que puede recibir en realidad la unidad de programa bajo estudio. Las pruebas unitarias sólo son efectivas si se usan en conjunto con otras pruebas de software.

5.2.9 DE DETECCIÓN DE ERRORES. PRUEBAS DE CAJA NEGRA

Estas pruebas permiten obtener un conjunto de condiciones de entrada que ejerciten completamente todos los requisitos funcionales de un programa. En ellas se ignora la estructura de control, concentrándose en los requisitos funcionales del sistema y ejercitándolos.

La prueba de Caja Negra no es una alternativa a las técnicas de prueba de la Caja Blanca, sino un enfoque complementario que intenta descubrir diferentes tipos de errores a los encontrados en los métodos de la Caja Blanca. Muchos autores consideran que estas pruebas permiten encontrar:

- Funciones incorrectas o ausentes.
- Errores de interfaz.
- Errores en estructuras de datos o en accesos a las Bases de Datos externas.
- Errores de rendimiento.
- Errores de inicialización y terminación.

Para preparar los casos de pruebas hacen falta un número de datos que ayuden a la ejecución de los estos casos y que permitan que el sistema se ejecute en todas sus variantes, pueden ser datos válidos o inválidos para el programa según si lo que se desea es hallar un error o probar una funcionalidad. Los datos se escogen atendiendo a las especificaciones del problema, sin importar los detalles internos del programa, a fin de verificar que el programa corra bien.

Para desarrollar la prueba de caja negra existen varias técnicas, entre ellas están:

- **Técnica de la Partición de Equivalencia**: esta técnica divide el campo de entrada en clases de datos que tienden a ejercitar determinadas funciones del software.
- **Técnica del Análisis de Valores Límites**: esta Técnica prueba la habilidad del programa para manejar datos que se encuentran en los límites aceptables.
- **Técnica de Grafos de Causa-Efecto**: es una técnica que permite al encargado de la prueba validar complejos conjuntos de acciones y condiciones.

Dentro del método de Caja Negra la técnica de la Partición de Equivalencia es una de las más efectivas pues permite examinar los valores válidos e inválidos de las entradas existentes en el software, descubre de forma inmediata una clase de errores que, de otro modo, requerirían la ejecución de muchos casos antes de detectar el error genérico. La partición equivalente se dirige a la definición de casos de pruebas que descubran clases de errores, reduciendo así en número de clases de prueba que hay que desarrollar.

5.2.10 DE SEGURIDAD. EVALUACIÓN DE LA PROTECCIÓN FRENTE A LOS ATAQUES MÁS COMUNES

Los problemas de seguridad en las aplicaciones que desarrolla una empresa repercuten directamente en la imagen de la misma ante el mercado, afectando fuertemente su negocio. La correcta identificación y corrección de los posibles problemas de seguridad en una etapa temprana del desarrollo permite ahorrar trabajo, reducir los costos y aumentar la calidad de la aplicación final, mejorando el desempeño global.

Para proteger nuestras aplicaciones, es necesario conocer los vectores de entrada utilizados por un hacker, o lo que es lo mismo, las vulnerabilidades que exponen nuestras Webs y que podrían ser explotadas.

Para esta tarea existen metodologías como el proyecto OWASP (*https://www.owasp.org/index.php/Main_Page*), que elabora un TOP 10 de amenazas basadas en el impacto producido según estudios estadísticos mundiales de tendencia de ataques.

Con el fin de que desarrollar aplicaciones web seguras, podemos aplicar un análisis OWASP a nuestra web, de forma que nos permita identificar y solventar problemas como:

- **Volcado de datos ejecutados a través de la inyección de sentencias**. Por ejemplo, obtener todos los correos electrónicos de nuestros clientes.
- **Gestión incorrecta de datos de sesión**. Por ejemplo, que un visitante modificando sus datos de sesión pueda suplantar al administrador.
- **Ejecución de código a través de dominios**. Por ejemplo, un código que permita tomar el control del navegador del visitante.
- **Evasión de sistemas de control de acceso por usuario**. Por ejemplo, un usuario que accede a información para la que tendría que haber realizado una contratación.
- **Configuración incorrecta de plataformas**. Por ejemplo, un servidor web configurado con parámetros por defecto que permitan a un atacante tomar el control del servidor.
- **Exposición de datos sensibles**. Por ejemplo, formularios de autenticación donde los datos no navegan utilizando cifrado, permitiendo así ser capturados.
- **Falta de funciones de control de acceso**. Por ejemplo, un usuario al que no se le muestra una opción porque no la ha contratado, pero que conociéndola a través de otros medios le permita alcanzarla.
- **Construcción de peticiones a través de dominios**. Por ejemplo, un usuario que pueda ejecutar una función para la que no tiene permiso a través de otro usuario que sí lo tenga.
- **Uso de componentes con vulnerabilidades reconocidas**. Por ejemplo mantener una versión de un servidor web sin actualizar, con el paso del tiempo se habrán detectado fallos que será necesario corregir.
- **Redirecciones invalidas**. Por ejemplo, alterar el enrutado de una web para acceder a una zona donde no se está autorizado o redirigir a un usuario a una página específica.

Las **Ventajas** de aplicar una metodología exhaustiva como lo es OWASP fortificará nuestras aplicaciones web y nos permitirá proveer un servicio seguro donde nuestros usuarios y nuestra organización no vea comprometida su información, que es al final el objetivo que perseguimos en Seguridad de la Información.

5.2.11 DE RENDIMIENTO

Las pruebas de rendimiento pueden servir para diferentes propósitos. Pueden demostrar que el sistema cumple los criterios de rendimiento. Pueden comparar dos sistemas para encontrar cuál de ellos funciona mejor. O pueden medir que partes del sistema o de carga de trabajo provocan que el conjunto rinda mal. Para su diagnóstico, los ingenieros de software utilizan herramientas como pueden ser monitorizaciones que midan qué partes de un dispositivo o software contribuyen más al mal rendimiento o para establecer niveles (y umbrales) del mismo que mantenga un tiempo de respuesta aceptable.

Es fundamental para alcanzar un buen nivel de rendimiento de un nuevo sistema, que los esfuerzos en estas pruebas comiencen en el inicio del proyecto de desarrollo y se amplíe durante su construcción. Cuanto más se tarde en detectar un defecto de rendimiento, mayor es el coste de la solución. Esto es cierto en el caso de las pruebas funcionales, pero mucho más en las pruebas de rendimiento, debido a que su ámbito de aplicación es de principio a fin.

En las pruebas de rendimiento, a menudo es crucial (y con frecuencia difícil de conseguir) que las condiciones de prueba sean similares a las esperadas en el uso real. Esto es, sin embargo, casi imposible en la práctica. La razón es que los sistemas en producción tienen un carácter aleatorio de la carga de trabajo y aunque en las pruebas se intente dar lo mejor de sí para imitar el volumen de trabajo que pueda tener el entorno de producción, es imposible reproducir exactamente la variabilidad de ese trabajo, salvo en el sistema más simple.

Los nuevos conceptos en la implementación de la arquitectura han añadido complejidad adicional a las pruebas de rendimiento. Los servicios o recursos de la empresa (que comparten infraestructura o plataforma) requieren pruebas de rendimiento coordinadas (con la creación del volumen y carga de todos los sistemas que comparten la infraestructura o plataformas) para reproducir realmente el estado del entorno de producción. Debido a la complejidad, coste y tiempo necesario en torno a esta actividad, algunas organizaciones emplean herramientas que pueden mostrar y crear condiciones (también conocido como "ruido") en los entornos de pruebas de rendimiento para comprender la capacidad y las necesidades de recursos y verificar/validar los niveles de calidad.

Dependiendo del objetivo perseguido podemos diseñar distintos tipos de pruebas.

- **Pruebas de Carga**: Intentarán validar que se alcanzan los objetivos de prestaciones a los que se verá sometido el sistema en un entorno productivo. Ejemplos:
  - Un sistema web debe soportar 3.500 reservas de viajes por hora con un tiempo de respuesta no superior a 6 segundos por página.
  - Se deben alcanzar 25 llamadas al servicio de localización geográfica con un tiempo de respuesta máximo de 2 segundos.
- **Pruebas de Capacidad**: Su objetivo es encontrar los límites de funcionamiento del sistema y detectar el cuello de botella o elemento limitante para poder actuar en caso de ampliación del servicio. Por ejemplo, el consumo de CPU en los servidores de base de datos alcanza el 100% con un nivel de servicio de 3.950 operaciones por hora.
- **Pruebas de estrés**: Someten al sistema a una carga por encima de los límites requeridos de funcionamiento. Ejemplos de situaciones de este tipo serían:
  - Puesta a la venta de un producto estrella en un canal de venta
  - Visitas masivas a una web de noticias ante un evento relevante

- **Pruebas de estabilidad**: Comprueban que no existe degradación del servicio por un uso prolongado del sistema. Un ejemplo sería: el sistema debe funcionar sin incidencia ni degradación del sistema durante 24 horas.
- **Pruebas de aislamiento**: Provocan concurrencia sobre componentes aislados del sistema para tratar de detectar posibles errores en ellos.
- **Pruebas de regresión de rendimiento**: Su objetivo es comprobar si se mantienen los niveles de rendimiento tras un cambio en el sistema, comparando el nivel de rendimiento (tiempo de respuesta, operaciones/hora, etc.) con el que ofrecía con anterioridad.

4.2.12 DE INTEGRIDAD DE DATOS Y BASE DE DATOS

El objetivo de esta prueba es asegurar que los métodos de acceso y procesos funcionan adecuadamente y sin ocasionar corrupción de datos.

La Base de datos y los procesos de Base de datos deben ser probados como sistemas separados del proyecto. Estos sistemas deberían ser probados sin usar interfaces de usuario (como las interfaces de datos). Se necesita realizar investigación adicional en el SGBD para identificar las herramientas y técnicas que podrían existir para soportar las pruebas identificadas más adelante.

4.2.12.1 Técnicas para llevar a cabo estas pruebas

- Invocar cada método de acceso y proceso de la Base de datos, utilizando en cada uno datos válidos e inválidos.
- Analizar la Base de datos, para asegurar que los datos han sido grabados apropiadamente, que todos los eventos de Base de datos se ejecutaron en forma correcta y revisar los datos retornados en diferentes consultas.

Si se superan las pruebas de forma exitosa todos los métodos de acceso y procesos de la Base de datos funcionan como fueron diseñados y sin corrupción de datos.

4.2.12.2 Consideraciones especiales

- Las pruebas pueden requerir un ambiente de Sistema Gestor de Bases de Datos o controladores para ingresar o modificar datos directamente en la Base de datos.
- Se debe utilizar un conjunto pequeño de datos para incrementar la visibilidad de cualquier evento anormal o inesperado.
- Los procesos pueden ser invocados manualmente.

5.3 DISEÑO Y PLANIFICACIÓN DE PRUEBAS. ESTRATEGIAS DE USO COMÚN

Para el diseño de las pruebas, se tendrán en cuenta aspectos que permitirán encontrar defectos en el periodo de desarrollo del software, la realización de pruebas propias de verificación y validación de datos, según se aclara en los siguientes ítems:

5.3.1 ALCANCE

El alcance de las pruebas estará dado por el marco del Sistema de Notificación en Línea, que se encuentra en desarrollo, está compuesta (Información tomada de los términos de referencia y del documento de Arquitectura General Detallada) por:

- Modelo Conceptual.
- Procesos.
- Descripción de Procesos.
- Vista de Casos de Uso.
- Vista Lógica.
- Diseño de las clases y su organización en paquetes y subsistemas.
- Vista de Datos.
- Vista de Implementación.
- Vista de Despliegue.
- Vista de Integración con Sistemas Externos.
- Vista de Parametrización del Sistema.
- Requerimientos no Funcionales.
- Prototipos del sistema.

5.3.2 INVENTARIO DE LAS PRUEBAS

En esta sección se especifica el inventario de las pruebas, el cual permitirá:

- Definir y asignar prioridades como; alta, media o baja.
- Establecer un orden de trabajo.
- Decidir qué casos entrarían en una regresión y cuáles no con mayor facilidad.
- Recortar alcance en forma rápida y ordenada.
- Se estima el tiempo en probar cada funcionalidad.
- Evaluar aspectos técnicos del sistema.

5.3.3 RESULTADO DE LA EJECUCIÓN DE LAS PRUEBAS

En este punto se resaltan las entradas fundamentales que son la partida para la ejecución del plan de pruebas.

- Inventario de pruebas priorizado.
- Estimación de esfuerzo de cada funcionalidad.
- Plan de desarrollo del producto.
- Plazos previstos para el proyecto.

5.3.4 CICLO DE LA PRUEBA

Las actividades de la prueba se realizarán para una determinada versión del producto, sobre la cual se ejecutan las pruebas y se reportan los incidentes encontrados. Para cada versión del producto se realizan alguna o todas las tareas asociadas a las pruebas.

El proceso de planificación se ajusta al comenzar cada ciclo debido a posibles:

- Atrasos de desarrollo.
- Modificaciones en los requerimientos iníciales.
- Cambios en el alcance del producto.
- Calidad del producto.

5.4 CONSIDERACIONES DE CONFIDENCIALIDAD. PRUEBAS CON DATOS PERSONALES

Cuando necesitamos realizar pruebas de nuestra web que afectan a la inclusión de datos personales para poder llevar a cabo dichas pruebas, nos encontramos ante la tesitura de obtener una buena lista de nombres, apellidos, direcciones y demás, tenemos dos opciones:

- Utilizar nombres y direcciones reales, con lo que deberemos informar a las personas implicadas para obtener su consentimiento para el uso de dichos datos.
- Utilizar nombres y direcciones ficticios, en este caso o bien podemos inventarnos los datos de nuestros usuarios/as o utilizar alguna solución que nos permita generarlos de forma aleatoria.

5.4.1 GENERADORES DE DATOS PERSONALES ALEATORIOS PARA PRUEBAS

Podemos citar en este apartado dos páginas realmente interesantes que permiten generar datos aleatorios con bastantes parámetros.

5.4.1.1 Generatedata

Le permite crear una lista de registros de datos personales simulados a elegir entre múltiples opciones y luego exportarlos a diversos formatos, incluyendo sentencias INSERT de SQL para insertarlos en una base de datos.

La versión gratuita, sin registrarnos, permite generar hasta 200 registros de una vez. Donando 20 dólares podemos generar 5.000 de una sola vez.

Su dirección web es: *http://www.generatedata.com/?lang=es#t1.*

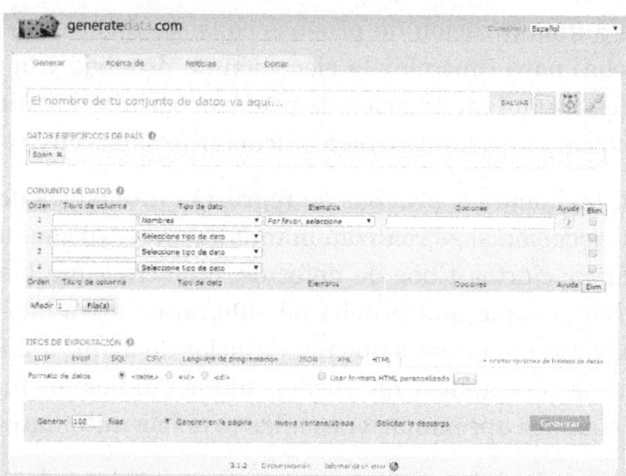

Figura 5.1. generatedata

5.4.1.2 Fake Name Generator

Permite elegir el género, la tipología de nombres (latinos, daneses, americanos, chinos, húngaros, eslovenos y así hasta 14 tipologías) y el país para las direcciones (a elegir entre 19 países). A partir de esto genera una ficha detalladísima de datos personales que incluye hasta número de Visa (falso, claro), número de seguridad social americano (en caso de USA), dirección de e-mail que podremos usar para recibir correo real en ella y hacernos pasar por el individuo en cuestión.

Su dirección web es *http://es.fakenamegenerator.com/*

Figura 5.2. *fake name generator.*

5.5 AUTOMATIZACIÓN DE PRUEBAS. HERRAMIENTAS

En las pruebas de software, la automatización de pruebas consiste en el uso de software especial (casi siempre separado del software que se prueba) para controlar la ejecución de pruebas y la comparación entre los resultados obtenidos y los resultados esperados. La automatización de pruebas permite incluir pruebas repetitivas y necesarias dentro de un proceso formal de pruebas ya existente o bien adicionar pruebas cuya ejecución manual resultaría difícil.

Algunas pruebas de software tales como las pruebas de regresión intensivas de bajo nivel pueden ser laboriosas y consumir mucho tiempo para su ejecución si se realizan manualmente. Adicionalmente, una aproximación manual puede no ser efectiva para encontrar ciertos tipos de defectos, mientras que las pruebas automatizadas ofrecen una alternativa que lo permite. Una vez que una prueba ha sido automatizada, ésta puede ejecutarse repetitiva y rápidamente en particular con productos de software que tienen ciclos de mantenimiento largo, ya que incluso cambios relativamente menores en la vida de una aplicación pueden inducir fallos en funcionalidades que anteriormente operaban de manera correcta. Existen dos aproximaciones a las pruebas automatizadas:

- **Pruebas manejadas por el código**: Se prueban las interfaces públicas de las clases, módulos o bibliotecas con una variedad amplia de argumentos de entrada y se valida que los resultados de obtenidos sean los esperados.

- **Pruebas de interfaz de usuario**: Un marco de pruebas genera un conjunto de eventos de la interface de usuario, tales como teclear, hacer clic con el ratón e interactuar de otras formas con el software y se observan los cambios resultantes en la interface de usuario, validando que el comportamiento observable del programa sea el correcto.

La elección misma entre automatización y ejecución manual de pruebas, los componentes cuya prueba será automatizada, las herramientas de automatización y otros elementos son críticos en el éxito de las pruebas, y por lo regular deben provenir de una elección conjunta de los equipos de desarrollo, control de calidad y administración. Un ejemplo de mala elección para automatizar, sería escoger componentes cuyas características son inestables o su proceso de desarrollo implica cambios continuos.

5.5.1 HERRAMIENTAS DE VALIDACIÓN DE CÓDIGO HTML/CSS

No conviene olvidar que en las aplicaciones web la comunicación entre el servidor y el cliente se realiza mediante HTML/CSS. Una cuestión fundamental para garantizar que el cliente va a poder representar la interfaz de la aplicación de la manera correcta es que los datos que el servidor envía sean válidos. Por ello, en cualquier aplicación web se deberá validar todo el HTML/CSS transmitido al cliente.

Para ayudar en dicha tarea se pueden utilizar diferentes validadores como el del W3C *http://validator.w3.org/*

5.5.2 HERRAMIENTAS PARA PONER A PRUEBA EL SERVICIO

En una aplicación web es vital conocer la capacidad del sistema en cuanto a número de clientes y concurrencia de los mismos. Por ello resulta necesario simular un enjambre de clientes que ponga a prueba la aplicación para poder valorar su rendimiento, o que realice en ella ciertas operaciones que se quieren poner a prueba.

ApacheBench (comando ab) es un pequeño programa que acompaña a la distribución de Apache y permite realizar peticiones de forma repetida y concurrente para valorar el rendimiento del mismo.

Otra opción más compleja es **JMeter**, en este caso es posible probar aplicaciones web y también otros protocolos (ftp, ldap, jdbc, la aplicación es extensible mediante plugins). No solo se puede generar carga para el servidor y valorar el tiempo de respuesta, sino que se puede realizar un completo plan de prueba que incluya pruebas unitarias (validando la respuesta del servidor) o simulando determinado comportamiento de los usuarios.

5.5.3 HERRAMIENTAS EN EL NAVEGADOR

Por último, un desarrollador web también suele utilizar extensiones para el navegador (como *Firebug* para Firefox) que permiten inspeccionar con detalle la respuesta recibida por el agente de usuario. Mostrando todo tipo de información relativa a la red, rendimiento y elementos de la respuesta.

5.5.4 HERRAMIENTAS PARA PRUEBAS AUTOMATIZADAS

Existen muchas herramientas comerciales e infraestructuras de código abierto para las pruebas automatizadas de aplicaciones web. **QTP**, **Rational Functional tester** (**RFT**), **Selenium** y **Webdrive** son algunos ejemplos de las muchas herramientas comerciales e infraestructuras de código abierto para las pruebas automatizadas de aplicaciones web. De entre todas estas **Sahi** está ganando popularidad en el dominio de las pruebas automatizadas.

Sahi (*http://www.ibm.com/developerworks/ssa/web/library/wa-sahi/#resources*) es una herramienta de código abierto que permite grabación y reproducción en todos los navegadores. Proporciona distintos controladores de lenguaje para escribir scripts de prueba, y soporta Ajax y aplicaciones web altamente dinámicas.

Sahi es una herramienta habilidades para grabar y reproducir en todos los navegadores; distintos controladores de lenguaje para escribir scripts de prueba (Java, Ruby); y soporte para AJAX y aplicaciones web altamente dinámicas. Sahi también soporta HTTPS y autenticaciones NTLM.

Sahi tiene varios componentes:

- **Controlador Sahi (IDE)**. Funciona en todos los navegadores y graba scripts en dos modos: formato Sahi o Java.
- **Identificación de objeto robusto**. Es independiente de la estructura HTML. Sus APIs intuitivas, tales como *near* e *in method*, pueden ayudar a localizar elementos de navegador incluso si la página tiene sólo un cambio menor, eliminando la necesidad de XPaths (que pueden ser difíciles de entender).
- **Esperas implícitas**. Elimina la necesidad de lidiar con la implementación de espera, aún para AJAX y cargas de página. Los sujetos de prueba no necesitan saber el funcionamiento interno de una aplicación.

5.6 EJERCICIOS DEL CAPÍTULO 5

1 Según la naturaleza de lo que se esté controlando, las pruebas se pueden dividir en dos categorías:
a) Pruebas centradas en la verificación.
b) Pruebas centradas en la validación.
c) Pruebas centradas en el análisis.
d) A y B son ciertas.
e) Ay C son ciertas.

2 Se llaman así a un tipo de pruebas de software que intentan descubrir las causas de nuevos errores (bugs), carencias de funcionalidad, o divergencias funcionales con respecto al comportamiento esperado del software:
a) Pruebas Funcionales.
b) Pruebas de Recorrido.
c) Pruebas de Regresión.
d) Pruebas Estructurales.
e) Pruebas de Aceptación.

3 Las pruebas de caja blanca (también conocidas como pruebas de caja de cristal), son llamadas también:
a) Pruebas Funcionales.
b) Pruebas de Recorrido.
c) Pruebas de Regresión.
d) Pruebas Estructurales.
e) Pruebas de Aceptación.

4 El objetivo de estas pruebas es validar que un sistema cumple con el funcionamiento esperado y permitir al usuario de dicho sistema que determine su aceptación, desde el punto de vista de su funcionalidad y rendimiento:

a) Pruebas Funcionales.
b) Pruebas de Recorrido.
c) Pruebas de Regresión.
d) Pruebas Estructurales.
e) Pruebas de Aceptación.

5 Son unas pruebas basadas en la ejecución, revisión y retroalimentación de las funcionalidades previamente diseñadas para el software

a) Pruebas Funcionales.
b) Pruebas de Recorrido.
c) Pruebas de Regresión.
d) Pruebas Estructurales.
e) Pruebas de Aceptación

6 Control de versiones

6.1 DEFINICIÓN

Se llama control de versiones a la gestión de los diversos cambios que se realizan sobre los elementos de algún producto o una configuración del mismo. Una versión, revisión o edición de un producto, es el estado en el que se encuentra dicho producto en un momento dado de su desarrollo o modificación.

Aunque un sistema de control de versiones puede realizarse de forma manual, es muy aconsejable disponer de herramientas que faciliten esta gestión dando lugar a los llamados sistemas de control de versiones o SVC (del inglés *System Version Control*).

Estos sistemas facilitan la administración de las distintas versiones de cada producto desarrollado, así como las posibles especializaciones realizadas (por ejemplo, para algún cliente específico). Ejemplos de este tipo de herramientas son entre otros: Git, CVS, Subversion, SourceSafe, ClearCase, Darcs, Bazaar , Plastic SCM, Git, Mercurial, Perforce, etc

El control de versiones se realiza principalmente en la industria informática para controlar las distintas versiones del código fuente dando lugar a los sistemas de control de código fuente o SCM (siglas del inglés Source Code Management). Sin embargo, los mismos conceptos son aplicables a otros ámbitos como documentos, imágenes, sitios web, etc.

6.2 CARACTERÍSTICAS GENERALES

Un sistema de control de versiones debe proporcionar:

- Mecanismo de almacenamiento de los elementos que deba gestionar.
- Posibilidad de realizar cambios sobre los elementos almacenados.
- Registro histórico de las acciones realizadas con cada elemento o conjunto de elementos.

Aunque no es estrictamente necesario, suele ser muy útil la generación de informes con los cambios introducidos entre dos versiones, informes de estado, marcado con nombre identificativo de la versión de un conjunto de ficheros, etc.

6.3 TERMINOLOGÍA

La terminología empleada puede variar de sistema a sistema, pero a continuación se describen algunos términos de uso común.

6.3.1 REPOSITORIOS. GESTIÓN Y ADMINISTRACIÓN

El repositorio es un almacén de contenido. Lo más frecuente es que lo encontremos alojado en internet, pero dependiendo del caso podemos ayudarlo en un medio extraíble como un disco duro, o cualquier otro sitio físico donde depositar el contenido virtual, orientado a la producción almacenamiento u distribución de material digital, libros electrónicos, logotipos, imágenes, material didáctico o software. Para entender lo que es un repositorio, debemos tener claro el concepto de sistema de control de versiones (*Revision Control System* - RCS), este es fundamental para que un repositorio pueda cumplir con su finalidad. El sistema de control de versiones debe disponer de un repositorio que contenga el historial de versiones de todos los elementos gestionados.

Como se comentó anteriormente, las características fundamentales que debe cumplir el control de versiones son:

- Almacenaje de los elementos que deba gestionar, documentos de texto, imágenes, archivos digitales.
- Modificaciones de los elementos almacenados, cambios parciales o totales, como renombrar, borrar, añadir o mover elementos.
- Registro histórico de las acciones realizadas con cada elemento o en conjunto, normalmente pudiendo volver o extraer un estado anterior del producto. Este se realiza mediante un implemento en el sistema de control de versiones el cual varía según la forma de gestionarlo.

Los repositorios pueden ser:

- **Centralizados**: repositorio centralizado de todo el código, un usuario/a (o grupo) es el responsable de la aprobación de decisiones. Es el caso de *Concurrent Versions System* (CVS). Facilita las tareas pero reduce la flexibilidad.
- **Distribuidos**: Permite que cada usuario/a tenga un repositorio individual. Pudiendo intercambiar y mezclar revisiones entre ellos sin necesidad de repositorio centralizado. Los programas como *Git* y *Mercurial* son ejemplo de ello.

Cada usuario/a puede crearse una copia local, duplicado técnicamente conocido como *check out* del contenido, incluso de la última versión, o cualquier versión almacenada disponible en el historial...

Existen dos modos de operar a la hora de realizar una modificación de la copia local:

- **Exclusivos**: El/la usuario/a selecciona el contenido a modificar en el local y el sistema se encarga de que ningún/a otro/a usuario/a pueda modificar dicho elemento.
- **Colaborativos**: El/la usuario/a se descarga la copia y la modifica, posteriormente se actualiza en el repositorio los cambios realizados siendo el sistema el que se encarga de interpretar las diversas modificaciones. Requiere una buena coordinación del personal para no generar conflictos que tendrían que ser solucionados manualmente, a este proceso se le denomina *check in*.

El procedimiento de modificación de un componente consiste, de manera general, en adquirir una copia local del componente para trabajar en ella. Tras esto, el componente modificado se establece como una nueva revisión en el repositorio.

6.3.1.1 Mecanismos de control

Para permitir un acceso colaborativo al repositorio (para modificación y lectura), las herramientas utilizan diferentes estrategias, orientadas a evitar conflictos al compartir archivos. Estos conflictos se generan cuando dos (o más) personas trabajan en el mismo archivo, al terminar de modificarlo y querer impactar sus cambios en el repositorio, corren el riesgo de sobrescribir las modificaciones del otro.

Modelo bloquear-modificar-desbloquear

En esta estrategia, el repositorio permite que solamente un usuario modifique un archivo, para ello primero debe bloquearlo. Cuando otro usuario intente bloquearlo, el sistema no lo permitirá y deberá esperar a que el primero termine y lo desbloquee. Este modelo ocasiona ciertos problemas:

- **Tiempos muertos**: debido a que alguien bloquea un archivo y olvida desbloquearlo, mientras que otro usuario necesita utilizarlo.
- **Esperas injustificadas**: en el caso de que un usuario deba modificar una sección diferente de la que está modificando el usuario bloqueante.
- **Falso sentido de seguridad**: en el caso de dependencias entre los archivos, se puede llegar a tener inconsistencias o *deadlocks*.

Estos problemas pueden ser manejados en grupos de desarrollo pequeños y poco distribuidos, donde la comunicación por vías convencionales es factible.

Modelo copiar-modificar-combinar

Este modelo permite que múltiples usuarios trabajen simultáneamente en sendas copias locales del repositorio (*working copy*). Al momento de actualizar el repositorio con los cambios realizados, el sistema se encarga de comparar las versiones y combinarlas (generalmente el usuario participa en la toma de decisiones al respecto). La mayoría de los problemas del modelo anterior se resuelven utilizando éste. Los conflictos en este modelo se dan cuando dos (o más) usuarios modifican la misma porción de un archivo. La resolución de este conflicto involucra comunicación entre los usuarios implicados

6.3.2 MÓDULO

Conjunto de directorios y/o archivos dentro del repositorio que pertenecen a un proyecto común.

6.3.3 REVISIÓN ("VERSION")

Una **revisión** es una versión determinada de la información que se gestiona. Hay sistemas que identifican las revisiones con un contador (Ej. subversion). Hay otros sistemas que identifican las revisiones mediante un código de detección de modificaciones (Ej. Git). A la última versión se le suele identificar de forma especial con el nombre de HEAD. Para poner especial a una revisión concreta se usan los rótulos o *tags*.

6.3.4 ROTULAR ("TAG")

Darle a alguna versión de cada uno de los ficheros del módulo en desarrollo en un momento preciso un nombre común ("etiqueta" o "rótulo") para asegurarse de reencontrar ese estado de desarrollo posteriormente bajo ese nombre. En la práctica se rotula a todos los archivos en un momento determinado. Para eso el módulo se "congela" durante el rotulado para imponer una versión coherente. Pero bajo ciertas circunstancias puede ser necesario utilizar versiones de algunos ficheros que no coinciden temporalmente con las de los otros ficheros del módulo.

Los tags permiten identificar de forma fácil revisiones importantes en el proyecto. Por ejemplo se suelen usar tags para identificar el contenido de las versiones publicadas del proyecto.

En algunos sistemas se considera un tag como una rama en la que los ficheros no evolucionan, están congelados.

6.3.5 LÍNEA BASE ("BASELINE")

Una revisión aprobada de un documento o fichero fuente, a partir del cual se pueden realizar cambios subsiguientes.

6.3.6 ABRIR RAMA ("BRANCH") O RAMIFICAR

Un módulo puede ser *branched* o bifurcado en un instante de tiempo de forma que, desde ese momento en adelante se tienen dos copias (ramas) que evolucionan de forma independiente siguiendo su propia línea de desarrollo. El módulo tiene entonces 2 (o más) "ramas". La ventaja es que se puede hacer un "merge" de las modificaciones de ambas ramas, posibilitando la creación de "ramas de prueba" que contengan código para evaluación, si se decide que las modificaciones realizadas en la "rama de prueba" sean preservadas, se hace un "merge" con la rama principal. Son motivos habituales para la creación de ramas la creación de nuevas funcionalidades o la corrección de errores.

6.3.7 DESPLEGAR ("CHECK-OUT", "CHECKOUT")

Un despliegue crea una copia de trabajo local desde el repositorio. Se puede especificar una revisión concreta, y por defecto se suele obtener la última.

6.3.8 "PUBLICAR" O "ENVIAR" ("COMMIT", "CHECK-IN", "INSTALL", "SUBMIT")

Un commit sucede cuando una copia de los cambios hechos a una copia local es escrita o integrada sobre repositorio.

6.3.9 CONFLICTO

Un conflicto ocurre en las siguientes circunstancias:

- Los usuarios X e Y despliegan versiones del archivo A en que las líneas n1 hasta n2 son comunes.
- El usuario X envía cambios entre las líneas n1 y n2 al archivo A.
- El usuario Y no actualiza el archivo A tras el envío del usuario X.
- El usuario Y realiza cambios entre las líneas n1 y n2.
- El usuario Y intenta posteriormente enviar esos cambios al archivo A.
- El sistema es incapaz de fusionar los cambios. El usuario Y debe resolver el conflicto combinando los cambios, o eligiendo uno de ellos para descartar el otro.

6.3.10 RESOLVER

El acto de la intervención del usuario para atender un conflicto entre diferentes cambios al mismo documento.

6.3.11 CAMBIO ("CHANGE", "DIFF", "DELTA")

Un cambio representa una modificación específica a un documento bajo control de versiones. La granularidad de la modificación considerada un cambio varía entre diferentes sistemas de control de versiones.

6.3.12 LISTA DE CAMBIOS ("CHANGELIST", "CHANGE SET", "PATCH")

En muchos sistemas de control de versiones con commits multi-cambio atómicos, una lista de cambios identifica el conjunto de cambios hechos en un único commit. Esto también puede representar una vista secuencial del código fuente, permitiendo que el fuente sea examinado a partir de cualquier identificador de lista de cambios particular.

6.3.13 EXPORTACIÓN ("EXPORT")

Una exportación es similar a un *check-out*, salvo porque crea un árbol de directorios limpio sin los metadatos de control de versiones presentes en la copia de trabajo. Se utiliza a menudo de forma previa a la publicación de los contenidos.

6.3.14 IMPORTACIÓN ("IMPORT")

Una importación es la acción de copia un árbol de directorios local (que no es en ese momento una copia de trabajo) en el repositorio por primera vez.

6.3.15 INTEGRACIÓN O FUSIÓN ("MERGE")

Una integración o fusión une dos conjuntos de cambios sobre un fichero o un conjunto de ficheros en una revisión unificada de dicho fichero o ficheros.

Esto puede suceder cuando un usuario, trabajando en esos ficheros, actualiza su copia local con los cambios realizados, y añadidos al repositorio, por otros usuarios. Análogamente, este mismo proceso puede ocurrir en el repositorio cuando un usuario intenta check-in sus cambios.

Puede suceder después de que el código haya sido branched, y un problema anterior al branching sea arreglado en una rama, y se necesite incorporar dicho arreglo en la otra.

Puede suceder después de que los ficheros hayan sido branched, desarrollados de forma independiente por un tiempo, y que entonces se haya requerido que fueran fundidos de nuevo en un único trunk unificado.

6.3.16 INTEGRACIÓN INVERSA

El proceso de fundir ramas de diferentes equipos en el trunk principal del sistema de versiones.

6.3.17 ACTUALIZACIÓN ("SYNC" O "UPDATE")

Una actualización integra los cambios que han sido hechos en el repositorio (por ejemplo por otras personas) en la copia de trabajo local.

6.3.18 COPIA DE TRABAJO ("WORKSPACE")

La copia de trabajo es la copia local de los ficheros de un repositorio, en un momento del tiempo o revisión específicos. Todo el trabajo realizado sobre los ficheros en un repositorio se realiza inicialmente sobre una copia de trabajo, de ahí su nombre. Conceptualmente, es un cajón de arena o sandbox.

6.3.19 CONGELAR

Congelar significa permitir los últimos cambios (commits) para solucionar las fallas a resolver en una entrega (*release*) y suspender cualquier otro cambio antes de una entrega, con el fin de obtener una versión consistente. Si no se congela el repositorio, un desarrollador podría comenzar a resolver una falla cuya resolución no está prevista y cuya solución dé lugar a efectos colaterales imprevistos.

6.4 FORMAS DE COLABORAR

Para colaborar en un proyecto usando un sistema de control de versiones lo primero que hay que hacer es crearse una copia local obteniendo información del repositorio. A continuación el usuario puede modificar la copia. Existen dos esquemas básicos de funcionamiento para que los usuarios puedan ir aportando sus modificaciones:

- De forma **exclusiva**: En este esquema para poder realizar un cambio es necesario comunicar al repositorio el elemento que se desea modificar y el sistema se encargará de impedir que otro usuario pueda modificar dicho elemento. Una vez hecha la modificación, ésta se comparte con el resto de colaboradores. Si se ha terminado de modificar un elemento entonces se libera ese elemento para que otros lo puedan modificar.

  Este modo de funcionamiento es el que usa, por ejemplo, *SourceSafe*. Otros sistemas de control de versiones, como *subversion*, aunque no obligan a usar este sistema, disponen de mecanismos que permiten implementarlo.

- De forma **colaborativa**: En este esquema cada usuario modifica la copia local y cuando el usuario decide compartir los cambios el sistema automáticamente intenta combinar las diversas modificaciones. El principal problema es la posible aparición de conflictos que deban ser solucionados manualmente o las posibles inconsistencias que surjan al modificar el mismo fichero por varias personas no coordinadas. Además, esta semántica no es apropiada para ficheros binarios.

  Los sistemas de control de versiones subversion o Git permiten implementar este modo de funcionamiento.

6.5 TIPOS DE CONTROL DE VERSIONES

6.5.1 CENTRALIZADOS

Existe un repositorio centralizado de todo el código, del cual es responsable un único usuario (o conjunto de ellos). Se facilitan las tareas administrativas a cambio de reducir flexibilidad, pues todas las decisiones fuertes (como crear una nueva rama) necesitan la aprobación del responsable. Algunos ejemplos son CVS y Subversion.

Ventajas de sistemas centralizados:

- En los sistemas distribuidos hay menos control a la hora de trabajar en equipo ya que no se tiene una versión centralizada de todo lo que se está haciendo en el proyecto.
- En los sistemas centralizados las versiones vienen identificadas por un número de versión. Sin embargo en los sistemas de control de versiones distribuidos no hay números de versión, ya que cada repositorio tendría sus propios números de revisión dependiendo de los cambios. En lugar de eso cada versión tiene un identificador al que se le puede asociar una etiqueta (tag).

6.5.2 DISTRIBUIDOS

Cada usuario tiene su propio repositorio. Los distintos repositorios pueden intercambiar y mezclar revisiones entre ellos. Es frecuente el uso de un repositorio, que está normalmente disponible, que sirve de punto de sincronización de los distintos repositorios locales. Ejemplos: Git y Mercurial.

Ventajas de sistemas distribuidos:

- Necesita menos veces estar conectado a la red para hacer operaciones. Esto produce una mayor autonomía y una mayor rapidez.
- Aunque se caiga el repositorio remoto la gente puede seguir trabajando
- Al hacer los distintos repositorio una réplica local de la información de los repositorios remotos a los que se conectan, la información está muy replicada y por tanto el sistema tiene menos problemas en recuperarse si por ejemplo se quema la máquina que tiene el repositorio remoto. Por tanto hay menos necesidad de *backups*. Sin embargo los *backups* siguen siendo necesarios para resolver situaciones en las que cierta información todavía no haya sido replicada.
- Permite mantener repositorios centrales más limpios en el sentido de que un usuario puede decidir que ciertos cambios realizados por él en el repositorio local, no son relevantes para el resto de usuarios y por tanto no permite que esa información sea accesible de forma pública. Por ejemplo es muy útil se pueden tener versiones inestables o en proceso de codificación o también tags propios del usuario.
- El servidor remoto requiere menos recursos que los que necesitaría un servidor centralizado ya que gran parte del trabajo lo realizan los repositorios locales.
- Al ser los sistemas distribuidos más recientes que los sistemas centralizados, y al tener más flexibilidad por tener un repositorio local y otro/s remotos, estos sistemas han sido diseñados para hacer fácil el uso de ramas (creación, evolución y fusión) y poder aprovechar al máximo su potencial. Por ejemplo se pueden crear ramas en el repositorio remoto para corregir errores o crear funcionalidades nuevas. Pero también se pueden crear ramas en los repositorios locales para que los usuarios puedan hacer pruebas y dependiendo de los resultados fusionarlos con el desarrollo principal o no. Las ramas dan una gran flexibilidad en la forma de trabajo.

6.6 BUENAS PRÁCTICAS EN CONTROL DE VERSIONES

6.6.1 UPDATES

Antes de nada haga un *update*. No empiece a programar sin estar seguro de que su copia local del proyecto está actualizada. Evitará caer en conflictos con otras modificaciones ya realizadas y programar algo que ya ha hecho un compañero.

Analice los cambios realizados por sus compañeros. No le dé al botón y punto. Al menos en los ficheros relacionados con su tarea actual.

Use un cliente y editor potente, como el de *Eclipse*, para comparar su copia local de un fichero con la copia remota del servidor.

6.6.2 COMMITS

No haga *commit* de algo roto. Antes de subir algo, asegúrese de que como mínimo compila, la aplicación se construye bien y el servidor arranca. Un par de pruebas sencillas estaría bien, si son test automatizados y repetibles mucho mejor.

Intente ser lo más estricto posible con esto, sobre todo si no cuenta con un sistema de integración continua que detecte de forma automática los fallos que se van introduciendo en el proyecto, al final ese trabajo hay que hacerlo y sale mejor poco a poco y cuando las cosas están frescas que todo al final, la semana antes de la entrega.

Formatee su código antes de subirlo. Con un IDE decente es una simple combinación de teclas o un clic de ratón y evitará conflictos.

Realice commits regularmente. En plena fase de desarrollo lo normal sería realizar al menos un commit al día. No deje que se acumulen modificaciones de muchos días sin subir o se llevarás más de una sorpresa en forma de conflicto en todas sus modificaciones.

6.6.3 COMENTARIOS

Comente siempre sus commits. Por mucha pereza que le dé, por inútil que crea que sea, comente sus commits.

Use comentarios inteligentes y normalizados. Por ejemplo, clasifique los comentarios haciendo que empiecen por los prefijos ADD para nuevas características, MOD para modificaciones y FIX para bugfixes.

Si usa un gestor de *issues*, tipo *Jira, Trac, Mantis*, etc., indique en el comentario el identificador de los issues afectados. De este modo conseguirá trazabilidad entre los issues y el código.

6.6.4 ESTRUCTURA DE UN PROYECTO EN SCV

La estructura del proyecto en el SCV debe contener todo lo necesario para construir la aplicación una vez realizado el *checkout*. Esto implica que si el proyecto no usa un sistema que gestione y obtenga las dependencias, como Maven o Ivy, debe añadirlas a la estructura para que estén siempre disponibles.

Suba los ficheros propios de configuración del IDE sólo si es el oficial de su organización. Un proyecto debe poder construirse de forma automática e independiente a cualquier IDE por lo que no hace falta incluir los ficheros de configuración del proyecto dentro de ningún IDE para cumplir con la buena práctica. Sin embargo, hay usuarios que suele costarles demasiado configurar un proyecto en un IDE, suele ser relativamente útil subir los ficheros de configuración del IDE oficial de la empresa aunque sea contraproducente.

No suba ficheros que son generados de forma automática como parte del propio ciclo de construcción del proyecto, como los ficheros .class, javadoc, reports o el mismo war. Como norma se debe ignorar la carpeta build completa.

6.6.5 CONFLICTOS

Analícelos con calma. Aunque el primer instinto sea llamar al que hizo el último commit, la mayoría de los conflictos suelen ser triviales y con ayuda de un editor potente y un poco de atención podrá resolverlos solo.

Si necesita ayuda pídala. Aun así puede que necesite ayuda, lleva poco tiempo en el proyecto, el fichero ha cambiado totalmente, cree que han podido introducir un bug ... no pasa nada, mejor que llame a su compañero y lo resuelvan juntos antes de meter la pata con el código del compañero y el suyo.

Comente el código una vez resuelto el conflicto si ha modificado su funcionalidad. En la próxima actualización su compañero verá que ha cambiado su código, mejor que lea el motivo en el propio código antes de que le dedique algún "piropo".

6.6.6 TAGS

Reutilice el esquema de nomenclatura de versiones del proyecto para dar nombre a los tags. El esquema debe ordenar de forma incremental en el tiempo los nombres para facilitar la presentación del listado con todos los tags del proyecto.

Así por ejemplo, se puede utilizar el típico esquema X.Y.Z, donde X es el número de versión mayor, Y es versión menor y Z es versión de bug. Como CVS no soporta el carácter punto, puede utilizar el guión bajo como separador. Es decir, la versión v2.4.3 se traduce al tag v2_4_3.

Si no tienes un esquema, es el momento de crearlo. No use la fecha como nombre para un tag. Mucho menos en formato ddmmaaaa, que no se ordena de forma incremental.

Asegúrese de que tiene la versión correcta del proyecto antes de crear un tag. ¿Han subido sus compañeros sus últimos cambios? ¿Ha hecho un update?

Cree un tag por cada release del proyecto que se produzca. Aunque sea una release interna. Esto le permitirá continuar desarrollando y aun así poder volver sin esfuerzo al estado del código de la release, por si necesita corregir algún bug, realizar una pequeña mejora o simplemente realizar una entrega o distribución.

En general, cree un tag por cada suceso con implicación externa que ocurra en el proyecto. Como una entrega a un entorno de integración, el fin de un sprint, la realización de una demo, etc. Crear un tag es un momento, pero volver al estado de un proyecto un par de semanas después, deshaciendo los cambios a mano, es un infierno.

Recuerde que siempre puede borrar los tags que dejen de tener sentido.

6.7 HERRAMIENTAS DE CONTROL DE VERSIONES DE USO COMÚN

6.7.1 SISTEMAS CENTRALIZADOS

6.7.1.1 CVS (Concurrent Versions System)

Concurrent Versions System o simplemente CVS, también conocido como Concurrent Versioning System, es una aplicación informática que implementa un sistema de control de versiones: mantiene el registro de todo el trabajo y los cambios en los ficheros (código fuente principalmente) que forman un proyecto (de programa) y permite que distintos desarrolladores (potencialmente situados a gran distancia) colaboren. CVS se ha hecho popular en el mundo del software libre. Sus desarrolladores difunden el sistema bajo la licencia GPL.

Figura 6.1. *CVS*

CVS utiliza una arquitectura cliente-servidor: un servidor guarda la(s) versión(es) actual(es) del proyecto y su historial. Los clientes se conectan al servidor para sacar una copia completa del proyecto. Esto se hace para que eventualmente puedan trabajar con esa copia y más tarde ingresar sus cambios con comandos GNU.

Típicamente, cliente y servidor se conectan utilizando Internet, pero con el sistema CVS el cliente y servidor pueden estar en la misma máquina. El sistema CVS tiene la tarea de mantener el registro de la historia de las versiones del programa de un proyecto solamente con desarrolladores locales. Originalmente, el servidor utilizaba un sistema operativo similar a Unix, aunque en la actualidad existen versiones de CVS en otros sistemas operativos, incluido Windows. Los clientes CVS pueden funcionar en cualquiera de los sistemas operativos más difundidos.

Varios clientes pueden sacar copias YOU del proyecto al mismo tiempo. Posteriormente, cuando actualizan sus modificaciones, el servidor trata de acoplar las diferentes versiones. Si esto falla, por ejemplo debido a que dos clientes tratan de cambiar la misma línea en un archivo en particular, entonces el servidor deniega la segunda actualización e informa al cliente sobre el conflicto, que el usuario deberá resolver manualmente. Si la operación de ingreso tiene éxito, entonces los números de versión de todos los archivos implicados se incrementan automáticamente, y el servidor CVS almacena información sobre la actualización, que incluye una descripción suministrada por el usuario, la fecha y el nombre del autor y sus archivos de registro (log).

Los clientes pueden también comparar diferentes versiones de archivos, solicitar una historia completa de los cambios, o sacar una "foto" histórica del proyecto tal como se encontraba en una fecha determinada o en un número de revisión determinado. Muchos proyectos de código abierto permiten el "acceso de lectura anónimo", significando que los clientes pueden sacar y comparar versiones sin necesidad de teclear una contraseña; solamente el ingreso de cambios requiere una contraseña en estos casos.

Los clientes también pueden utilizar la orden de actualización con el fin de tener sus copias al día con la última versión que se encuentra en el servidor. Esto elimina la necesidad de repetir las descargas del proyecto completo.

CVS también puede mantener distintas "ramas" de un proyecto. Por ejemplo, una versión difundida de un proyecto de programa puede formar una rama y ser utilizada para corregir errores. Todo esto se puede llevar a cabo mientras la versión que se encuentra actualmente en desarrollo y posee cambios mayores con nuevas características se encuentre en otra línea formando otra rama separada.

Historia y estado

CVS fue desarrollado por GNU, el sitio GNU distribuye el programa, denominándolo "paquete GNU" con aplicaciones básicas a través de esta página. En otros proyectos se otorga con licencia GPL.

Actualmente existen muchas versiones de CVS implantadas en los diferentes sistemas operativos.

Limitaciones del protocolo CVS

Los archivos en el repositorio sobre la plataforma CVS no pueden ser renombrados, estos deben ser agregados con otro nombre y luego eliminados. El protocolo CVS no provee una manera de que los directorios puedan ser eliminados o renombrados, cada archivo en cada subdirectorio debe ser eliminado y re-agregado con el nuevo nombre. Soporte limitado para archivos Unicode con nombres de archivo no ASCII.

6.7.1.2 SVN (Subversion)

Desarrollado por Apache en 2000, es el sistema centralizado más popular. Distribuido bajo una licencia de software libre y sucesor (casi totalmente compatible) de CVS

- Los commit son atómicos
- Soporte para distintas codificaciones
- Branching más rápido

Figura 6.2. *SVN*

Capas

SVN cuenta con varias bibliotecas organizadas en capas:

- Fs: capa más baja, implementa el almacenamiento de datos
- Repos: añade funcionalidades adicionales al sistema de ficheros de Fs.
- Repos+Fs constituyen la "interfaz del sistema de ficheros"
- mod_dav_svn: acceso a WebDAV, una extensión de HTTP para facilitar la colaboración en la edición y administración de documentos almacenados en servidores en la WWW.
- Ra: acceso al repositorio, local (file://)

Sistema de ficheros

- Sistema de ficheros "bidimensional"
- Dimensión de la ruta
- Contiene la estructura de ficheros (tronco, ramas y tags)
- Dimensión de la revisión
- Cambios en la estructura en la revisión
- Estructura muy compacta
- Cada revisión sólo almacena cambios

Branching y Tagging

- Branching
  - Cuando se crea una rama no se crea una nueva estructura de ficheros, si no que internamente se enlaza al tronco y se van anotando los cambios
  - Rápido y compacto
  - Se pueden hacer fusiones con el tronco o entre ramas
- Tagging
  - Etiquetas en el tronco para marcar hitos (p. ej. versiones estables)

Limitaciones y problemas

- Problemas con cambios de nombre en ficheros y directorios
- Confusión con versiones anteriores
- Especialmente si se renombran y mueven en el mismo commit
- Problemas con el borrado de ficheros o directorios
- Pueden hacerse persistentes y no borrarse adecuadamente
- Almacenamiento de copias locales
- Los metadatos del control de versiones (.svn) pueden corromperse fácilmente por errores del usuario
- Pequeños problemas de codificación de acentos

Implementaciones

- TortoiseSVN: incrusta SVN en el sistema de ficheros del SO
- Versiones integradas para IDEs, por ejemplo, Subclipse para Eclipse
- Versiones integradas en hosting de software de código abierto
- Google Code, SourceForge, etc.

6.7.2 SISTEMAS DISTRIBUIDOS

6.7.2.1 Git

Git es un software de control de versiones diseñado por Linus Torvalds, pensando en la eficiencia y la confiabilidad del mantenimiento de versiones de aplicaciones cuando estas tienen un gran número de archivos de código fuente.

Figura 6.3. *git*

Al principio, Git se pensó como un motor de bajo nivel sobre el cual otros pudieran escribir la interfaz de usuario o front-end como Cogito o StGIT. Sin embargo, Git se ha convertido desde entonces en un sistema de control de versiones con funcionalidad plena.

Hay algunos proyectos de mucha relevancia que ya usan Git, en particular, el grupo de programación del núcleo Linux.

En Git tendremos el directorio de trabajo, la staging area y el directorio git (repositorio).

En el directorio de trabajo, tendremos todos los archivos de nuestro proyecto, incluidos aquellos que no nos interesa mandar al repositorio.

La staging area es una zona o área de espera, a la que mandaremos los archivos que tenemos listos para actualizar en el repositorio.

El directorio git es dónde se almacenará el snapshot (imagen actual) de los archivos que están en la staging área.

En Git, los archivos pueden encontrarse en los siguientes estados:

- *untracked*: cuando no se ha añadido a ningún repositorio.
- *tracked*: el fichero ha sido añadido a algún repositorio.
- *staged*: el fichero ha sido añadido al repositorio, pero no ha sido enviado todavía con commit al repositorio.
- *modified*: el fichero ha sido modificado.
- *unmodified*: el fichero no ha sido modificado.
- *commited*: el fichero ya ha sido actualizado en el repositorio.

El ciclo de vida de un archivo en el control de versiones será el siguiente:

En un principio cualquier nuevo archivo recién creado en nuestro directorio será un archivo *untracked*, por que no forma parte de ningún commit (actualización del repositorio).

Cuando añadimos el archivo al proyecto, será un archivo *unmodified* (ya que no se ha realizado ningún cambio sobre él). Pasará a ser *modified* cuando después de añadirlo, hayamos realizado algún cambio o edición sobre ese fichero.

Para que esos cambios pasen a formar parte del repositorio, hay que situarlo en la staging area (listos para ser actualizados) y entonces el archivo estará *staged* (listo para ser actualizado en el repositorio).

Por último al hacer el commit, todos los cambios se almacenarán en el repositorio.

A partir del commit, todo ese contenido pasará a ser *unmodified* y de nuevo el ciclo se repetirá.

6.8 CASO PRÁCTICO: INSTALACIÓN DE GIT

6.8.1 DESCARGA E INSTALACIÓN

Instalar Git es muy sencillo. Tendremos que acceder a la página: *http://git-scm.com/download*. Nos descargaremos la versión para nuestro sistema operativo y una vez instalado ya podremos crear un repositorio.

Podemos tener tres tipos diferentes de repositorio:

- **Privado** (en nuestro equipo).
- **Externo** (en un servidor externo).
- **Interno** (en un servidor interno).

6.8.2 CREACIÓN DE UN REPOSITORIO PRIVADO

Todos los comandos que vamos a ver se ejecutarán sobre Git Shell.

Git Shell, visto desde Windows, es una aplicación que abre un entorno de línea de comandos al estilo Linux. Nos permitirá ejecutar típicos comandos de Linux, como crear carpetas, borrar archivos, editar un archivo con vi, etc.

Para crear un repositorio privado, crearemos la carpeta del proyecto y a continuación inicializaremos el repositorio con el comando git init. Para ello abriremos el Git Shell, accederemos a la carpeta dónde vamos a grabar el proyecto y allí dentro ejecutaremos el comando git init.

Si queremos que cualquier carpeta sea un nuevo repositorio independiente de los otros, habrá que inicializarla con git init, sino formará parte del repositorio padre del que cuelga.

Por ejemplo:

```
# Accederemos a la ruta deseada y crearemos una carpeta:
mkdir proyecto
cd proyecto

# Una vez dentro del proyecto inicializaremos el proyecto con el comando "git init":
/proyecto/git init


# Después de un mensaje de creación del repositorio, si mostramos el contenido
# de la carpeta con un ls -al veremos una carpeta oculta (.git):
ls -al
.git
```

6.8.3 DIRECTORIOS DENTRO DE LA CARPETA .GIT

Dentro de la carpeta .git tendremos varias subcarpetas algunas de ellas son las siguientes:

- HEAD: para el registro de cabeceras.
- branches: las diferentes versiones que vamos subiendo.
- config: el archivo de configuración.
- description: la descripción.
- hooks: para la ejecución de scripts necesarios para funcionamiento de git.

6.8.4 EL PRIMER COMMIT

Añadiendo ficheros

Una vez que ya tenemos creado el repositorio, vamos a enviar algunos ficheros y notificar al sistema que existen dichos archivos (commit).

Para ello utilizaremos el comando git add ficheros.

Atención: recordar que todos los comandos hay que ejecutarlos desde el Git Shell.

```
# Accederemos a la carpeta del proyecto y creamos algún archivo de pruebas:

/proyecto/touch hola.html
/proyecto/touch index.html
/proyecto/touch prueba.txt

# Ahora le indicamos al sistema que hay nuevos ficheros:
# (el punto hace referencia a la carpeta actual y añadirá todos los ficheros encontrados)
/proyecto/git add .
Comprobación de las modificaciones en el repositorio
Para comprobar las modificaciones que se han producido en el repositorio utilizamos el
comando git status.
# Ejecutamos el comando git status:
/proyecto/git status

# Se mostrará algo como el ejemplo siguiente en el que aparecen los ficheros añadidos:

git status
# On branch master
#
# Initial commit
#
# Changes to be committed:
#   (use "git rm --cached <file>..." to unstage)
#
#       new file:   hola.html
#       new file:   index.html
#       new file:   prueba.txt
#
```

Notificando los cambios al repositorio

Para notificar al repositorio que hemos añadido ficheros, se hace con el comando git commit

```
# Notificamos al repositorio los cambios que se han producido, y se envían aquellos ficheros
# que se encuentran en la staging área:
/proyecto/git commit -m "Nuestro primer commit"

# Si queremos que se envíen todos los archivos modificados desde el último commit,
# independientemente de si se encuentran o no en la staging área, usaremos -a:
/proyecto/git commit -a -m "Nuestro primer commit con todos los archivos modificados"


# Mostrará algo como lo siguiente:


[master (root-commit) 9f89cdf] Nuestro primer commit
 0 files changed
 create mode 100644 hola.html
 create mode 100644 index.html
 create mode 100644 prueba.txt
```

El log de las modificaciones

El sistema va guardando en un fichero de log todos los cambios que se van realizando, de forma que se pueden hacer recuperaciones fácilmente.

Para ver su contenido usamos el comando git log.

```
# Mostramos el log de los cambios:
/proyecto/git log

# Y se mostrará algo como lo siguiente:
git log

commit 9f89cdf69f653892207a651ca55de8d07d4025ee
Author: Rafa Veiga <micorreo@dominio.com>
Date:   Sat Jan 19 00:52:15 2013 +0100

    Nuestro primer commit
```

Modificando ficheros

Vamos a modificar uno de los ficheros de ejemplo (prueba.txt):

```
vi prueba.txt
Probando cambios en el fichero.

A ver si funciona git.

ESC :wq
```

A continuación comprobamos el estado de git:

```
# Comprobamos el estado del repositorio:
git status

# Veremos que nos muestra que se ha modificado un fichero:
usuario@ATLANTA /d/xampp/htdocs/web/pruebas (master)
$ git status
# On branch master
# Changes not staged for commit:
#   (use "git add/rm <file>..." to update what will be committed)
#   (use "git checkout -- <file>..." to discard changes in working directory)
#
#       modified:   prueba.txt
#
no changes added to commit (use "git add" and/or "git commit -a")
```

Sabiendo que se ha modificado un fichero podemos comprobar que cambios se han realizado. Para ello utilizaremos la herramienta git diff --color, que nos permitirá comparar archivos:

```
/proyecto/git diff --color

# Se mostrará algo como ésto en diferentes colores:
$ git diff --color
diff --git a/prueba.txt b/prueba.txt
index e69de29..b338220 100644
--- a/prueba.txt
+++ b/prueba.txt
@@ -0,0 +1,5 @@
+Probando cambios en el fichero.
+
+A ver si funciona git.
+
+
```

6.8.5 EL SEGUNDO COMMIT

Vamos a notificar al repositorio los cambios que hemos hecho en el fichero prueba.txt.

Notificando los cambios con el segundo commit

```
Para notificar el segundo commit lo hacemos empleando el mismo comando usado anteriormente:
git commit -a -m "Hemos modificado el fichero prueba.txt"

# Obtendremos un resultado similar a:
$ git commit -a -m "Hemos modificado el fichero prueba.txt"
[master dac029f] Hemos modificado el fichero prueba.txt
 1 file changed, 5 insertions(+)

# El sistema nos va dando información de los cambios realizados.
# En este caso se han realizado 5 inserciones.
```

Añadiendo más ficheros al repositorio

Por ejemplo vamos a crear un nuevo fichero y notificarlo al repositorio.

```
# Creamos el nuevo fichero
/proyecto/vi contactar.html
Información de contacto de la web.

Saludos.
ESC :wq

# Añadimos el fichero con git add fichero:
git add contactar.html

# Comprobamos los cambios con git status:
git status

# Obtendremos un resultado similar a:
$ git status
# On branch master
# Changes to be committed:
#   (use "git reset HEAD <file>..." to unstage)
#
#       new file:   contactar.html
#
# Changes not staged for commit:
#   (use "git add <file>..." to update what will be committed)
#   (use "git checkout -- <file>..." to discard changes in working directory)
#
#       modified:   contactar.html
#       modified:   index.html
#       modified:   prueba.txt
#

# Ahora vemos las modificaciones:
/proyecto/git diff --color

$ git diff --color
diff --git a/contactar.html b/contactar.html
index bead4f2..0e93deb 100644
--- a/contactar.html
+++ b/contactar.html
@@ -1,4 +1,5 @@
 Informaci<F3>n de contacto de la web.

 Saludos.
+Rafa Veiga.

diff --git a/index.html b/index.html
index e69de29..357e4ea 100644
--- a/index.html
```

```
+++ b/index.html
@@ -0,0 +1 @@
+Aqui va el index
diff --git a/prueba.txt b/prueba.txt
index b338220..57fad94 100644
--- a/prueba.txt
+++ b/prueba.txt
@@ -1,5 +1,5 @@
-Probando cambios en el fichero.
+Probando cambios:

:
```

6.8.6 EL TERCER COMMIT

Emplearemos de nuevo el comando **git commit -a -m "Texto de la modificacion"**:

```
$ git commit -a -m "Cambio en contenidos y nuevo fichero"
[master f04d938] Cambio en contenidos y nuevo fichero
 3 files changed, 8 insertions(+), 2 deletions(-)
 create mode 100644 contactar.html
```

6.9 INTEGRACIÓN CONTINUA

La integración continua (*continuous integration* en inglés) es un modelo informático propuesto inicialmente por Martin Fowler que consiste en hacer integraciones automáticas de un proyecto lo más a menudo posible para así poder detectar fallos cuanto antes. Entendemos por integración la compilación y ejecución de pruebas de todo un proyecto.

El proceso suele ser, cada cierto tiempo (horas), descargarse las fuentes desde el gestor de versiones (por ejemplo CVS, Git, Subversion, Mercurial o Microsoft Visual SourceSafe o Team Foundation Source Control) compilarlo, ejecutar pruebas y generar informes.

Para esto se utilizan aplicaciones como Bamboo, Continuum, Hudson, Jenkins, CruiseControl o Anthill (para proyectos Java) o CruiseControl.Net, Team Foundation Build para .Net, que se encargan de controlar las ejecuciones, apoyadas en otras herramientas como Ant o Maven (también para proyectos Java), o Nant o MSBUILD (para .Net) que se encargan de realizar las compilaciones, ejecutar las pruebas y realizar los informes.

A menudo la integración continua está asociada con las metodologías de programación extrema y desarrollo ágil.

Ventajas

- Los desarrolladores pueden detectar y solucionar problemas de integración de forma continua, evitando el caos de última hora cuando se acercan las fechas de entrega.
- Disponibilidad constante de una versión para pruebas, demos o lanzamientos anticipados.
- Ejecución inmediata de las pruebas unitarias.
- Monitorización continúa de las métricas de calidad del proyecto.

6.10 EJERCICIOS DEL CAPÍTULO 6

1 La gestión de los diversos cambios que se realizan sobre los elementos de algún producto o una configuración del mismo, se llama:

a) Control de cambios.
b) Control de flujo.
c) Control de versiones.
d) Todas son ciertas.

2 Una versión, revisión o edición de un producto, es:

a) Una nueva edición completamente renovada del mismo.
b) El estado en el que se encuentra dicho producto en un momento dado de su desarrollo o modificación.
c) Una edición anterior que hemos recuperado ante un fallo acaecido.
d) Todas son ciertas.

3 Un repositorio es:

a) Un medicamento.
b) Un edificio.
c) Un almacén de contenido.
d) Todas son ciertas.

4 En esta estrategia, el repositorio permite que solamente un usuario modifique un archivo, para ello primero debe bloquearlo. Cuando otro usuario intente bloquearlo, el sistema no lo permitirá y deberá esperar a que el primero termine y lo desbloquee:

a) Modelo bloquear-modificar-desbloquear.
b) Modelo copiar-modificar-combinar.
c) Modelo distribuido.
d) Modelo colaborativo.
e) Todas son falsas.

5 El acto de la intervención del usuario para atender un conflicto entre diferentes cambios al mismo documento, se llama:

a) Rotular.
b) Baseline.
c) Branch.
d) Desplegar.
e) Resolver.

6 Una revisión aprobada de un documento o fichero fuente, a partir del cual se pueden realizar cambios subsiguientes, se llama:

a) Rotular.
b) Baseline.
c) Branch.
d) Desplegar.
e) Resolver.

7 Crear una copia de trabajo local desde el repositorio. Se puede especificar una revisión concreta, y por defecto se suele obtener la última, a esto se llama:

a) Rotular.
b) Baseline.
c) Branch.
d) Desplegar.
e) Resolver.

7 Documentación de aplicaciones web

7.1 CARACTERÍSTICAS GENERALES DE LA DOCUMENTACIÓN. IMPORTANCIA EN EL CICLO DE VIDA SOFTWARE

Un sistema pobremente documentado carece de valor aunque haya funcionado bien en alguna ocasión. En el caso de programas pequeños y poco importantes que sólo se utilizan durante un corto periodo de tiempo, unos cuantos comentarios en el código podrían ser suficientes. No obstante, la mayoría de los programas cuya única documentación es el código, se quedan obsoletos rápidamente y es imposible mantenerlos. El que la dedicación de un poco de esfuerzo a la documentación sea recompensado incluso dentro de los límites de un pequeño proyecto, constituye una sorpresa para la mayoría de los novatos.

A menos que usted o su equipo sean infalibles y vivan en un mundo en el que nada cambia, tendrán que volver a consultar el código que ya está escrito, y pondrán en duda decisiones que tomaron durante el desarrollo del mismo. Si no documentaron sus decisiones, se verán siempre cometiendo los mismos errores y tratando de comprender lo que pudieron haber descrito fácilmente en una ocasión. La falta de documentación no sólo genera trabajo adicional, sino que también tiende a dañar la calidad del código. Si no posee una nítida caracterización del problema, es imposible que desarrolle una solución clara.

Aprender a documentar software es una tarea complicada y exige un criterio de ingeniería maduro. Documentar de forma concisa es un error habitual, pero el otro extremo puede resultar igual de perjudicial: si escribe documentaciones extensas, éstas atosigarán al lector y constituirán una carga a la hora de conservarlas. Es esencial documentar sólo los asuntos correctos. La documentación no sirve de ayuda para nadie si su extensión desanima a la gente a la hora de leerla.

Los principiantes tienen la tentación de centrar sus esfuerzos en temas sencillos, ya que éstos les resultan más fáciles de documentar. Esto es una pérdida de tiempo; no se aprende nada del esfuerzo y se termina escribiendo una documentación que es cualquier cosa excepto útil. Los principiantes también tienden a mostrarse reacios con los problemas de documentación. Esto trae consigo poca visión de futuro: si usted sabe que algún aspecto de su diseño no es del todo correcto, que alguna parte del problema no se ha aclarado o que es posible que parte del código tenga errores, ¡dígalo! Hará que el lector ahorre tiempo dándole vueltas a algo que aparentemente es erróneo, se acordará de dónde tiene que mirar si encuentra problemas y acabará teniendo una documentación más útil y honesta.

Otro asunto es cuándo documentar. Aunque algunas veces es conveniente posponer la tarea de la documentación mientras se realizan experimentos, los programadores con experiencia suelen documentar de forma metódica incluso el código provisional, los análisis de un problema inicial y los borradores de un diseño. Ellos creen que esto hace que la experimentación sea más productiva. Además, dado que han tomado la documentación como hábito, les resulta normal documentar a medida que van avanzando.

7.1.1 CARACTERÍSTICAS QUE DEBEN PRESENTAR LOS REQUISITOS

Los requisitos a nivel general deben de presentar las siguientes características:

- Los requisitos deben estar bien redactados, de manera que faciliten la comprensión por todos los participantes en el proyecto. Se deben usar términos del dominio del problema con los que clientes y usuarios están familiarizados.
- Los requisitos no pueden ser equívocos, su redacción debe ayudar a entenderlos de una y solo una manera por todos los participantes en el proyecto

- Deben ser tanto gramaticalmente como fotográficamente correctos.
- Se redacta de forma que se pueden definir una o más pruebas, de coste y tiempo razonables, para comprobar que el sistema software a desarrollar cumple el requisito en cuestión.
- Existe trazabilidad hacia otros requisitos u objetos de documentación de nivel superior de los que depende.
- Establecer requisitos que puedan implementarse mediante tecnología existente y con un coste asumible dentro del presupuesto del proyecto.

7.2 ORGANIZACIÓN Y ESTRUCTURA BÁSICA DE DOCUMENTOS

Por lo general, se entiende por documentar software como solo hacer el Diagrama de Clases en el diseño. Por supuesto que documentar la arquitectura de software no es solo eso, y muchas veces los arquitectos no documentan los proyectos y no acompañan a los desarrolladores en el proceso de documentación.

Empecemos con la definición teórica de IEEE en su guía de recomendaciones IEEE 1471: "La arquitectura de un sistema de software es la estructura o estructuras del sistema, que incluye elementos de software, las propiedades externamente visibles de esos elementos y la relación entre ellos."

Cuando hablamos de estructuras estamos hablando de estructuras estáticas y dinámicas. Las estructuras dinámicas definen la forma en que el sistema funciona en tiempo de ejecución, entonces sólo un diagrama de clases no resolvería ese punto.

Cuando hablamos de propiedades externamente visibles estamos hablando de las interacciones de un elemento o un sistema con su entorno exterior. Puede ser el flujo de información de entrada y de salida, la forma en que el elemento responde a los estímulos externos y el contrato (la interfaz) de dicho elemento.

Otra definición importante, que encontramos en el excelente libro "Software Systems Architecture: *Working with stakeholders using viewpoints and perspectives*" es que la arquitectura de software debe ser dirigida por las necesidades de las personas que participan en el proyecto: clientes, usuarios, el departamento de IT, soporte, producción, operación, etc. La arquitectura de software no puede ser pensada sin el contexto de los *stakeholders* (quienes pueden afectar o son afectados por las actividades de una empresa). Esto puede parecer obvio, pero muchos sistemas por allí se realizan sin la debida atención a las necesidades de las personas involucradas. He visto un montón de gente escoger una arquitectura por ser la ola del momento, sin preguntarse profundamente si aquello satisface las necesidades del negocio. En resumen: Las arquitecturas debe ser creadas sólo para satisfacer las necesidades de los *stakeholders*. Una buena arquitectura es aquella que cumple con éxito los objetivos y las necesidades de sus *stakeholders*.

Otra interesante definición, procedente de RUP, es que la arquitectura de software es un conjunto de decisiones cruciales que restringen las consideraciones de diseño y programación y que tienen un alto impacto para ser revertidas. Por ejemplo, si se determina que el sistema se hará en JEE utilizando Struts 2, entonces los desarrolladores no pueden desarrollar el sistema utilizando la Spring MVC. Por otra parte, el cambio de Struts 2 a Spring MVC, por ejemplo, traería un alto impacto para la capa web de la aplicación.

Por otra parte, es el papel del arquitecto explicar los motivos detrás de la elección de determinados elementos arquitectónicos en detrimento de los demás. También la realización de análisis *"buy vs. build"*, es decir, comprar o utilizar un componente de código abierto en lugar de construirlo desde cero. O construir algo desde cero considerando que en el mercado existe ya algo listo para su uso.

El arquitecto también debe hacer hincapié y centrarse en los atributos de calidad del sistema, los llamados requisitos no funcionales. Debe verificar las necesidades de los stakeholders con respecto al rendimiento, escalabilidad, mantenimiento, seguridad, internacionalización, entre otros.

Para tener una idea de las diferentes "áreas" las cuales un arquitecto debe hacer frente, podemos volver al libro "Software Systems Architecture". El principio inicial definido por los autores es que "no se puede capturar las necesidades funcionales y las propiedades de calidad de un sistema complejo en un solo modelo comprensible". A partir de ahí es que surge la necesidad de lo que ellos llaman Visiones y Perspectivas. RUP posee el 4+1 View Model. El IEEE establece un poco más. Algunos de estos puntos de vista: Informativo, Concurrencia, Desarrollo, Despliegue, Operativo y Funcional. Y algunas de las perspectivas importantes son: Seguridad, Rendimiento y Escalabilidad, Disponibilidad, Evolución, Accesibilidad, Internacionalización, Localización, Reglamentación y Usabilidad.

Un sistema simple no necesita ninguna documentación. Un sistema complejo tendrá una más amplia documentación.

Sin embargo se recomienda tener al menos un "documento de arquitectura de software". No precisa ser un documento de texto en sí. Puede ser una página de Wiki, una hoja A4, una cartulina, etc.

Este documento debe ser breve y que tener solamente la información esencial, tal como:

- Elementos y los principales componentes del sistema.
- Capas del sistema.
- Mecanismos arquitecturales necesarios para el sistema.
- Tecnologías elegidas para hacer frente a cada capa y el mecanismo y la motivación detrás de estas opciones.
- Componentes comprados o de código abierto que se utilizarán y la forma en que se tomó la decisión.
- Descripción de los principales patrones de diseño utilizados y por qué la elección.
- Definición de la forma en que el acceso a sistemas externos y / o legados.

Además, algunos equipos pueden sentir la necesidad de desarrollar diagramas UML. Estos diagramas relacionados con la arquitectura y el diseño estarán en el modelo de diseño. El equipo puede utilizar los diagramas de clase, actividad, secuencia, estados, componentes y despliegue para facilitar la comprensión visual de los elementos y sus relaciones (conforme la definición de arquitectura de software por la IEEE).

Reforzando y recordando siempre que las actividades relacionadas a la arquitectura se hacen de manera iterativa e incremental. Por lo tanto, cuidado de no caer en el modelo en cascada y estar durante largos períodos de tiempo tan sólo escribiendo el documento de la arquitectura.

7.3 GESTIÓN DE VERSIONES DE DOCUMENTOS

La **versión** de un documento o contenido digital podemos definirla como una variación de un activo digital o sus metadatos. En otras palabras, significa una actualización, edición o cambio con respecto a una versión anterior y sus metadatos.

Las ediciones, actualizaciones o cambios son corrientes en nuestra labor diaria, así como el tener que deshacer dichos cambios o, simplemente, escoger una variación entre múltiples documentos que tienen el mismo propósito (y que se originaron a partir de una única versión). Cuando no se tiene control de versiones, los cambios son permanentes. Editar un documento significa sobrescribir un fichero. Una vez sobrescrito, por supuesto, no hay camino de vuelta para recuperar la versión anterior a los cambios realizados.

Hay una segunda opción para evitar este problema: guardar un nuevo archivo por cada variación que hagamos sobre el original. El problema con esta estrategia es que tendremos serias dificultades para identificar la diferencia entre las distintas versiones. Tendremos que mirar siempre la fecha y hora de la última modificación del fichero para saber cuál es el último. Un trabajo bastante lento.

El control de versiones nos supone tener siempre acceso a la última versión y disponibilidad de las versiones anteriores. Podremos recuperar de forma casi inmediata una versión de un documento que no sea la actual. El historial de versiones nos dará también una pista clara sobre lo que se ha hecho sobre un documento y será nuestro mapa guía para trabajar con las distintas versiones. Por otro lado, sin control de versiones los flujos de trabajo se convierten en una herramienta realmente pobre y el trabajo en equipo sobre documentos se vuelve más confuso y difícil de coordinar. En el caso de los workflows, habría que eliminar toda posibilidad de fallo humano (lo cual es improbable) puesto que el flujo sólo se podría realizar en un sentido, sin forma de volver atrás cuando ocurran problemas en alguna de las etapas. Con respecto al trabajo en equipo, nos veríamos obligados siempre a explicar a nuestros compañeros de trabajo cuál es la última versión de un documento y sobre cual deben trabajar.

En fin, una funcionalidad tan simple como el versionado, puede significar la diferencia entre trabajar y trabajar el doble con el mismo resultado.

7.4 TIPOS DE DOCUMENTACIÓN

7.4.1 DE REQUERIMIENTOS

El objetivo principal de la tarea de “documentar los requisitos del sistema” es continuar con la definición del sistema software a desarrollar, tomando como punto de partida los requisitos generales y los casos de usos en su versión inicial, y considerando los objetivos de negocio y el modelo de negocio a implantar.

Los casos de uso que se considere necesario se van completando con más información y los requisitos generales se van detallando en requisitos funcionales, no funcionales, de integración y en restricciones técnicas.

Documentar los requisitos del sistema es una de las actividades que forman parte del proceso de desarrollar los requisitos de un sistema software que satisfaga las necesidades de negocio del proceso de Ingeniería de Requisitos.

7.4.2 DE ARQUITECTURA Y DISEÑO

En la fase de diseño se toman aquellas decisiones relativas a la futura implementación, se decide la estructura de datos a utilizar, la forma en que se van a implementar las distintas estructuras, el contenido de las clases (sus métodos, los atributos, ...), los objetos. También se definen las funciones, sus datos de entrada y salida, que tarea realizan, para alguna de especial interés el algoritmo que soluciona el problema. El flujo del programa se define mediante una serie de gráficos que permiten visualizar cual es la evolución del sistema software, en caso de orientación de objetos existen el diagrama de clases, el diagrama de importante tenerlo claro para ello existen una serie de diagramas que permitan clarificar este asunto.

7.4.3 TÉCNICA

Durante la fase de implementación, cuando se está programando, es necesario comentar convenientemente cada una de las partes que tiene el programa. Estos comentarios se incluyen en el código fuente con el objeto de clarificar y explicar cada elemento del programa, se deben de comentar las clases, las variables, los módulos y en definitiva todo elemento que se considere importante.

Esta documentación tiene como objeto hacer más comprensible el código fuente a otros programadores que tengan que trabajar con él, ya sea porque forman parte del grupo de desarrollo, el programa va a ser mantenido o modificado por otra persona distinta al programador inicial. También resulta muy útil durante la depuración y el mantenimiento del programa por el propio programador, al paso del tiempo las decisiones se olvidan y surgen dudas hasta en el propio programador de porqué se hicieron las cosas de una determinada manera y no de otra.

7.4.4 DE USUARIO: TUTORIALES, POR TEMAS Y GLOSARIOS

Este documento expone los procesos que el usuario puede realizar con el sistema implantado. Para lograr esto, es necesario que se detallen todas y cada una de las características que tienen los programas y la forma de acceder e introducir información. Permite a los usuarios conocer el detalle de qué actividades ellos deberán desarrollar para la consecución de los objetivos del sistema. Reúne la información, normas y documentación necesaria para que el usuario conozca y utilice adecuadamente la aplicación desarrollada.

Los objetivos de estos documentos son:

- Que el usuario conozca cómo preparar los datos de entrada.
- Que el usuario aprenda a obtener los resultados y los datos de salida.
- Servir como manual de aprendizaje.
- Servir como manual de referencia.
- Definir las funciones que debe realizar el usuario.
- Informar al usuario de la respuesta a cada mensaje de error.

Pasos a seguir para definir como desarrollar el manual de usuario.

1. Identificar los usuarios del sistema: personal que se relacionará con el sistema.
2. Definir los diferentes tipos de usuarios: se presentan los diferentes tipos de usuarios que usarían el sistema. Ejemplo: usuarios directos, indirectos.
3. Definir los módulos en que cada usuario participará: Se describen los módulos o procesos que se ejecutarán por cada usuario en forma narrativa breve y clara.

El Manual de Usuario facilita el conocimiento de:

- Los documentos a los que se pueden dar entrada por computadora.
- Los formatos de los documentos.
- Las operaciones que utiliza de entrada y salida de los datos.
- El orden del tratamiento de la computadora con los datos introducidos.
- El momento en que se debe solicitar una operación deseada.
- Los resultados de las operaciones realizadas a partir de los datos introducidos.

Al elaborar el Manual de Usuario, hay que tener en cuenta a quién va dirigido es decir, el manual puede ser manejado desde el director de la empresa hasta el introductor de datos. Por consiguiente, debe redactarse de forma clara y sencilla para que lo entienda cualquier tipo de usuario.

7.4.4.1 Diagrama general del sistema

Muestra en forma condensada el flujo general de la información y de las actividades que se realizan en el sistema. Proporciona una visión general del sistema. Representar los diagramas utilizando para ello diagramas de bloques.

7.4.4.2 Diagrama particular detallado

Presentar gráficamente todos los pasos que se efectúen dentro del departamento usuario a quien está dirigido este manual. Deben especificarse los archivos de entrada, salida, los resultados, revisiones y procesos manuales.

7.4.4.3 Explicación Genérica De Las Fases Del Sistema

En este punto se explica en forma específica y detallada todas las operaciones que aparecen representadas en forma gráfica en el diagrama particular. Se analizan cada una de las fases señalando:

- El proceso principal que se desarrolla.
- La entrada de la información.
- La obtención de un resultado parcial.
- El envío de información a otra dependencia.

7.4.4.4 Instalación Del Sistema

La instalación del sistema proporciona detalles completos sobre la forma de instalar el sistema en un ambiente particular.

7.4.4.5 Iniciación Al Uso Del Sistema

En este punto se explica cómo iniciarse en el sistema y cómo se pueden utilizar sus cualidades comunes. Esta documentación debe decir al usuario cómo salir de un problema cuando las cosas funcionan mal.

7.4.4.6 Manual De Referencia

Es el documento definitivo de cara al usuario y debe ser completo. Describe con detalle las cualidades del sistema y su uso, los informes de error generados y las situaciones en que surgen esos errores.

Dependiendo del sistema, los documentos al usuario se pueden proporcionar por separado o reunidos en varios volúmenes. Los sistemas de ayuda en línea evitan que el usuario pierda tiempo en consultas manuales.

7.4.4.7 Caducidad De Documento Fuente Y Destino Final

Como el usuario trabajará con documentos fuentes, éstos podrán tener un período de retención y un destino especificado.

7.5 FORMATOS DE DOCUMENTACIÓN

7.5.1 DOCUMENTOS

Los documentos electrónicos representan uno de los archivos de ordenador más usados. Debido a la existencia de mucho software para la generación de documentos, hay muchos formatos propietarios y formatos de archivos abiertos, entre los que destacan:

7.5.1.1 DOC, DOCX

Extensión de archivos creados con el procesador de texto Microsoft Word. Microsoft Word es un software creado por la empresa Microsoft, y actualmente viene integrado en la suite ofimática Microsoft Office.

Originalmente fue desarrollado por Richard Brodie para el computador de IBM bajo sistema operativo DOS en 1983.

Actualmente, es el procesador de texto más popular del mundo.

7.5.1.2 OpenDocument

Formato de Documento Abierto para Aplicaciones Ofimáticas de OASIS (*Organization for the Advancement of Structured Information Standards*), también referido como OpenDocument u ODF, es un formato de fichero estándar para el almacenamiento de documentos ofimáticos tales como hojas de cálculo, memorandos, gráficas y presentaciones. Está basado en un esquema XML inicialmente creado por OpenOffice.org.

7.5.1.3 PDF

PDF (del inglés *Portable Document Format*, Formato de Documento Portátil) es un formato de almacenamiento de documentos, desarrollado por la empresa Adobe Systems. Está especialmente ideado para documentos susceptibles de ser impresos, ya que especifica toda la información necesaria para la presentación final del documento, determinando todos los detalles de cómo va a quedar, no requiriéndose procesos anteriores de ajuste ni de maquetación. Cada vez se utiliza más también como especificación de visualización, gracias a la gran calidad de las fuentes utilizadas y a las facilidades que ofrece para el manejo del documento, como búsquedas, hiperenlaces, etc.

7.5.1.4 RTF

El *Rich Text Format* (formato de texto enriquecido a menudo abreviado como RTF) es un formato de archivo informático desarrollado por Microsoft en 1987 para el intercambio de documentos multiplataforma. La mayoría de procesadores de texto son capaces de leer y escribir documentos RTF.

7.5.1.5 TXT

Los documentos txt son ficheros de texto plano, es decir, no contienen ni aceptan formato del texto. Están compuestos por una sucesión de caracteres ASCII y se pueden abrir y editar en la mayoría de los sistemas informáticos.

7.5.1.6 HTML

HTML, siglas de *HyperText Markup Language* («lenguaje de marcas de hipertexto»), hace referencia al lenguaje de marcado para la elaboración de páginas web. Es un estándar que sirve de referencia para la elaboración de páginas web en sus diferentes versiones, define una estructura básica y un código (denominado código HTML) para la definición de contenido de una página web, como texto, imágenes, etc. Es un estándar a cargo de la W3C, organización dedicada a la estandarización de casi todas las tecnologías ligadas a la web, sobre todo en lo referente a su escritura e interpretación. Es el lenguaje con el que se definen las páginas web.

7.5.2 DOCUMENTACIÓN EN APLICACIONES. FORMATOS DE AYUDA

7.5.2.1 HLP

Es el estándar por excelencia en Windows. Desde sus primeras versiones se adoptó este formato para la ayuda tanto de Windows como de sus Offices. Este formato está basado en RTF.

Con el paso del tiempo Microsoft hizo público este formato de ayuda y proporciono un compilador para generar esta clase de ayuda.

El compilador ha evolucionado con el tiempo hasta llegar a HTML Help Workshop, mediante el cual podemos generar dos formatos de ayuda: HLP y CHM.

7.5.2.2 CHM

Con la aparición de Windows 98, Microsoft desarrolló un nuevo estándar de ayuda. Los archivos CHM son un sistema de ayuda cuya principal diferencia con HLP es que utiliza el formato HTML en lugar del RFT que utilizaba para HLP.

7.5.3 DOCUMENTACIÓN EN LÍNEA. WIKIS

La principal utilidad de un wiki consiste en que permite crear y mejorar las páginas de forma instantánea, dando una gran libertad al usuario, y por medio de una interfaz muy simple. Esto hace que más gente participe en su edición, a diferencia de los sistemas tradicionales, donde resulta más difícil que los usuarios del sitio contribuyan a mejorarlo. Precisamente el término wiki proviene de la lengua hawaiana, en la que "wikiwiki" significa rápido, informal.

Seguramente la aplicación de mayor peso y a la que los wiki deben su mayor popularidad hasta el momento ha sido la creación de enciclopedias en-línea en colaboración, género al que pertenece la Wikipedia, un proyecto de la Fundación Wikimedia (una organización sin ánimo de lucro) para construir una enciclopedia políglota libre, es decir, de consulta gratuita, elaborada por voluntarios de todo el mundo. Nos referiremos a ella en profundidad en el próximo tema.

Los wikis ajenos a Wikipedia son más "pequeños" y con menor participación de usuarios, debido normalmente a que se trata de sitios más especializados. Se suelen orientar a la coordinación de informaciones y actuaciones, o la puesta en común de conocimientos o documentos dentro de grupos. Un ejemplo lo constituye la Wikiversidad, una plataforma educativa en español, en-línea, libre y gratuita, con filosofía wiki. En ella se pueden crear proyectos de aprendizaje a cualquier nivel educativo, participar en un grupo de aprendizaje, crear contenidos didácticos, ejercicios de prácticas y foros de discusión sobre dudas en las materias objeto de estudio. Es muy frecuente, también, la creación de wiki para generar documentación de programas informáticos, especialmente los desarrollos de software libre (aquél que, una vez obtenido, brinda libertad a los usuarios para que pueda ser usado, copiado, estudiado, modificado y redistribuido libremente).

Precisamente el origen de los wiki se produjo en una comunidad de ingeniería de software, cuyos integrantes los utilizaron como un sistema de documentación y discusión de proyectos. Se buscaba una herramienta capaz de ir más allá de las posibilidades de los tradicionales procesadores de texto; una herramienta que proporcionara un buen control automático de versiones de documentos y la posibilidad de un trazado fiable de la historia de los mismos. Así surgió el primer wiki, creado por Ward Cunningham, quien concibió y dio nombre al concepto wiki, y llevó a cabo su primera implementación práctica en 1995. El wiki de Ward es aún uno de los sitios wiki más populares.

7.6 ESTÁNDARES DE DOCUMENTACIÓN

7.6.1 ESTANDARIZACIÓN

Significa que los símbolos convencionales se usan en todos los diagramas de flujo para prescribir el sistema y que en la documentación se usen formas estandarizadas.

Aun cuando las normas de documentación varían de una instalación a otra, es esencial que dentro de una organización, se utilice un solo método. El uso de procedimientos y documentación estandarizada proporciona la base de una comunicación clara y rápida, adiestramiento menos costoso del personal de sistemas, reducción de costos de almacenamiento, y otros.

Ventajas De La Estandarización

- Ayuda al entrenamiento del nuevo personal dentro y fuera de la organización de Sistemas.
- Es útil para cualquiera que tenga la responsabilidad del mantenimiento de los sistemas.
- Ayuda a los analistas y diseñadores de sistemas en el trabajo de integración de sistemas.
- Asegura que el sistema opere correctamente.
- Se utilizan eficientemente los recursos que se dispongan.

7.6.2 ESTÁNDARES BÁSICOS DE DOCUMENTACIÓN

Existen una serie de estándares básicos de documentación, entre los que destacan:

- **ISO/IEC, 26514:2008**. Abarca los requerimientos de documentación de usuario para diseñadores y desarrolladores. Define los procesos de documentación desde el punto de vista del desarrollador. Cubre la documentación como producto, su estructura, contenido y formato. Sirve para:
  - Documentar productos distintos de software.
  - Documentar sistemas animación, video y sonido.
  - Documentación que describe el funcionamiento interno de los sistemas de software.
  - Documentación de programas de capacitación especializados.

Esta norma consta de dos partes bien diferenciadas:

- En la primera parte se describe como establecer la información que los usuarios necesitan, como determinar la forma en que esa información debe ser presentada a los usuarios, y como preparar la información y ponerla a disposición.

- La segunda parte se aplica a manuales de usuarios impresos, ayudas en línea, tutoriales y documentación para el usuario.

- **IEEE 830 SRS**. Es un acuerdo documentado entre el cliente y el desarrollador acerca del producto que se va elaborar. Estos documentos tienen por finalidad reunir los requisitos de la forma más completa posible para que se pueda elaborar un software de acuerdo a las exigencias del mismo. Las características principales de esta norma son:

  - Establece con precisión las funciones y capacidad del software así como sus restricciones.

  - Es la base para la planificación, diseño, codificación, pruebas y documentación del usuario.

  La documentación consta de 4 partes:

  - Introducción.
  - Descripción general.
  - Requisitos específicos.
  - Apéndices.

- **PMBOK**. Es un estándar en la administración de proyectos. Fue desarrollado por el *Project Management Institute* (PMI). Comprende dos grandes secciones:

  - La primera sobre procesos y contextos de un proyecto.
  - La segunda sobre las áreas de conocimiento específico para la gestión de un proyecto.

  Está disponible en más de 11 idiomas, además de ser un modelo reconocido internacionalmente.

  Este estándar cuenta con 5 grupos básicos de control:

  - Iniciación
  - Planificación
  - Ejecución
  - Seguimiento y control
  - Cierre

  Además de 9 áreas de conocimiento:

  - Gestión de la integración del proyecto.
  - Gestión del alcance del proyecto.
  - Gestión del tiempo del proyecto.
  - Gestión de los costos del proyecto.
  - Gestión de la calidad del proyecto.
  - Gestión de los recursos humanos del proyecto.
  - Gestión de las comunicaciones del proyecto.
  - Gestión de los riesgos del proyecto.
  - Gestión de las adquisiciones del proyecto.

- **ITIL**. Es un conjunto de buenas prácticas para la dirección y gestión de servicios de tecnologías de la información en lo referente a personas, procesos y tecnología, desarrollado por la OGC (Oficina de Comercio del Gobierno). Sus principales objetivos son:
  - Reducir costos
  - Mejorar la calidad del servicio
  - Aprovechar al máximo las habilidades y experiencia del personal

  Consta de 3 versiones:

  - V1: formada por 30 libros
  - V2: dedicada a gestión de servicios de las tecnologías de la información
  - V3: basada en el ciclo de vida del servicio

7.7 HERRAMIENTAS DE DOCUMENTACIÓN

Un software de gestión documental es una aplicación que permite el tratamiento, conservación, publicación y trabajo sobre documentos electrónicos (ya sean documentos escaneados o que se haya creado originalmente en digital). En países hispanos, utilizamos el término gestión documental, aunque con las características actuales de las empresas, es más correcto usar el término anglosajón Enterprise Content Management -ECM-, dado que las empresas manejan un amplio tipo de activos digitales que no se corresponden sólo con lo que conocemos como "documento" (Imágenes, vídeos, planos, etc.).

Todas las empresas - grandes o pequeñas, públicas o privadas- trabajan con documentos y contenidos digitales. En ellos está contenida toda la información y el conocimiento del negocio. Es por eso que la gestión de estos contenidos se convierte en una clave fundamental para la supervivencia y crecimiento de las organizaciones. En otras palabras, no importa el tamaño o sector de las empresas: Todas necesitan la Gestión Documental.

7.7.1 DR. EXPLAIN

Dr. Expalin es un software para crear archivos de ayuda, guías de usuario, manuales en línea y documentación de aplicaciones.

Produce una documentación en formatos HTML, CHM, RTF y PDF desde una sola fuente.

El programa analiza la aplicación y produce automáticamente las capturas de pantalla de las ventanas junto con la secuencia de llamadas explicativas para cada control.

Figura 7.1. Dr. Explain

7.7.2 CONSTRUCCIÓN DE FICHEROS DE AYUDA PARA JAVA CON JAVAHELP

Javahelp es un sistema que facilita el desarrollo de ayuda on-line. Es independiente de la plataforma ya que esta implementado en Java. Evita que cada usuario tenga que crear su propio sistema de ayuda propietario.

JavaHelp incorpora tres herramientas para ayudar a la creación de ficheros de ayuda:

- Hsviewer: permite visualizar ficheros HelpSet. Puede llamarse desde la línea de comandos o desde Windows.
- Jhindexer: programa en línea de comandos que crea la base de datos de búsqueda.
- Jhsearch: programa en línea de comandos que busca en la base de datos creada por jhindexer.

Figura 7.2. *JavaHelp*

7.7.3 GENERACIÓN AUTOMÁTICA DE DOCUMENTACIÓN TÉCNICA PARA JAVA CON JAVADOC

Javadoc es una herramienta para generar documentación de código Java a partir de comentarios (escritos según ciertas reglas) que se intercalan en el código fuente. La documentación se genera en formato HTML y, por tanto, se puede consultar fácilmente con un navegador.

Un ejemplo muy ilustrativo de documentación generada con javadoc es la especificación de la API (*Application Program Interface*) para la plataforma J2SE.

Una explicación exhaustiva de la herramienta javadoc y de la forma de intercalar los comentarios en el código fuente para que puedan ser interpretados por la herramienta la podemos encontrar en la Javadoc Home Page (*http://java.sun.com/j2se/javadoc/index.jsp*).

Aunque existe una gran variedad de opciones, estas son algunas de las que nos pueden resultar útiles en el desarrollo de las prácticas:

- javadoc -public Clase : muestra sólo las clases y los miembros públicos
- javadoc -protected Clase : muestra las clases y los miembros protegidos (protected) y públicos
- javadoc -package Clase : muestra las clases y los miembros con acceso de paquete, los protegidos y los públicos
- javadoc -private Clase : muestra todas las clases y todos los miembros, incluyendo los privados

Se pueden escribir comentarios para documentación para cualquier paquete, clase, interfaz, constructor, método y atributo. Los comentarios a partir de los cuales se genera la documentación son llamados informalmente "comentarios Javadoc" ("Javadoc comments"). Un comentario Javadoc consta de un texto escrito con una cierta sintaxis entre los caracteres /** (que marca el principio del comentario) y */ (que marca el final).

El texto del comentario puede extenderse a lo largo de varias líneas. Ejemplo:

```
/**
 * Este es el típico formato de un comentario simple
 * que se extiende a lo largo de dos líneas
 */
```

Aunque para ahorrar espacio se puede poner un comentario en una sola línea

```
/** Este comentario ocupa sólo una línea */
```

Los comentarios para la documentación son reconocidos como tales sólo cuando se escriben inmediatamente delante de la declaración de una clase, interfaz, constructor, método o atributo. Los comentarios que se escriben en el cuerpo de un método no sirven para generar documentación. La herramienta Javadoc sólo reconoce un comentario para documentación para cada declaración.

Un error muy habitual es escribir una sentencia import entre el comentario de la clase y la declaración de la misma: si se hace así la herramienta Javadoc ignora el comentario y no genera la documentación para la clase. Ejemplo:

```
/**
 * Este es el comentario para la documentación para la clase Whatever.
 */
import com.sun; // ERROR - Es importante no intercalar una sentencia import aquí
public class Whatever
{ ...
```

Un comentario Javadoc se compone de una descripción principal seguida de una sección de etiquetas

Un comentario está compuesto por una descripción principal seguida de una sección de etiquetas (tags). La descripción principal empieza después del marcador de principio de comentario /** y sigue hasta la sección de etiquetas. El principio de esta sección está marcado por el primer carácter @. La descripción principal no puede continuar una vez iniciada la sección de etiquetas. Es posible tener un comentario sólo con sección de etiquetas, sin descripción principal. Ejemplo:

```
/**
 * Esta frase sería la descripción principal del elemento cuya
 * declaración se iniciaría justo después de este comentario
 * @author laboratorio de LP
 */
```

Los comentarios se escriben en HTML: El texto de los comentarios se puede escribir utilizando la potencia del lenguaje HTML. Así, el tipo de letra negrita se especifica mediante la etiqueta <b>. Ejemplo:

```
/**
 * Esto es un comentario <b>Javadoc</b>
 * @author laboratorio de LP
 */
```

En cualquier caso no es imprescindible saber HTML para poder escribir y generar documentación Javadoc sencilla.

Figura 7.3. *JavaDoc*

7.7.4 DOCUMENTACIÓN DE CÓDIGO - COMENTARIOS

Un comentario es una construcción del lenguaje de programación destinada a incrustar anotaciones legibles al programador en el código fuente de un Programa informático. Estas anotaciones son potencialmente significativas para los programadores, pero usualmente ignorados por los compiladores e intérpretes. Los comentarios son añadidos usualmente con el propósito de hacer el código fuente más fácil de entender con vistas a su mantenimiento o reutilización. La sintaxis y reglas para los comentarios varían y usualmente son definidas en la especificación del lenguaje de programación.

Se ha de tener en cuenta que los comentarios necesitan mantenimiento igual que el código y, por tanto, que un comentario preciso y conciso es más fácil de mantener que uno largo, repetitivo y complicado.

Los comentarios tienen una amplia gama de posibles usos: desde la mejora del código fuente con descripciones básicas hasta la generación de documentación externa. También se utilizan para la integración con sistemas de control de versiones y otros tipos de herramientas de programación externas.

La flexibilidad proporcionada por los comentarios da pie a un amplio abanico de formas de uso distintas y a la inclusión de información inútil dentro del código fuente. Para evitar este inconveniente, muchos programadores y analistas de software adoptan alguna de las "filosofías" o metodologías para la correcta utilización de los comentarios.

Los comentarios pueden ser utilizados para resumir el código o para explicar la intención del programador. Según esta escuela de pensamiento, re-explicar el código en lenguaje natural se considera superfluo y la necesidad de volver a explicar el código puede ser un signo de que es demasiado complejo y debe ser reescrito.

- No documente mal código – re-escríbalo.
- Los buenos comentarios no repiten el código, ni lo explican. Estos aclaran su intención. Los comentarios deben explicar, a un nivel de abstracción más alto que el propio código, lo que se intenta conseguir.
- Los comentarios también pueden ser utilizados para explicar por qué un bloque de código no se ajusta a las convenciones o las buenas prácticas. Esto está especialmente relacionado con proyectos de escaso tiempo de desarrollo, o en la corrección de errores.

7.8 BUENAS PRÁCTICAS EN DOCUMENTACIÓN

7.8.1 ACTUALIZACIONES DE DOCUMENTACIÓN

Como todo sistema de software, las aplicaciones requerirán actualizaciones periódicas, bien sea para añadir nuevas características o para reparar defectos.

Pues bien, esas actualizaciones deben llevar consigo actualizaciones de la documentación tanto técnica como de usuario de dicha aplicación.

A la hora de administrar la documentación de proyectos, hay una serie de instrucciones que deberían llevarse a cabo para que el trabajo se complete de manera más rápida y eficaz:

- Establezca un formato de nombre con fecha incluida. En proyectos multitudinarios, la documentación se actualiza diariamente y puede perderse si no se la nombra adecuadamente; al establecer un formato estándar de nombre con fecha, los miembros del equipo pueden encontrar la última documentación del proyecto. El formato debería utilizar el año, mes y día que el documento fue guardado por última vez. Un formato estándar es AAAAMMDD (donde DD representa el día, MM el mes y YYYY el año); por ejemplo, un archivo guardado el 19 de junio de 2010 tendrá el nombre "nombredelarchivo-20100619.ext". Si los archivos se editan y guardan varias veces a lo largo del día, incluya un formato de hora a la extensión.
- Guarde los archivos en las mismas carpetas, con un formato de guardado que permita a los miembros del equipo acceder a la última documentación para editarla o revisarla.
- Haga que una persona actualice los archivos. Si los miembros del equipo no pueden seguir el formato de guardado de los archivos o constantemente están perdiendo archivos actualizados, contar con una persona que se dedique exclusivamente a actualizar los documentos puede solucionar este problema. El proceso será el siguiente: todas las actualizaciones de archivos pasarán por una persona designada para que las reúna y las actualice, de modo que los demás miembros del equipo puedan acceder a ellas.
- Organice los documentos por fases de trabajo. Los proyectos que llevan un largo período de tiempo se dividen generalmente en múltiples fases, por lo que organizar la documentación por fases es un método efectivo para administrar los archivos.
- Organice la documentación de acuerdo con los requerimientos del proyecto. Los proyectos complejos tienen requisitos importantes, así que administrar los archivos en función a ellos le ayudarán a organizar la documentación basada en esos requisitos. Establezca dentro de las carpetas del proyecto los distintos requisitos del proyecto, ubique los documentos de soporte en esas carpetas y distribuya los archivos de acuerdo al formato de guardado.
- Utilice programas para administrar los archivos del proyecto. Administrar la documentación del proyecto en forma manual puede ser extenuante debido a la gran cantidad de los documentos a actualizar, las distintas convenciones a utilizar en cuanto a nombres y las localizaciones. Utilizar un programa para gestionar los archivos del proyecto puede ser más fácil, ya que el programa administrará las revisiones, ilustrará las actualizaciones y asegurará que la documentación no se actualice simultáneamente. Algunos ejemplos de este tipo de programas son Microsoft SharePoint para pequeños a grandes negocios; Aconex para proyectos de ingeniería y construcciones; y OpenDocMan, que es un programa gratuito.
- Realice copias de seguridad regularmente. Una parte de administrar la documentación es asegurarse que se realicen las copias de seguridad. Ello asegurará que, por más que la documentación se pierda, podrá ser recuperada.
- Asegure su documentación con varios niveles de acceso. Otra parte de la administración de documentos es asegurar los documentos de varios usuarios al establecer niveles de lectura, escritura, borrado, o los tres anteriores. Estos niveles de acceso pueden establecerse al guardar los documentos como "de sólo lectura".

7.8.2 DOCUMENTACIÓN COLABORATIVA MEDIANTE WIKIS

Cualquier usuario puede crear, modificar o borrar un texto común, de manera que no es necesario tener muchos conocimientos de informática ni de programación para incluir textos, hipertextos, enlaces y demás. Por lo tanto, la finalidad de un wiki es permitir que varios usuarios puedan crear documentación sobre un mismo tema, de forma que cada usuario aporta un poco de su conocimiento para que la página web sea más completa, creando así una comunidad de usuarios que comparten contenidos acerca de un mismo tema o categoría. Es una herramienta idónea para la colaboración, la compartición de conocimientos y el trabajo en equipo.

Otras de las características del wiki es su carácter altamente flexible y democrático, como han afirmado algunos, en el sentido de que todos los usuarios tienen las mismas posibilidades de aportar su conocimiento y contribuir a un resultado común, anónimo, producto de todos.

Por otro lado, el wiki es “siempre un trabajo en progreso”, el contenido siempre está disponible para ser mejorado, de manera que el conocimiento en un wiki es siempre dinámico y cambiante.

7.8.3 USO DE HERRAMIENTAS MULTIMEDIA. VÍDEOTUTORIALES

Multimedia es cualquier combinación de texto, arte gráfico, sonido, animación y vídeo que llega a nosotros por computadora u otros medios electrónicos. Es un tema presentado con lujos de detalles. Cuando conjuga los elementos de multimedia - fotografías y animación deslumbrantes, mezclando sonido, vídeo clips y textos informativos.

Multimedia se compone, como ya de describió, de combinaciones entrelazadas de elementos de texto, arte gráfico, sonido, animación y vídeo.

Entendemos por lenguaje audiovisual a un código que se orienta por reglas tales que nos permiten para producir enunciados a través de combinar imagen en movimiento y sonido.

Los productos audiovisuales que hayan sido pensados para comunicar algo con un propósito definido, tienen por detrás un guión. Llamaremos guión a la estructura del relato. Podemos diferenciar entre guión narrativo y guión técnico. El guión narrativo es el argumento (el relato de lo que se quiera comunicar). El guión técnico incluye los aspectos específicamente vinculados a la edición.

Las reglas de producción en lenguaje audiovisual pueden pensarse como una gramática, o sea, un conjunto de criterios con una lógica interna a la que se puede acudir para mejor usar ese lenguaje. Por ejemplo, para poder hablar y entendernos, usamos unas ciertas reglas básicas: tenemos palabras que nos indican acciones (los verbos), palabras que denominan personas o cosas (los sustantivos), palabras que otorgan cualidades (adjetivos), etcétera. Y las combinaciones de estos tipos de palabras producen ciertos tipos de enunciados. Para pedir algo armamos las frases de cierta manera, pero para expresar una idea poética de ciertas otras, aunque en ambos casos usemos verbos, adjetivos y sustantivos. De esta misma manera, el lenguaje audiovisual parte de algunas códigos comunes que se combinan siguiendo algunos criterios para poder crear los diversos géneros que existen en el lenguaje audiovisual.

En la producción audiovisual desde el punto de vista técnico se considera a este momento de planificación la pre-producción. En el momento de pre-producción tenemos que realizar un esfuerzo por preguntarnos:

- Qué quiero documentar.
- Qué puedo querer contar a partir de esos documentos.
- A qué público estarán dirigidos los distintos productos de mi filmación (por ejemplo la documentación primaria puede ser solamente de uso para un equipo de trabajo pero los otros productos pueden ser para difusión amplia).
- Cómo lo voy a contar (qué recursos audiovisuales se van a usar: testimonios, actuaciones, reconstrucciones, animación, documentos históricos, registro documental, etc.).

7.9 EJERCICIOS DEL CAPÍTULO 7

1 Los requisitos a nivel general deben de presentar las siguientes características:

a) Deben estar bien redactados, de manera que faciliten la comprensión por todos los participantes en el proyecto.
b) Pueden ser equívocos, es decir, nos pueden llevar a malas interpretaciones de los mismos.
c) No importa la ortografía o la gramática, ya que es un documento interno.
d) Todas son ciertas.

2 Extensión de archivos, por defecto, creados con el procesador de texto Microsoft Word:

a) Doc.
b) Rft.
c) Txt.
d) Pdf.
e) Todas son ciertas.

3 Extensión de archivos creados por la empresa Adobe:

a) Doc.
b) Rft.
c) Txt.
d) Pdf.
e) Todas son ciertas.

4 Extensión de archivos más compatibles con cualquier sistemas operativo:

a) Doc.
b) Rft.
c) Txt.
d) Pdf.
e) Todas son ciertas.

5 Dr. Explain es:

a) Una web médica para obtener un diagnostico a partir de unos síntomas.
b) Una aplicación para documentar otras aplicaciones.
c) Una web donde introducimos un término y nos explican lo que es.
d) No exsite Dr. Explain.

6 Si queremos generar documentación de forma automática en Java, podemos utilizar:

a) JavaHelp.
b) JavaDoc.
c) JavaDocument.
d) A y B son ciertas.
e) A y C son ciertas.
f) Todas son falsas.

Solucionario de los test de conocimientos

- CAPÍTULO 1:

1.E 2.E 3.B 4.A 5.C 6.D

- CAPÍTULO 2:

1.B 2.E 3.B 4.A 5.B 6.C 7.A 8.A 9.C 10.C 11.C

- CAPÍTULO 3:

1.A 2.D 3.A 4.A 5.D

- CAPÍTULO 4:

1.A 2.C 3.B 4.B 5.C 6.B 7.C 8.A 9.B 10.C 11.A

- CAPÍTULO 5:

1.D 2.C 3.D 4.E 5.A

- CAPÍTULO 6:

1.A 2.B 3.C 4.A 5.E 6.B 7.D

- CAPÍTULO 7:

1.A 2.A 3.D 4.C 5.B 6.D

Índice alfabético

G

H

I

J

K

L

M

N

O

P